AF479309

HERIBERT C. OTTERSBACH

DIE ARCHITEKTURBILDER

PAINTINGS ON ARCHITECTURE

Herausgeber / Editor
Ralf Beil

Texte von / Texts by
Ralf Beil
Michel Foucault
Kai-Uwe Hemken
Carola Kemme
Friedrich Nietzsche
Heribert C. Ottersbach
Fernando Pessoa

HATJE
CANTZ

ERZIEHUNG ZUR ABSTRAKTION

HERIBERT C. OTTERSBACH

FORMATION TO ABSTRACTION

MATHILDENHÖHE DARMSTADT

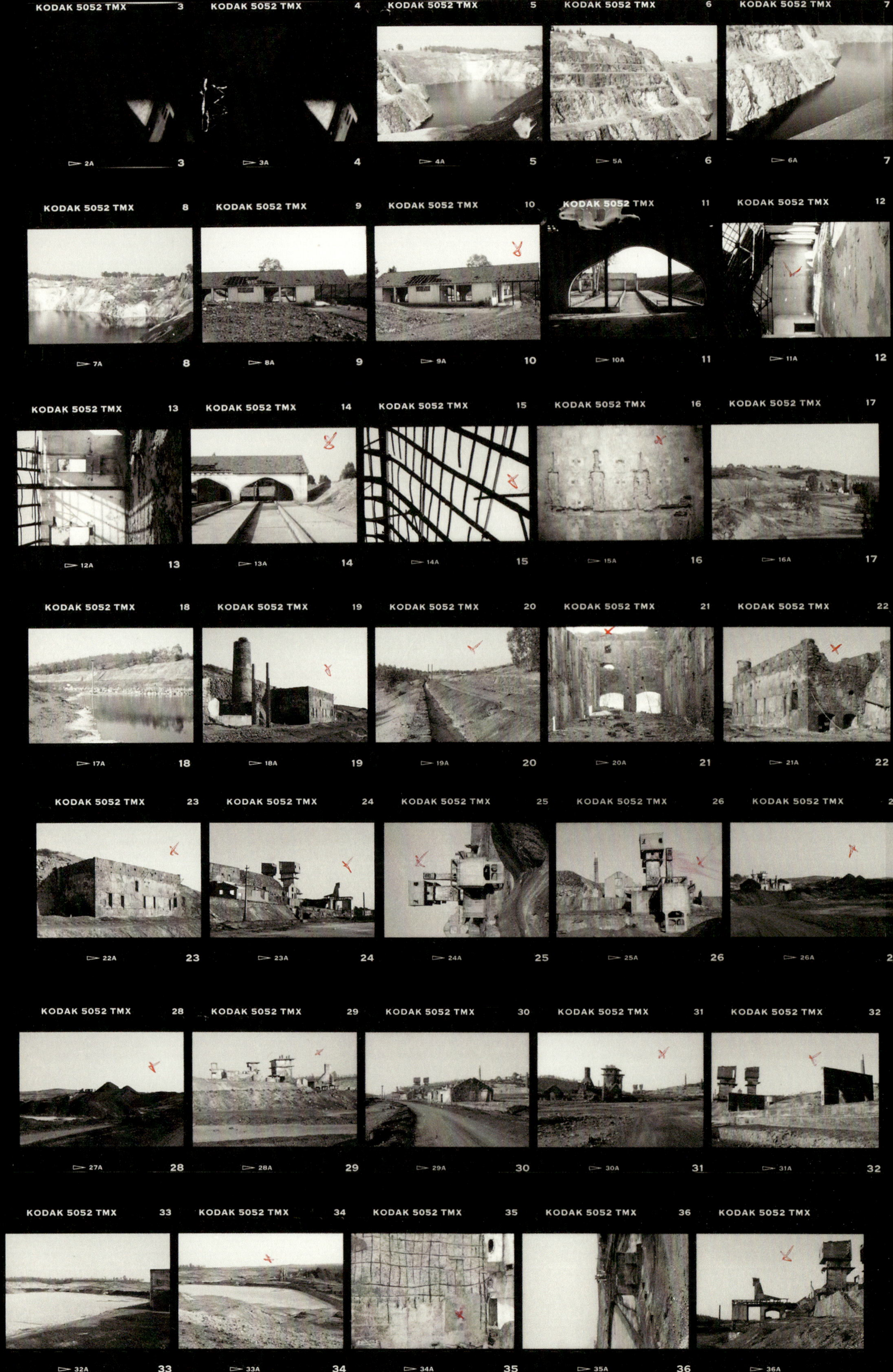
KODAK 5052 TMX
3
KODAK 5052 TMX
4
KODAK 5052 TMX
5
KODAK 5052 TMX
6
KODAK 5052 TMX
7
2A
3A
4A
5A
6A
KODAK 5052 TMX
8
KODAK 5052 TMX
9
KODAK 5052 TMX
10
KODAK 5052 TMX
11
KODAK 5052 TMX
12
7A
8A
9A
10A
11A
KODAK 5052 TMX
13
KODAK 5052 TMX
14
KODAK 5052 TMX
15
KODAK 5052 TMX
16
KODAK 5052 TMX
17
12A
13A
14A
15A
16A
KODAK 5052 TMX
18
KODAK 5052 TMX
19
KODAK 5052 TMX
20
KODAK 5052 TMX
21
KODAK 5052 TMX
22
17A
18A
19A
20A
21A
KODAK 5052 TMX
23
KODAK 5052 TMX
24
KODAK 5052 TMX
25
KODAK 5052 TMX
26
KODAK 5052 TMX
27
22A
23A
24A
25A
26A
KODAK 5052 TMX
28
KODAK 5052 TMX
29
KODAK 5052 TMX
30
KODAK 5052 TMX
31
KODAK 5052 TMX
32
27A
28A
29A
30A
31A
KODAK 5052 TMX
33
KODAK 5052 TMX
34
KODAK 5052 TMX
35
KODAK 5052 TMX
36
KODAK 5052 TMX
32A
33A
34A
35A
36A

INHALT CONTENTS

Ralf Beil

VORWORT UND DANK

FOREWORD AND ACKNOWLEDGEMENTS

Die *Geschichte der Architektur des 20. Jahrhunderts* von Jürgen Tietz beginnt mit den treffenden Worten: »Unser Alltag wird zu einem wesentlichen Teil durch die Architektur bestimmt, die uns Tag für Tag umgibt. [...] Die Architektur schafft den notwendigen baulichen Rahmen, in dem wir uns bewegen. Ohne Architektur wäre die menschliche Gesellschaft nicht denkbar.« Deshalb sind die Architekturbilder von Heribert C. Ottersbach zugleich immer schon Bilder über uns selbst.

Das hier vorliegende Katalogbuch *Erziehung zur Abstraktion* begleitet die gleichnamige Einzelausstellung des international renommierten Malers und Wilhelm-Loth-Preisträgers von 2007 auf der Mathildenhöhe Darmstadt. Ausstellung wie Publikation versammeln im Jubiläumsjahr der Stadtkrone Darmstadt, die vor genau hundert Jahren ihren Abschluss im Bauensemble von Hochzeitsturm und Ausstellungsgebäude fand, programmatisch Ottersbachs Architekturdarstellungen, die dem Utopiegehalt sowie Sinn(verlust) von Bauwerken der Moderne und ihren Folgen für den Menschen nachspüren.

Es ist kein Zufall, dass die Malerei von Heribert C. Ottersbach in diesem Buch den philosophisch-literarischen Texten von Michel Foucault, Friedrich Nietzsche und Fernando Pessoa begegnet. Der exemplarische Dichter moderner Unbehaustheit mit einem geradezu paradoxen Gespür für Räume, der Philosoph der Macht und Masken in Fleisch und Stein sowie der Denker der Heterotopien und raumgebundenen Strategien von Institutionen zwischen Krankenhaus und Strafanstalt – sie alle grundieren die fundamentale Reflexion der Moderne und ihrer Architektur bei Ottersbach. Die zahlreichen Echowirkungen der Bilder und Texte entfalten für den aufmerksamen Leser und Betrachter bestenfalls ein dichtes, sich immer aufs Neue verdichtendes Netzwerk der Assoziationen und Reflexionen zum Œuvre von Heribert C. Ottersbach.

Mein erster Dank geht an Heribert C. Ottersbach selbst für seine Offenheit diesem Architektur-Projekt gegenüber, für seine ausgesprochene Gastfreundschaft und Dialogbereitschaft, ferner für seine literarische Camouflage *Blaustein,* die unter den

The Story of Architecture of the 20th-Century by Jürgen Tietz begins with the apt words: "Our everyday lives are substantially determined by architecture which surrounds us day in and day out. . . . Architecture creates the necessary built framework in which we evolve. Human society would be inconceivable without architecture." Therefore Heribert C. Ottersbach's pictures of architecture are at the same time always pictures about ourselves.

This *Formation to Abstraction* catalogue accompanies the solo exhibition by the same name devoted to the internationally renowned painter and winner of the 2007 Wilhelm Loth Prize at the Mathildenhöhe Darmstadt. In the jubilee year of Darmstadt's Wedding Tower—the crowning feature of the city which, together with the exhibition building, was completed exactly one hundred years ago—both the exhibition and the publication bring together Ottersbach's depictions of architecture, which trace the utopian content and (loss of) meaning of modernist buildings and their consequences for human beings in a programmatic way.

It is no accident that Heribert C. Ottersbach's paintings meet up with the philosophical and literary writings of Michel Foucault, Friedrich Nietzsche, and Fernando Pessoa in this book. The exemplary poet of modern homelessness with a downright paradoxical flair for spaces, the philosopher of power and masks in flesh and stone, as well as the conceiver of heterotopias and space-associated strategies of institutions ranging from hospitals to penal establishments—they all underlie the fundamental thinking about modernism and its architecture in Ottersbach's work. For the attentive reader and viewer, the numerous echo effects of the images and texts ideally open up a dense, constantly re-intensifying network of associations and thoughts about the oeuvre of Heribert C. Ottersbach.

My first thanks are due to Heribert C. Ottersbach himself for his openness vis-à-vis this architecture project, for his great hospitality and willingness to enter into dialogue, as well as for his literary camouflage *Blaustein*, which represents

Schriften des Künstlers ein absolutes Novum und Unikum darstellt, ebenso wie für die großzügige Bereitstellung von Blättern aus Skizzenbüchern und weiterem Vorlagenmaterial zu seinen Werken. So ermöglicht dieses Buch auch einen genuinen Blick ins Atelier und auf den Arbeitsprozess von Ottersbach, flankiert von Werken unterschiedlichster Technik aus dem Jahr 1988 bis hinein in die jüngste Gegenwart.

Ebenso danke ich den weiteren Autoren und Autorinnen des Buches: Dies sind neben dem Künstler selbst Kai-Uwe Hemken und Carola Kemme, die kunstwissenschaftliche Essays zum Generalton im Œuvre Ottersbachs sowie zum Bildkonglomerat vom *Beginn des Dekonstruktivismus* beigesteuert haben. Die Gestaltung der Gesamtpublikation lag in den kreativen Händen von Lena Mozer und Ernst Georg Kühle: Ihnen gilt mein ausgesprochener Dank, ebenso wie er im Hatje Cantz Verlag Annette Kulenkampff zukommt.

Zu den maßgeblichen Leihgebern der Ausstellung gehören neben dem Künstler selbst das Museum Frieder Burda, Baden-Baden, die ALTANA Kulturstiftung, Bad Homburg, sowie Beck & Eggeling new quarters, Düsseldorf, die die Projektrealisation ebenso wie Ben Brown Fine Arts, London, Galerie manus Presse – Klaus Gerrit Friese, Stuttgart, Haim Chanin Fine Arts, New York, und die Galerie Reckermann, Köln, von Anfang an äußerst wohlwollend unterstützt haben. Für weitere wesentliche Leihgaben und Unterstützung danke ich der Sammlung Garnatz, der Sammlung Sparkasse KölnBonn, der Strack Collection, der Sammlung Reto a Marca sowie allen weiteren Privatsammlungen, die hier ungenannt bleiben wollen.

Pessoa 2006

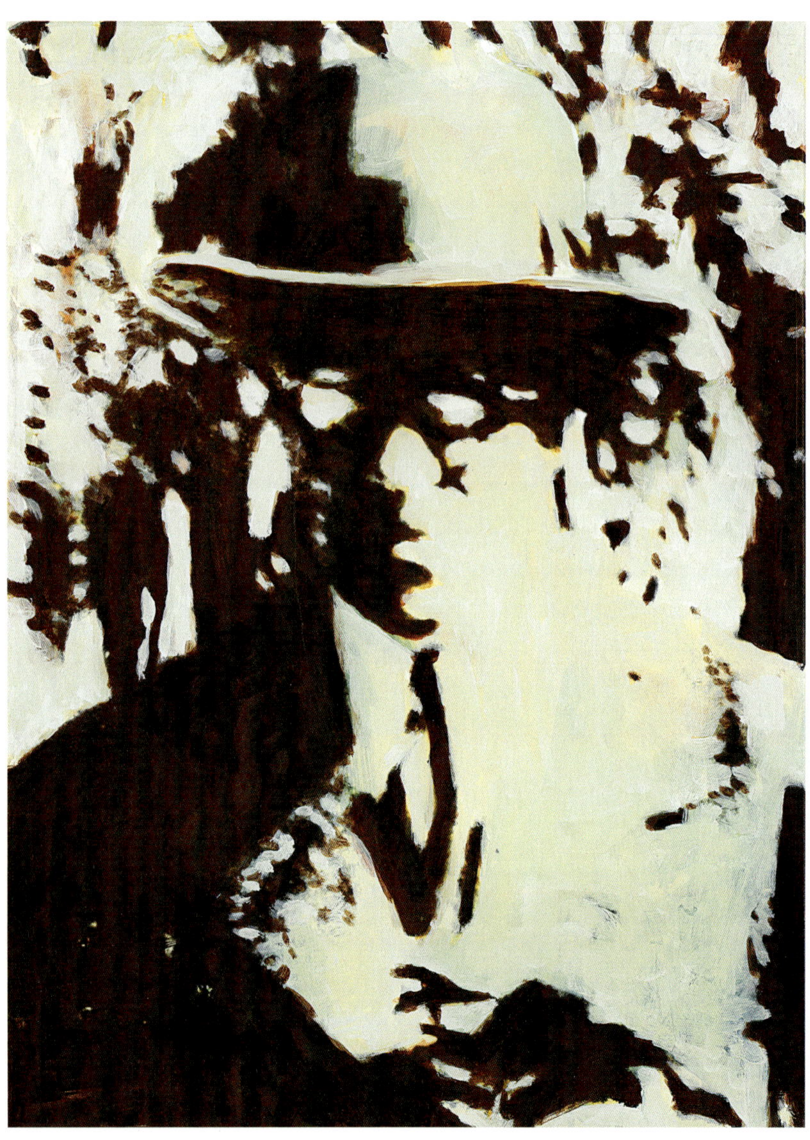

a total novelty and one-off among the artist's writings, and finally for the generous way he has made available pages from sketchbooks and other preparatory material for his works. As a result this book allows a genuine view of Ottersbach's studio and working procedure, flanked by works in the widest variety of techniques dating from 1988 right up to the immediate present.

I would also like to thank the other authors who have contributed to this book: as well as the artist himself, they are Kai-Uwe Hemken and Carola Kemme, who have written scholarly essays on the general tone in Ottersbach's oeuvre and the conglomeration of pictures called the *Beginn des Dekonstruktivismus* (The Beginning of Deconstructionism). The design of the publication as a whole was in the creative hands of Lena Mozer and Ernst Georg Kühle: I am extremely grateful to them as well as to Annette Kulenkampff at Hatje Cantz Verlag.

Besides the artist himself, the major lenders of works for the exhibition include the Museum Frieder Burda, Baden-Baden, the ALTANA Kulturstiftung, Bad Homburg, and

Für die substanzielle Förderung des Architekturjahres und der Ottersbach-Ausstellung auf der Mathildenhöhe danke ich neben der Wissenschaftsstadt Darmstadt insbesondere der Sparkasse Darmstadt sowie der Sparkassen-Kulturstiftung Hessen-Thüringen, namentlich Georg Sellner und Thomas Wurzel. Für unsere Medienpartnerschaften bin ich Angelika Bierbaum und Karin Wirschem vom Hessischen Rundfunk sowie Jörg Riebartsch und Johannes Breckner vom *Darmstädter Echo* zu Dank verpflichtet. Tim Späth von BECKER SPÄTH Konzept und Design sei Dank für die Gestaltung von Plakat, Einladung und Flyer.

Im eigenen Haus gilt mein herzlicher Dank vor allem Carola Kemme für ihre umfassende Projektarbeit in allen Belangen, Ulli Emig für seinen stets mehr als nur administrativen Einsatz, Axel Braun und Lina Ophoven-Armey für ihre dynamische Pressearbeit sowie Jürgen Preusch und dem technischen Team der Mathildenhöhe für die Herrichtung der Räume des historischen Ausstellungsgebäudes, deren Architektur die Bilder von Heribert C. Ottersbach auf ganz eigene Weise beherbergt und zur Geltung bringt – so wie dies bestenfalls auch in dieser Publikation der Fall ist.

Beck & Eggeling new quarters, Düsseldorf, who have supported the realization of the project extremely benevolently right from the beginning, as have Ben Brown Fine Arts, London, Galerie manus Presse–Klaus Gerrit Friese, Stuttgart, Haim Chanin Fine Arts, New York, and the Galerie Reckermann, Cologne. I would also like to thank the Garnatz Collection, the Sparkasse KölnBonn Collection, the Strack Collection, the Reto a Marca Collection, and all other private collections which prefer not to be named here, for further sizeable loans and support.

For substantial sponsorship of the Year of Architecture and the Ottersbach exhibition at the Mathildenhöhe, thanks are due as well as to Darmstadt, city of science, in particular to the Sparkasse Darmstadt and the Sparkassen-Kulturstiftung Hessen-Thüringen, in the persons of Georg Sellner and Thomas Wurzel. I am grateful to Angelika Bierbaum and Karin Wirschem from Hessische Rundfunk and Jörg Riebartsch and Johannes Breckner from the *Darmstädter Echo* for our media partnership. I would like to thank Tim Späth of BECKER SPÄTH Concept und Design for the design of the poster, invitation, and flyer.

Within my own institution, my warm thanks go particularly to Carola Kemme for her comprehensive work on all aspects of the project; Ulli Emig for his always more than just administrative input; Axel Braun and Lina Ophoven-Armey for their energetic press work; and Jürgen Preusch and the Mathildenhöhe technical team for the preparation of the rooms in the historic exhibition building, the architecture of which accommodates and shows off Heribert C. Ottersbach's pictures in a very special way—as we hope is also the case in this publication.

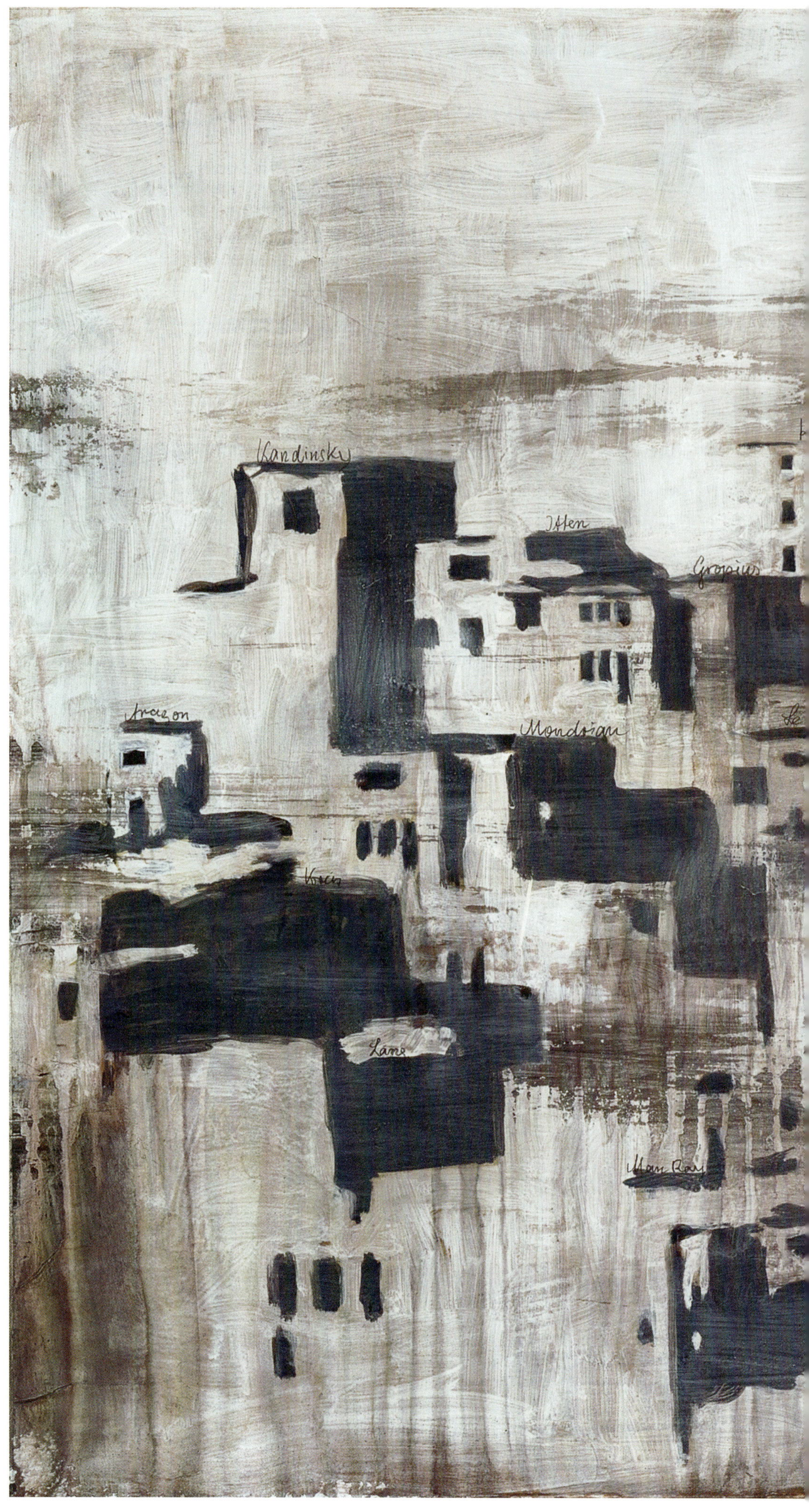
Kandinsky
Itten
Gropius
Mondrian
Man Ray

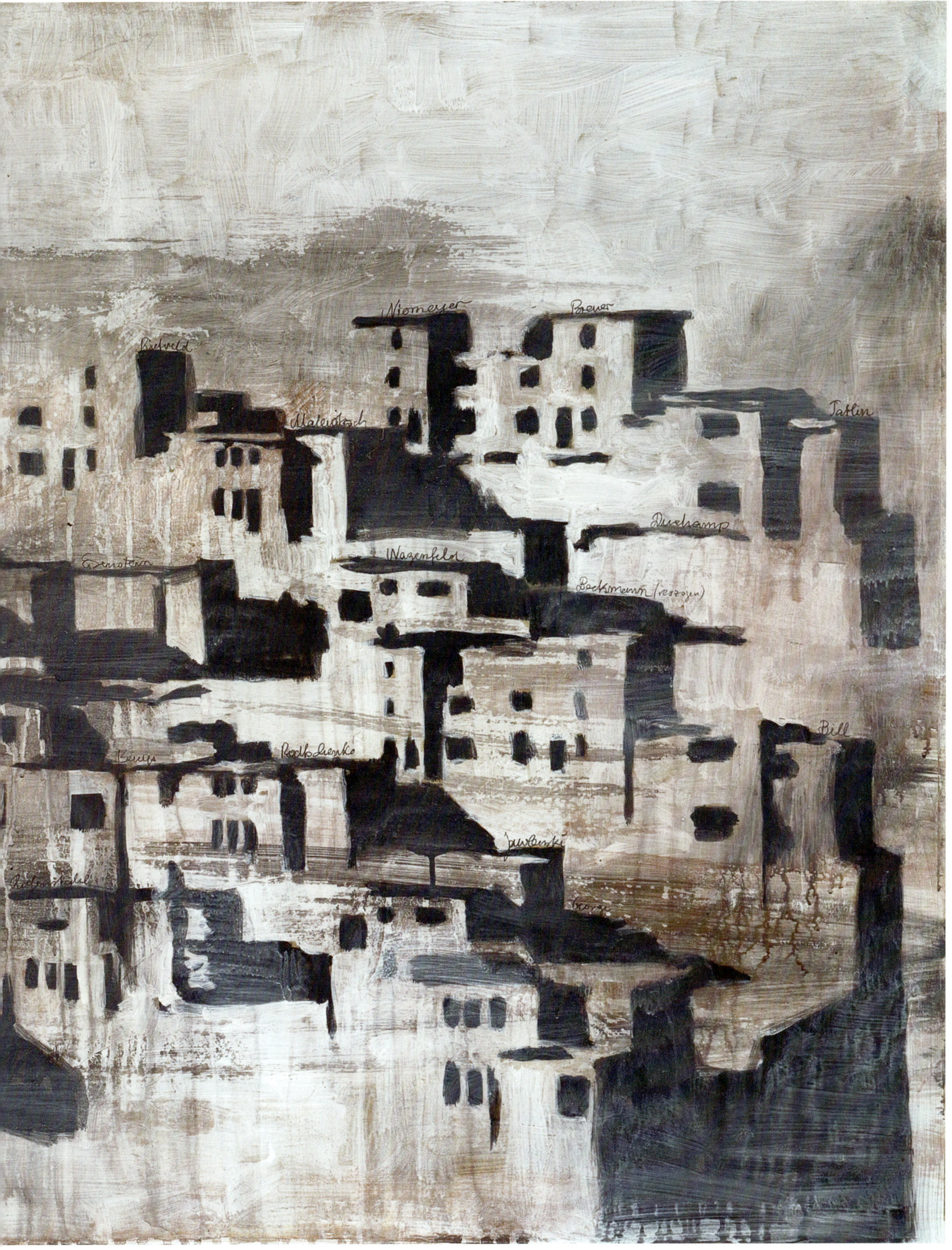

Modern City 1999

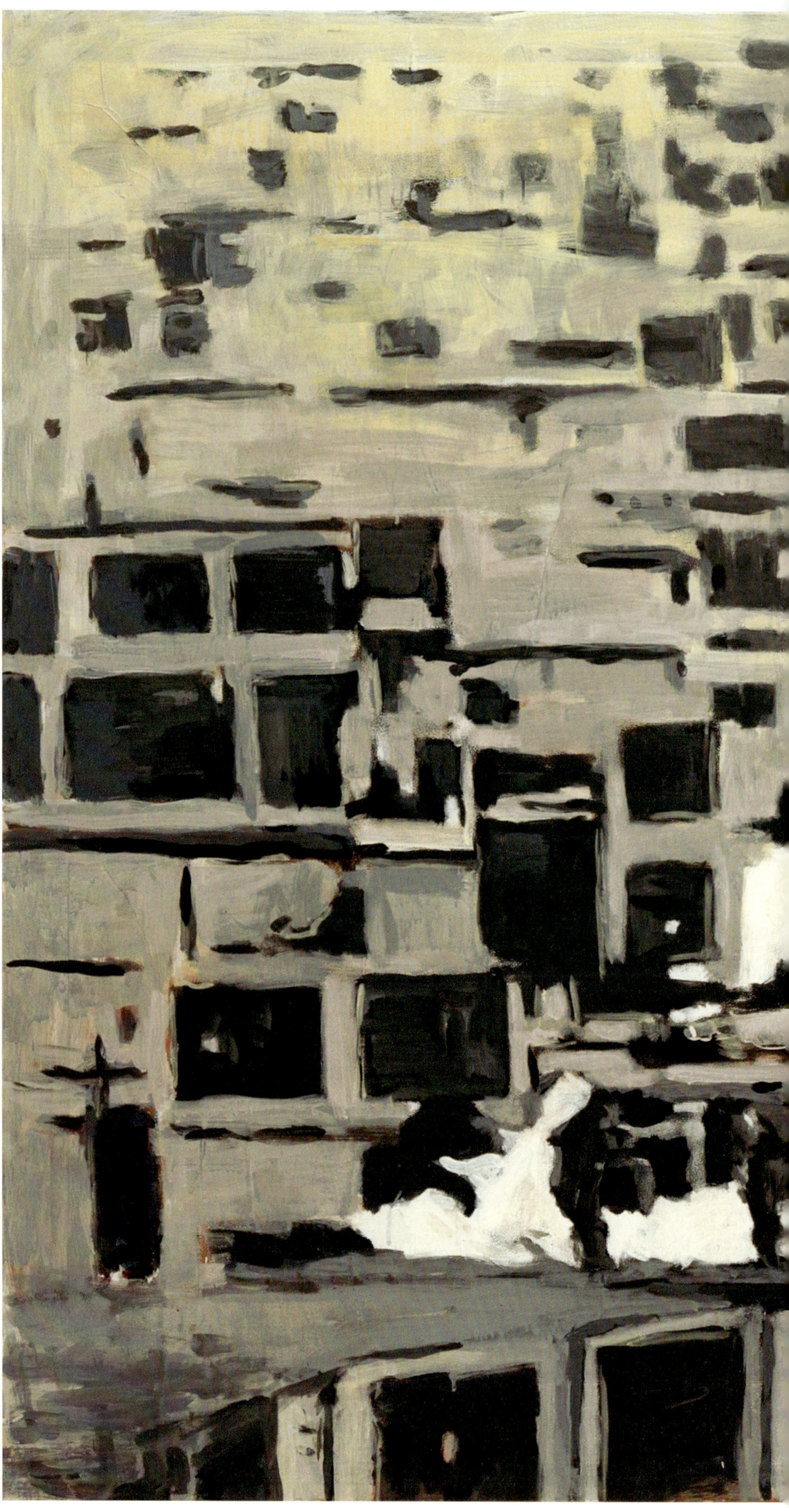

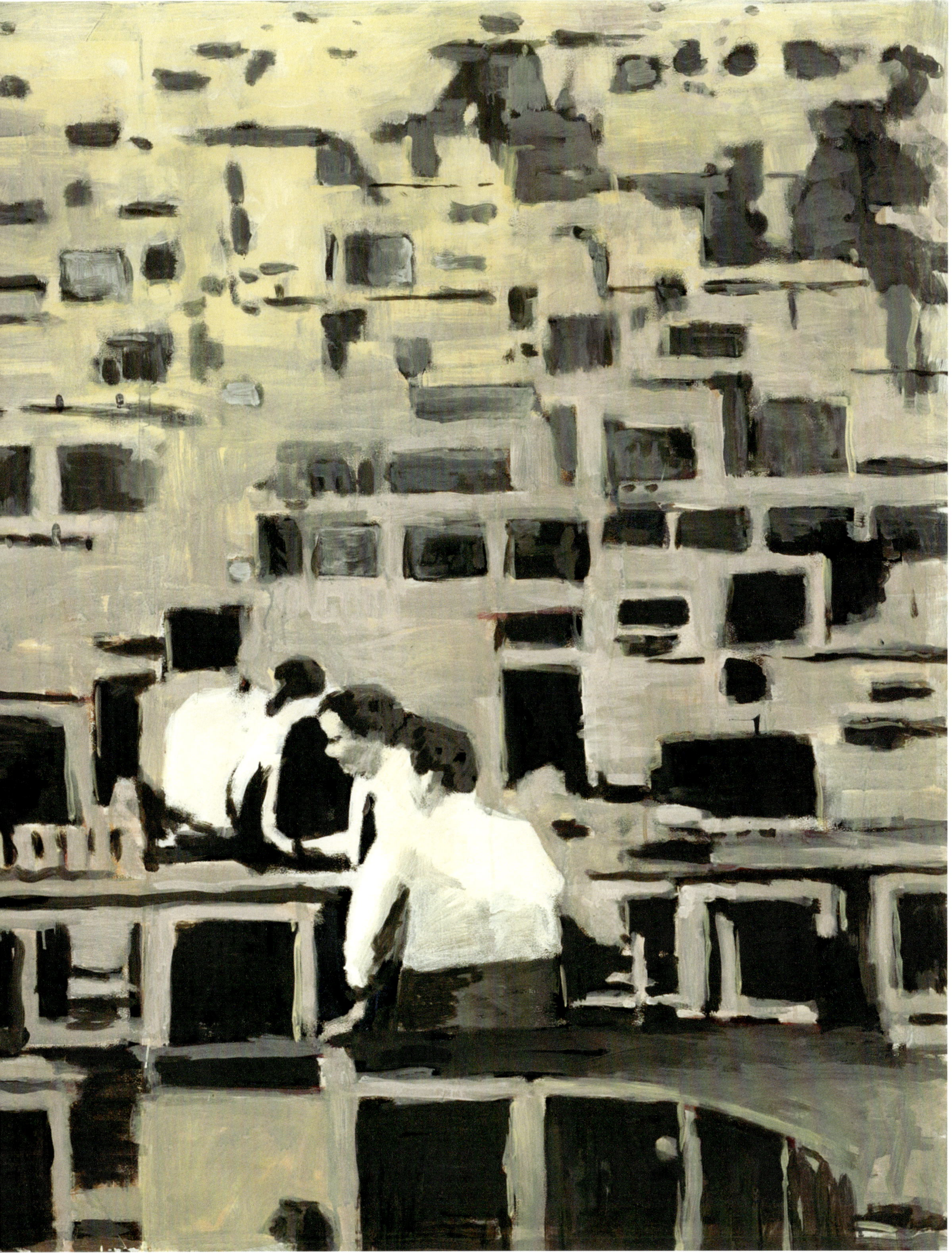

Pixelpark 2002

Zur Psychologie des Künstlers

Der Architekt stellt weder einen dionysischen, noch einen apollinischen Zustand dar: hier ist es der grosse Willensakt, der Wille, der Berge versetzt, der Rausch des grossen Willens, der zur Kunst verlangt. Die mächtigsten Menschen haben immer die Architekten inspirirt; der Architekt war stets unter der Suggestion der Macht. Im Bauwerk soll sich der Stolz, der Sieg über die Schwere, der Wille zur Macht versichtbaren; Architektur ist eine Art Macht-Beredsamkeit in Formen, bald überredend, selbst schmeichelnd, bald bloss befehlend. Das höchste Gefühl von Macht und Sicherheit kommt in dem zum Ausdruck, was grossen Stil hat. Die Macht, die keinen Beweis mehr nöthig hat; die es verschmäht, zu gefallen; die schwer antwortet; die keinen Zeugen um sich fühlt; die ohne Bewusstsein davon lebt, dass es Widerspruch gegen sie giebt; die in sich ruht, fatalistisch, ein Gesetz unter Gesetzen: Das redet als grosser Stil von sich.

Friedrich Nietzsche, »Götzen-Dämmerung, Streifzüge eines Unzeitgemässen«, in: ders., *Der Fall Wagner, Götzendämmerung, Der Antichrist, Ecco homo, Dionysos-Dithyramben, Nietzsche contra Wagner,* Kritische Studienausgabe, hrsg. von Giorgio Colli und Mazzino Montinari, München 1999, S. 118.

Toward a Psychology of the Artist

The architect represents neither a Dionysian nor an Apollinian condition: here it is the mighty act of will, the will which moves mountains, the intoxication of the strong will, which demands artistic expression. The most powerful men have always inspired the architects; the architect has always been influenced by power. Pride, victory over weight and gravity, the will to power, seek to render themselves visible in a building; architecture is a kind of rhetoric of power, now persuasive, even cajoling in form, now bluntly imperious. The highest feeling of power and security finds expression in that which possesses *grand style.* Power which no longer requires proving; which disdains to please; which is slow to answer; which is conscious of no witnesses around it; which lives oblivious of the existence of any opposition; which reposes in *itself,* fatalistic, a law among laws: *that* is what speaks of itself in the grand style.

Friedrich Nietzsche, "Expeditions of an Untimely Man," in *Twilight of the Idols: Or, How to Philosophize with a Hammer; The Anti-Christ,* translated by R. J. Hollingdale (Hammonds-worth, Middlesex, 1968), from section 11, p. 74.

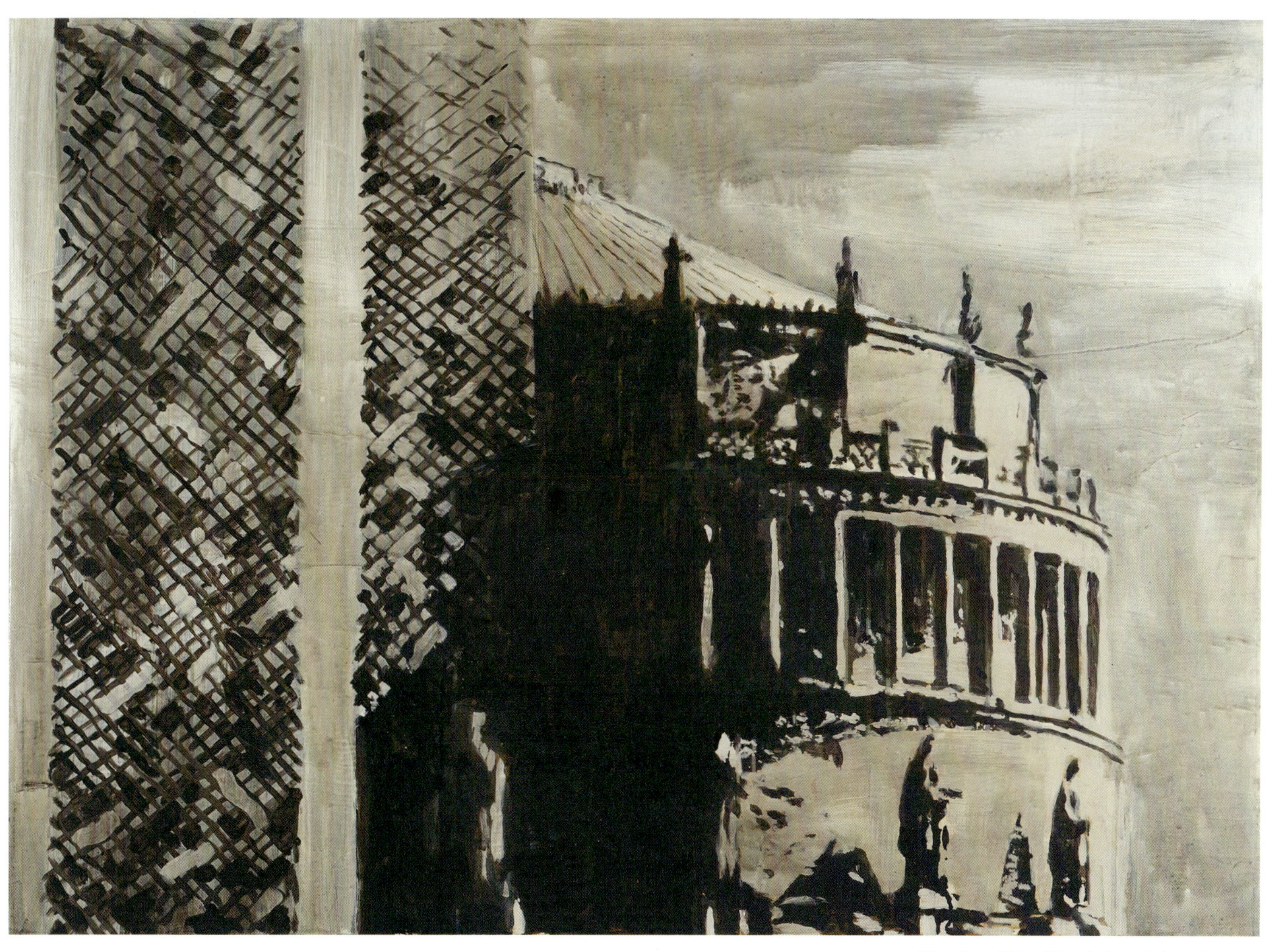

Künstlers Wahn [The Artist's Delusion] 2001

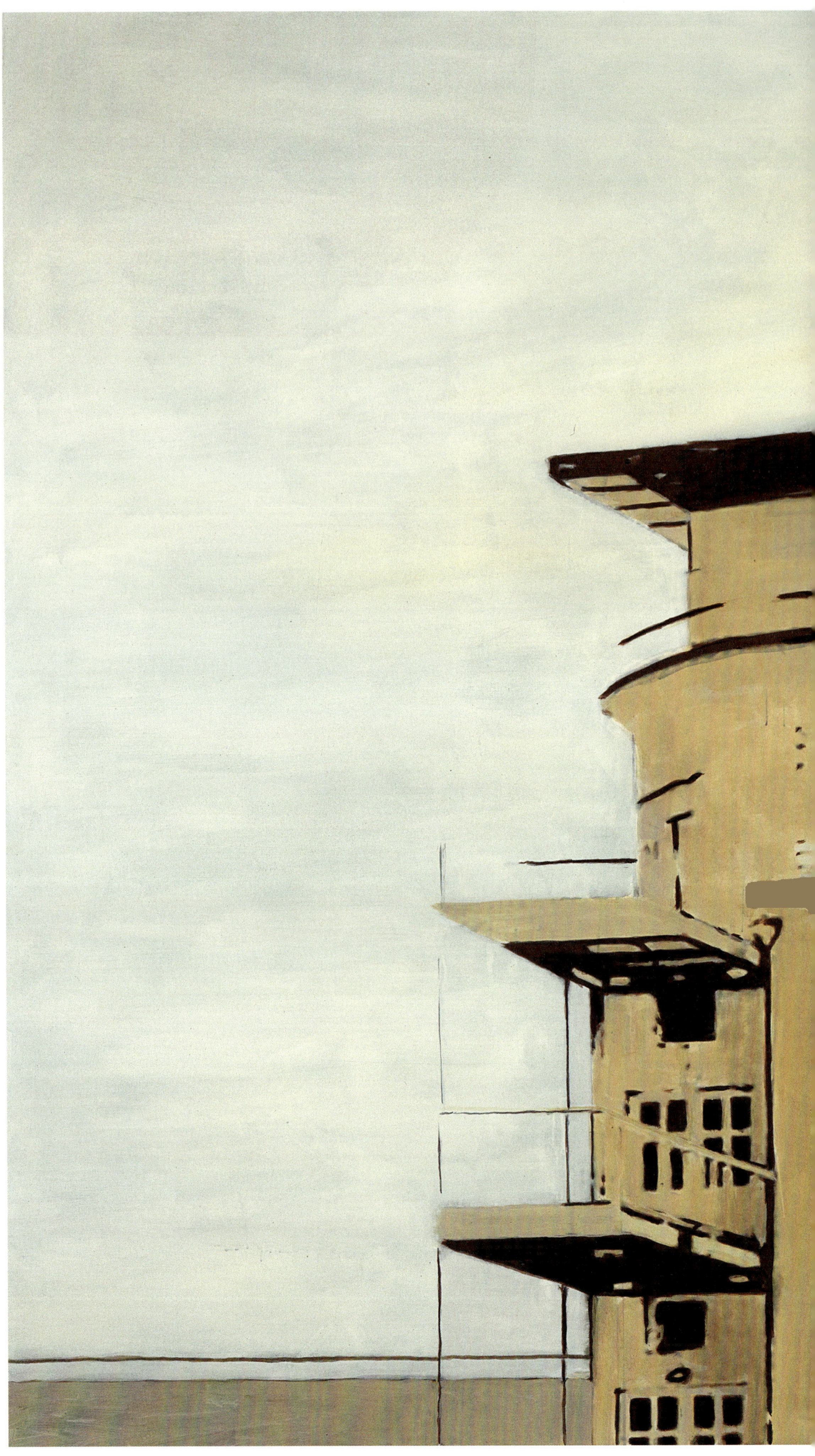

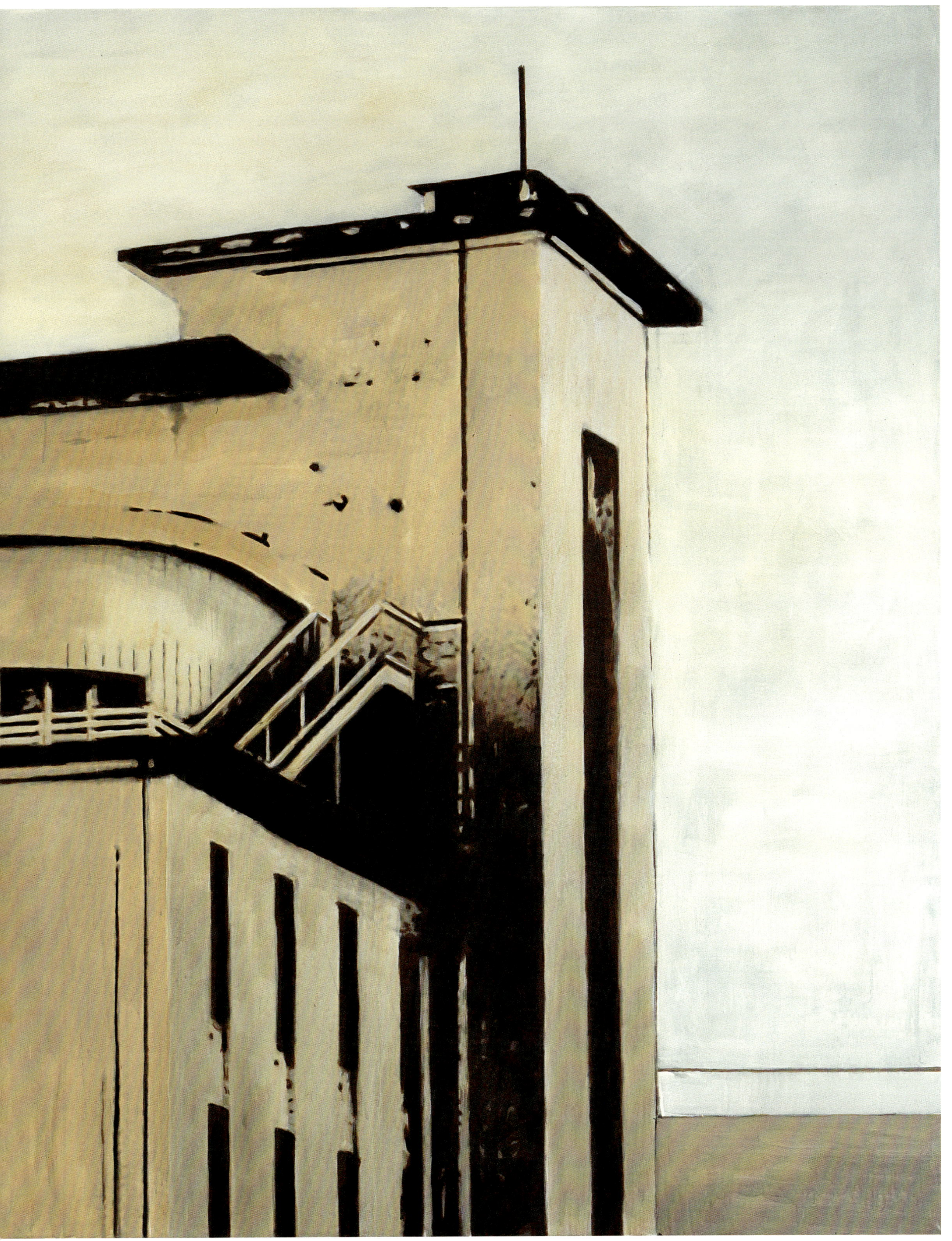

In Erwartung der Heilung [Awaiting the Cure] 2006

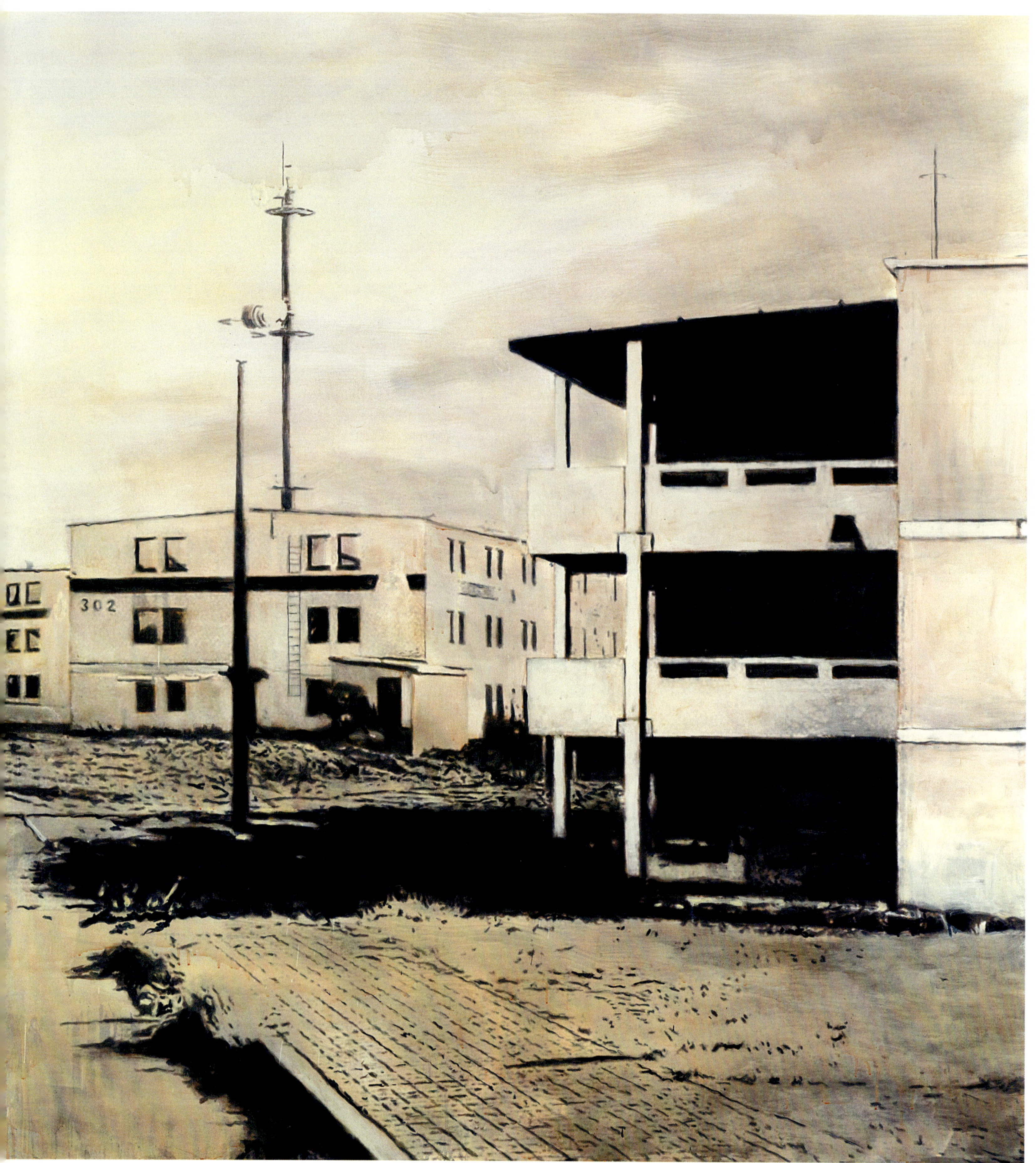

Gegenüber (Letzte Gefechte) [Adverse (Final Battles)] 2007

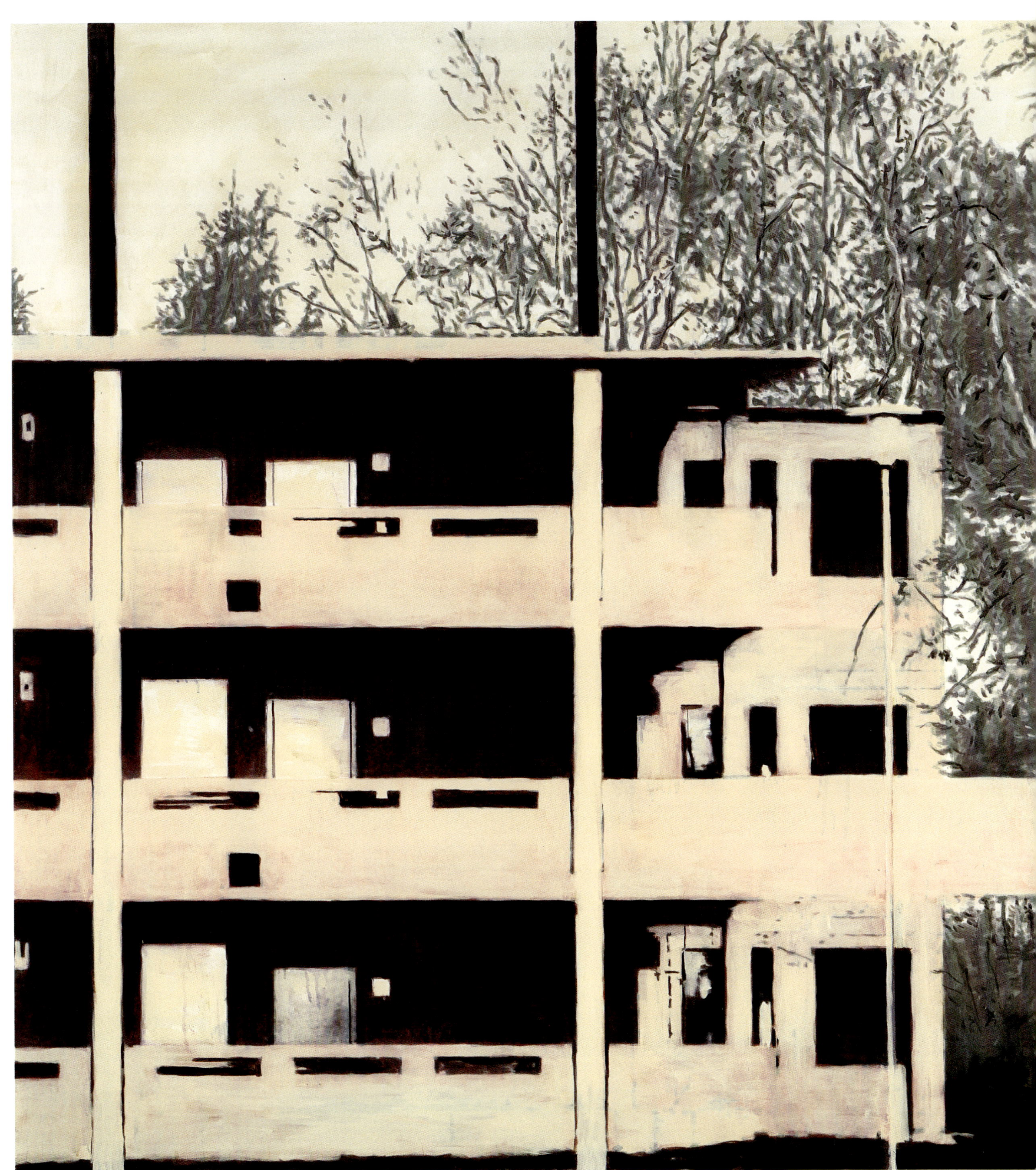

Haus am Wald (Letzte Gefechte) [House at the Forest (Final Battles)] 2007

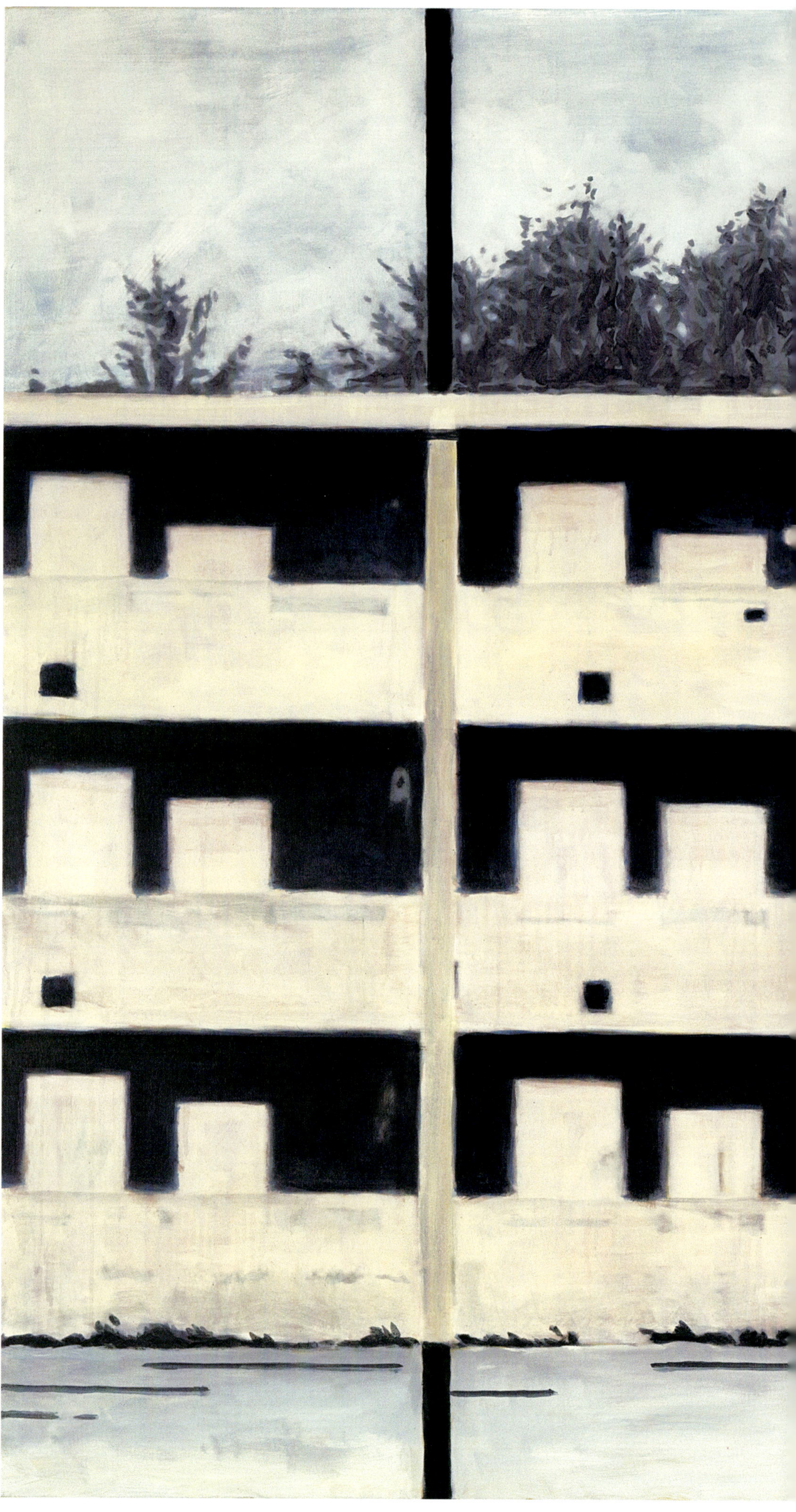

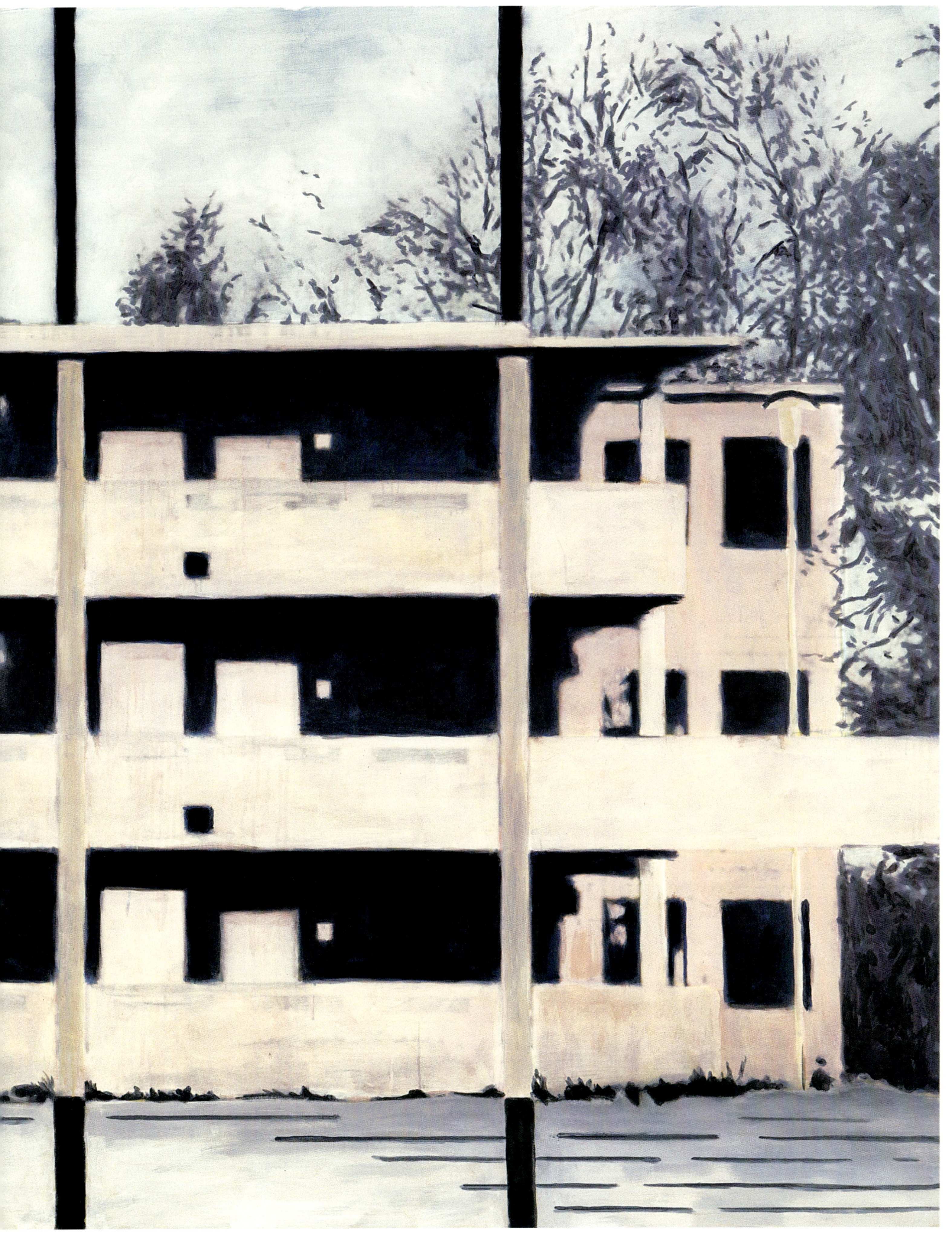

Haus am Wald (2) [House at the Forest (2)] 2007

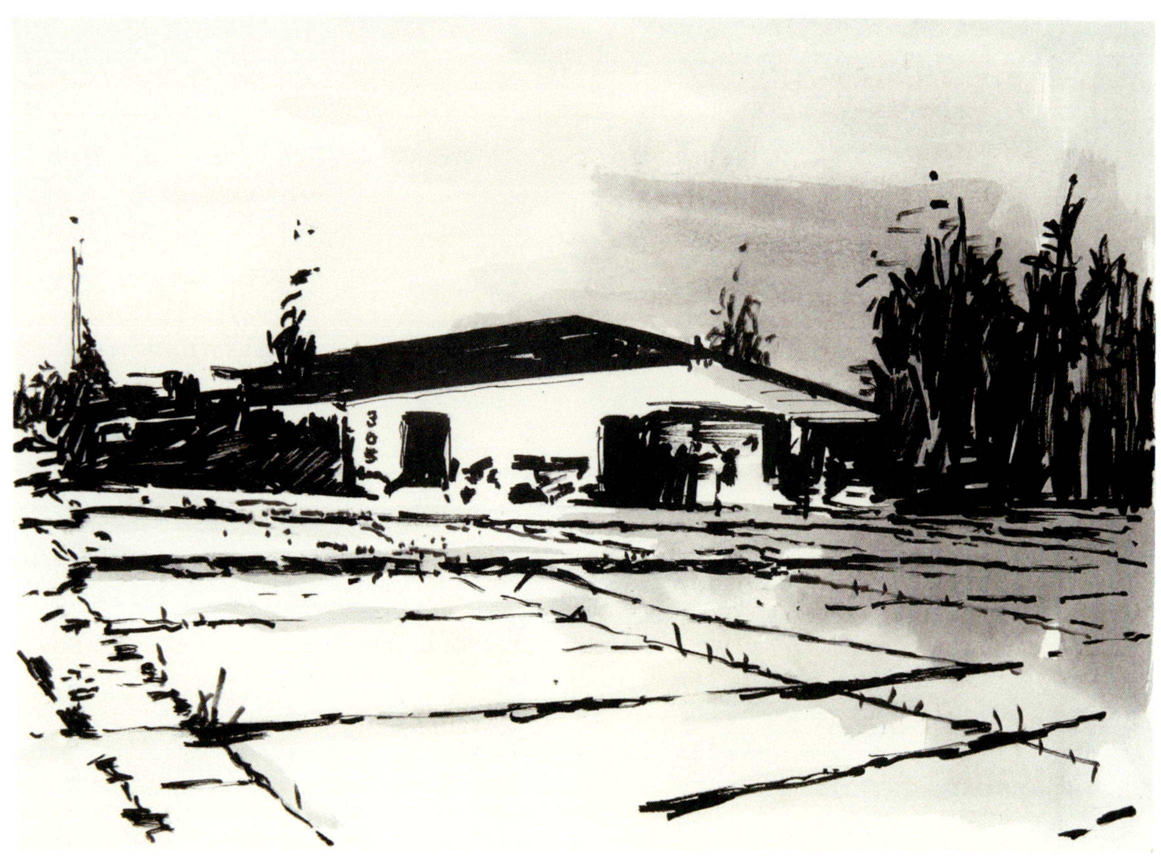

Letzte Gefechte (1) [Final Battles (1)] 2007

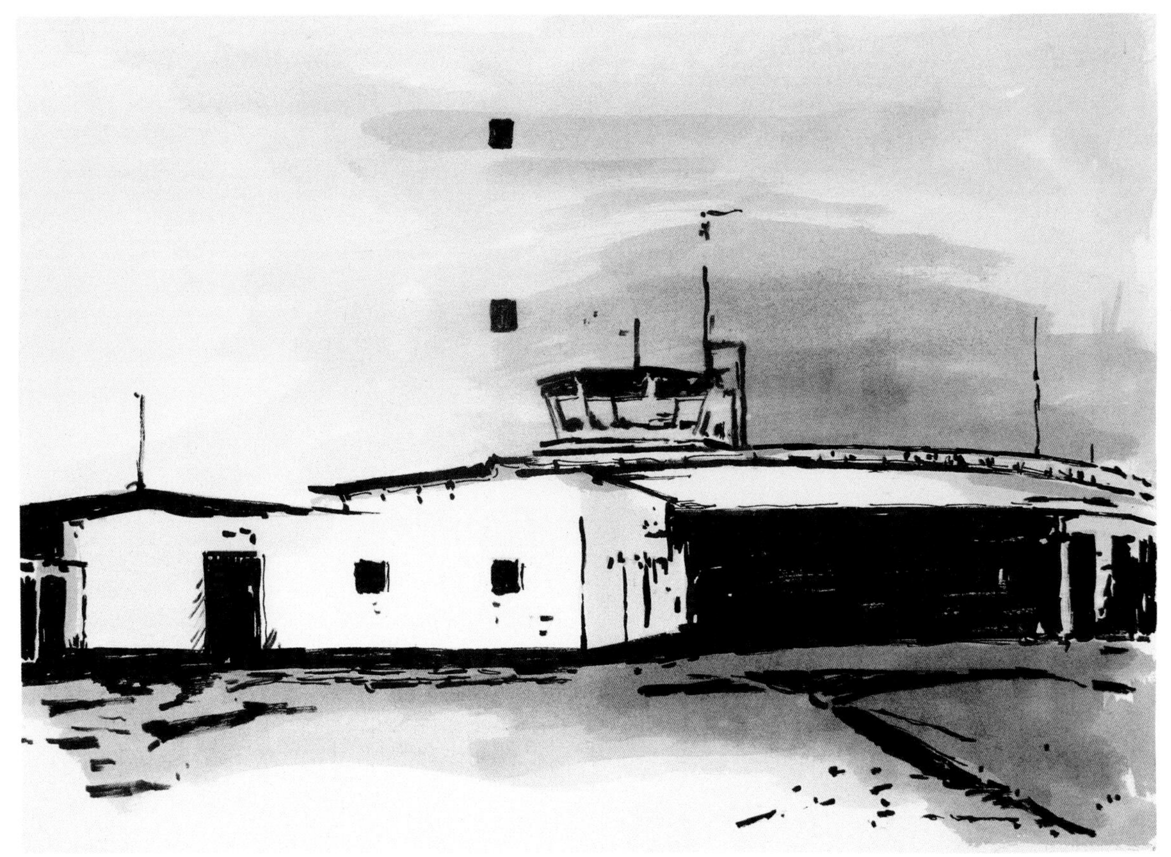

Abflug [Takeoff] 2007

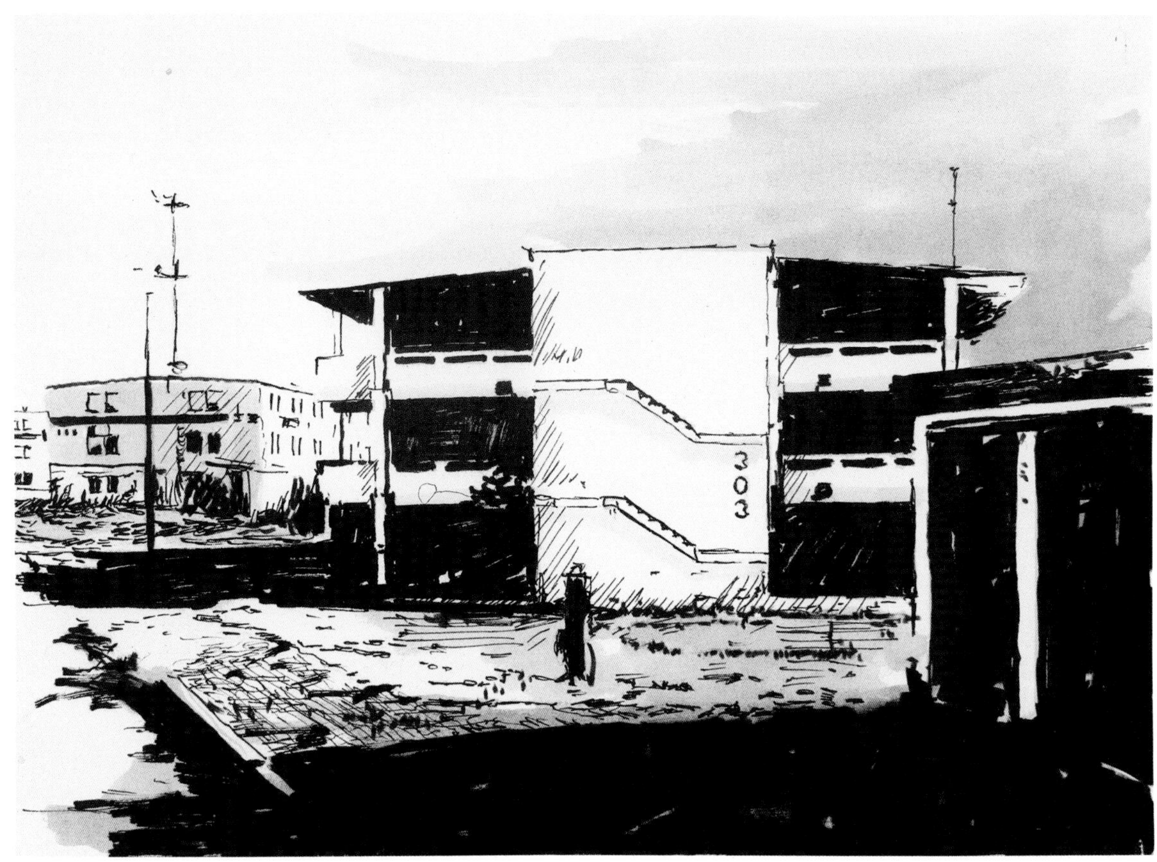

Gefechtsstand [Command Post] 2007

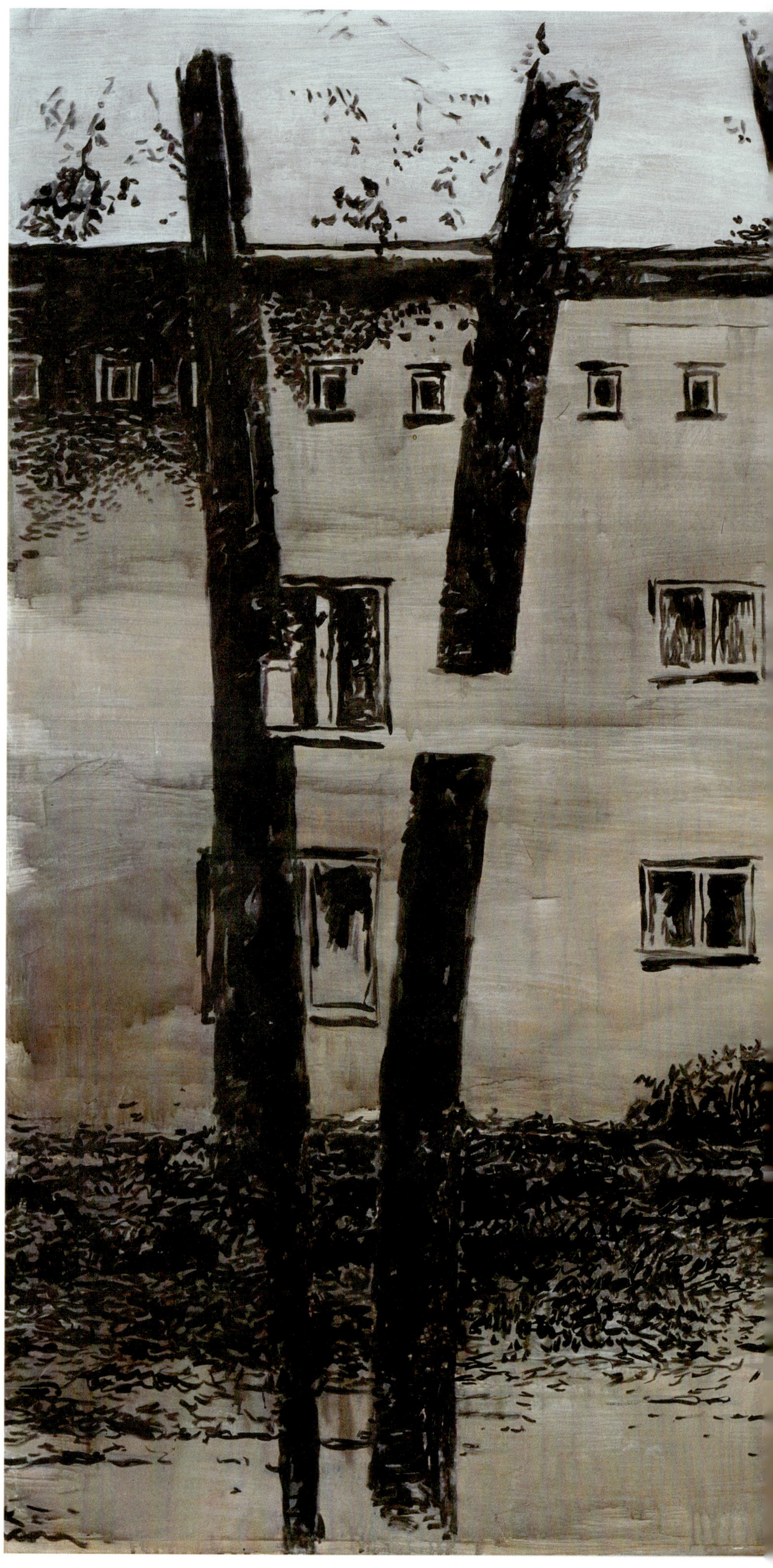

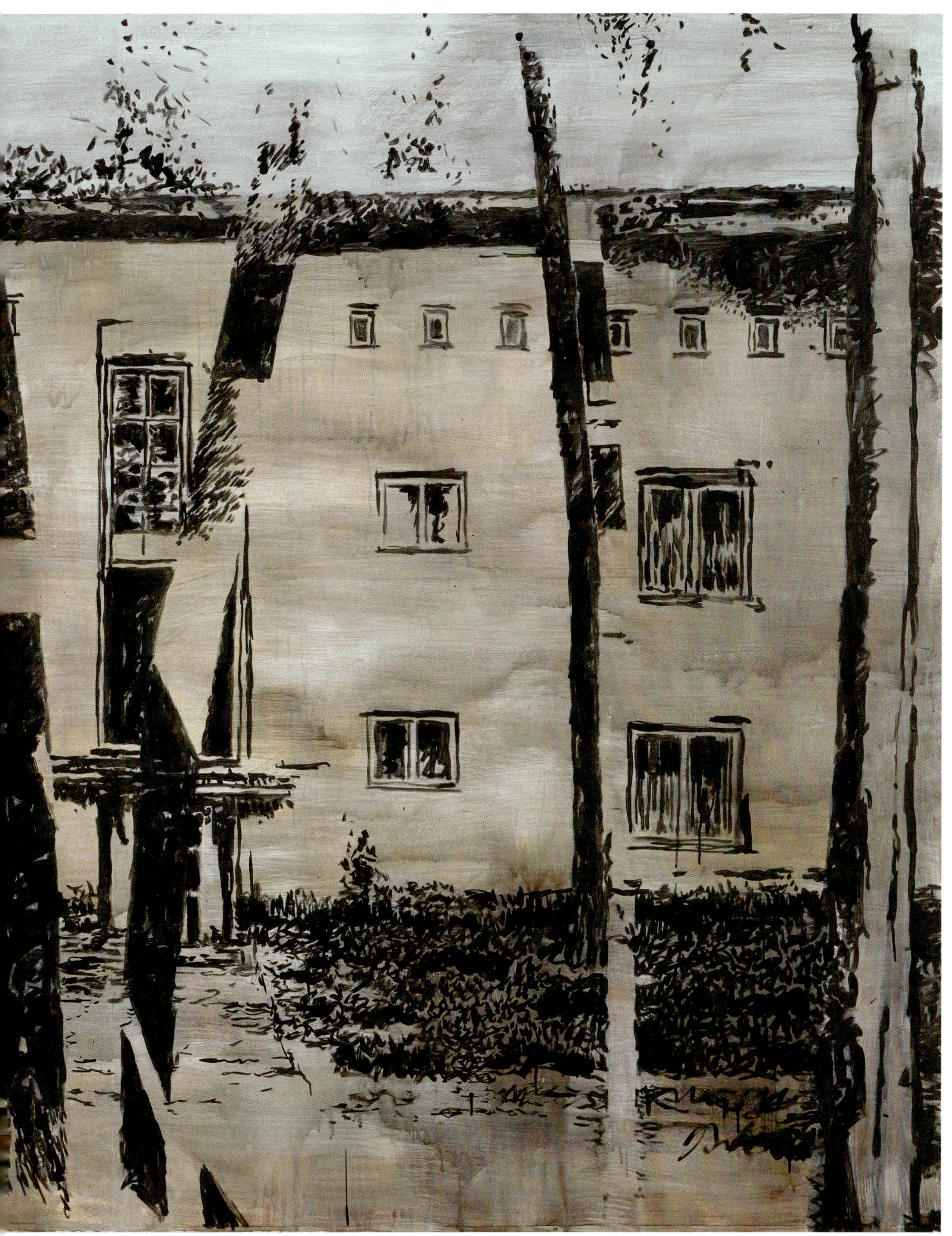

Die Moderne als Sanatorium unter Beibehaltung gotischer Prinzipien [Modernism as Sanatorium while Perpetuating Gothic Principles] 1999

Eine Politik der Räume

Michel Foucault, »Das Auge der Macht (Gespräch)«, in: ders., *Schriften in vier Bänden – Dits et Ecrits*, Bd. III, 1976–1979, hrsg. von Daniel Defert und François Ewald unter Mitarbeit von Jacques Lagrange, übers. von Michael Bischoff, Hans-Dieter Gondek, Hermann Kocyba, Jürgen Schröder, Frankfurt am Main 2003, S. 250–271, hier S. 253/254.

Wie mir scheint, bekommt es die Architektur am Ende des 18. Jahrhunderts erstmals mit den Problemen der Bevölkerung, der Gesundheit und des städtischen Lebens zu tun. Einst entsprach die Baukunst vor allem dem Bedürfnis, die Macht, die Göttlichkeit und die Kraft zu zeigen. Der Palast und die Kirche bildeten die großen Formen, zu denen man die Festungen hinzuzählen muss; man brachte seine Macht zum Ausdruck, man brachte den Souverän zum Ausdruck, man brachte Gott zum Ausdruck. Die Architektur hat sich lange Zeit im Umkreis dieser Anforderungen entwickelt. Ende des 18. Jahrhunderts tauchen nun allerdings neue Probleme auf: Es geht darum, sich der Gestaltung des Raumes zu ökonomisch-politischen Zwecken zu bedienen.

Eine spezifische Architektur nimmt Gestalt an. Philippe Ariès hat einiges, was mir sehr wichtig erscheint, über die Tatsache geschrieben, dass bis zum 18. Jahrhundert das Haus ein undifferenzierter Raum bleibt. Es gibt Zimmer: Man schläft darin, man isst darin, man empfängt darin, es macht keinen Unterschied. Danach dann spezifiziert sich, Schritt für Schritt, der Raum und wird funktional. Wir haben die entsprechende Veranschaulichung mit der Errichtung der Arbeiterstädte der Jahre 1830–1870. Man wird die Arbeiterfamilie festlegen; man wird ihr eine Art Sittlichkeit vorschreiben, indem man ihr einen Raum zum Leben mit einem Zimmer, das Küche und Esszimmer zusammenfasst, einem Zimmer für die Eltern, welches der Ort für die Zeugung ist, und dem Zimmer für die Kinder zuweist. Mitunter, in den günstigsten Fällen, hat man ein Zimmer für die Mädchen und eines für die Jungen. Man müsste eine ganze Geschichte der Räume schreiben – die zugleich eine Geschichte der Mächte wäre –, von den großen Strategien der Geopolitik bis zu kleinen Taktiken des Wohnens, der institutionellen Architektur, dem Klassenzimmer oder der Krankenhausorganisation und dazwischen den ökonomisch-politischen Einpflanzungen. Es überrascht, wenn man sieht, welch lange Zeit das Problem der Räume gebraucht hat, um als historisch-politisches Problem aufzutauchen: Entweder wurde der Raum in die Natur zurückgeschickt – ins Gegebene, in die ersten Bestimmungen, in die natürliche Geographie, das heißt eine Art prähistorischer Schicht –, oder er wurde als Wohn- oder Ausdehnungsort eines Volkes, einer Kultur, einer Sprache oder eines Staates begriffen. Kurz gesagt, man analysierte ihn entweder als *Boden* oder als *Areal*; worauf es ankam, waren das *Substrat* oder die *Grenzen*. Es mussten erst Marc Bloch und Fernand Braudel kommen, damit sich eine Geschichte der ländlichen Räume oder der maritimen Räume entwickeln konnte. Man muss sie weiterführen, und dazu genügt es nicht zu behaupten, der Raum bestimme vorweg eine Geschichte, die ihn dann umgekehrt neu begründe und sich in ihm ablagere. Die räumliche Verankerung ist eine ökonomisch-politische Form, die man in ihren Einzelheiten untersuchen muss.

Unter all den Gründen, die während so langer Zeit zu einer gewissen Vernachlässigung hinsichtlich der Räume geführt haben, werde ich nur einen anführen, der den Diskurs der Philosophen betrifft. Zu dem Zeitpunkt, als sich eine reflektierte Politik der Räume zu entwickeln begann (am Ende des 18. Jahrhunderts), vertrieben die neuen Errungenschaften der theoretischen und experimentellen Physik die Philosophie aus ihrem alten Recht, über die Welt, über den *kosmos* und über den endlichen oder unendlichen Raum zu sprechen. Diese doppelte Besetzung des Raumes durch eine politische Technologie und eine wissenschaftliche Praxis hat die Philosophie auf eine Problematik der Zeit zurückgestutzt. Seit Kant ist das, was für den Philosophen zu denken ist, die Zeit. Hegel, Bergson, Heidegger. Mit einer dazugehörenden Disqualifizierung des Raumes, der auf der Seite des Verstandes, des Analytischen, des Begrifflichen, des Todes, des Erstarrten, des Trägen auftaucht. Ich erinnere mich, vor rund zehn Jahren über diese Probleme einer Politik der Räume gesprochen und darauf zur Antwort erhalten zu haben, dass es ziemlich reaktionär sei, so sehr auf dem Problem des Raumes zu beharren, dass doch die Zeit und der Entwurf das Leben und der Fortschritt wären. Dieser Vorwurf kam freilich von einem Psychologen – Wahrheit und Schande der Philosophie des 19. Jahrhunderts.

Politics of Spaces

Michel Foucault, "The Eye of Power, A Conversation with Jean-Pierre Barou and Michelle Perrot," in *Michel Foucault: Power/Knowledge Selected Interviews and Other Writings 1972–1977,* edited by Colin Gordon, translated by Graham Burchell (London, 1980), pp. 148–50.

The point, it seems to me, is that architecture begins at the end of the eighteenth century to become involved in problems of population, health and the urban question. Previously, the art of building corresponded to the need to make power, divinity and might manifest. The palace and the church were the great architectural forms, along with the stronghold. Architecture manifested might, the Sovereign, God. Its development was for long centred on these requirements. Then, late in the eighteenth century, new problems emerge: it becomes a question of using the disposition of space for economico-political ends.

A specific type of architecture takes shape. Philippe Ariès has written some things which seem important to me, regarding the fact that the house remains until the eighteenth century an undifferentiated space. There are rooms: one sleeps, eats, receives visitors in them, it doesn't matter which. Then gradually space becomes specified and functional. We see this illustrated with the building of the *cités ouvrières,* between the 1830s and 1870s. The working-class family is to be fixed;

by assigning it a living space with a room that serves as kitchen and dining-room, a room for the parents which is the place of procreation, and a room for the children, one prescribes a form of morality for the family. Sometimes, in the more favourable cases, you have a boys' and a girls' room. A whole history remains to be written of *spaces*—which would at the same time be the history of *powers* (both these terms in the plural)—from the great strategies of geo-politics to the little tactics of the habitat, institutional architecture from the classroom to the design of hospitals, passing via economic and political installations. It is surprising how long the problem of space took to emerge as a historico-political problem. Space used to be either dismissed as belonging to "nature"—that is, the given, the basic conditions, "physical geography," in other words a sort of "prehistoric" stratum; or else it was conceived as the residential site or field of expansion of peoples, of a culture, a language or a State. It took Marc Bloch and Fernand Braudel to develop a history of rural and maritime spaces. The development must be extended, by no longer just saying that space predetermines a history which in turn reworks and sediments itself in it. Anchorage in a space is an economico-political form which needs to be studied in detail.

Among all the reasons which led to spaces suffering for so long a certain neglect, I will mention just one, which has to do with the discourse of philosophers. At the moment when a considered politics of spaces was starting to develop, at the end of the eighteenth century, the new achievements in theoretical and experimental physics dislodged philosophy from its ancient right to speak of the world, the cosmos, finite or infinite space. This double investment of space by political technology and scientific practice reduced philosophy to the field of a problematic of time. Since Kant, what is to be thought by the philosopher is time. Hegel, Bergson, Heidegger. Along with this goes a correlative devaluation of space, which stands on the side of the understanding, the analytical, the conceptual, the dead, the fixed, the inert. I remember ten years or so ago discussing these problems of the politics of space, and being told that it was reactionary to go on so much about space, and that time and the "project" were what life and progress are about. I should say that this reproach came from a psychologist—psychology, the truth and the shame of nineteenth-century philosophy.

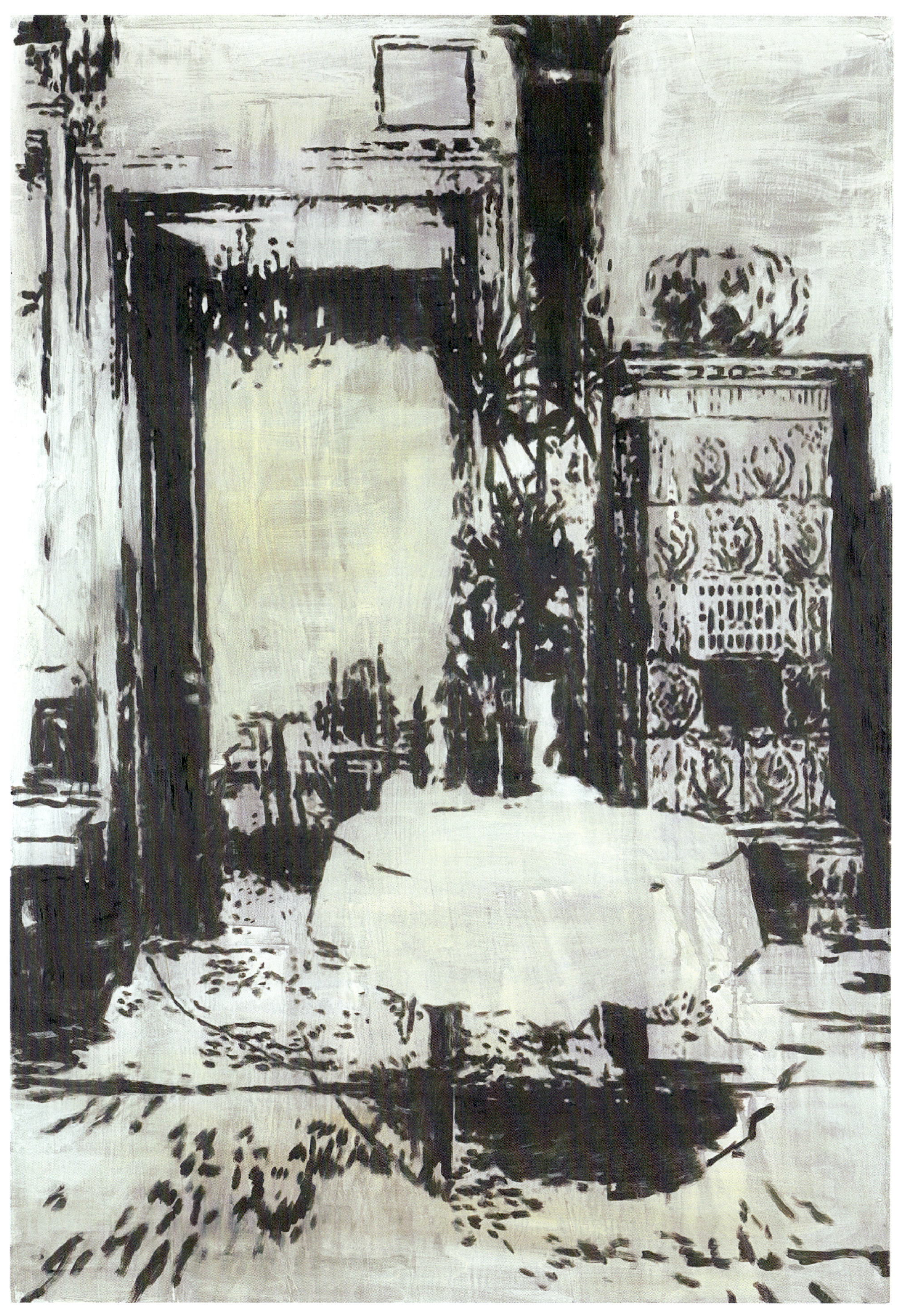

Gespräche im Hause S. über den abwesenden Horst M. [Conversations at House S. about the Absent Horst M.] 2002

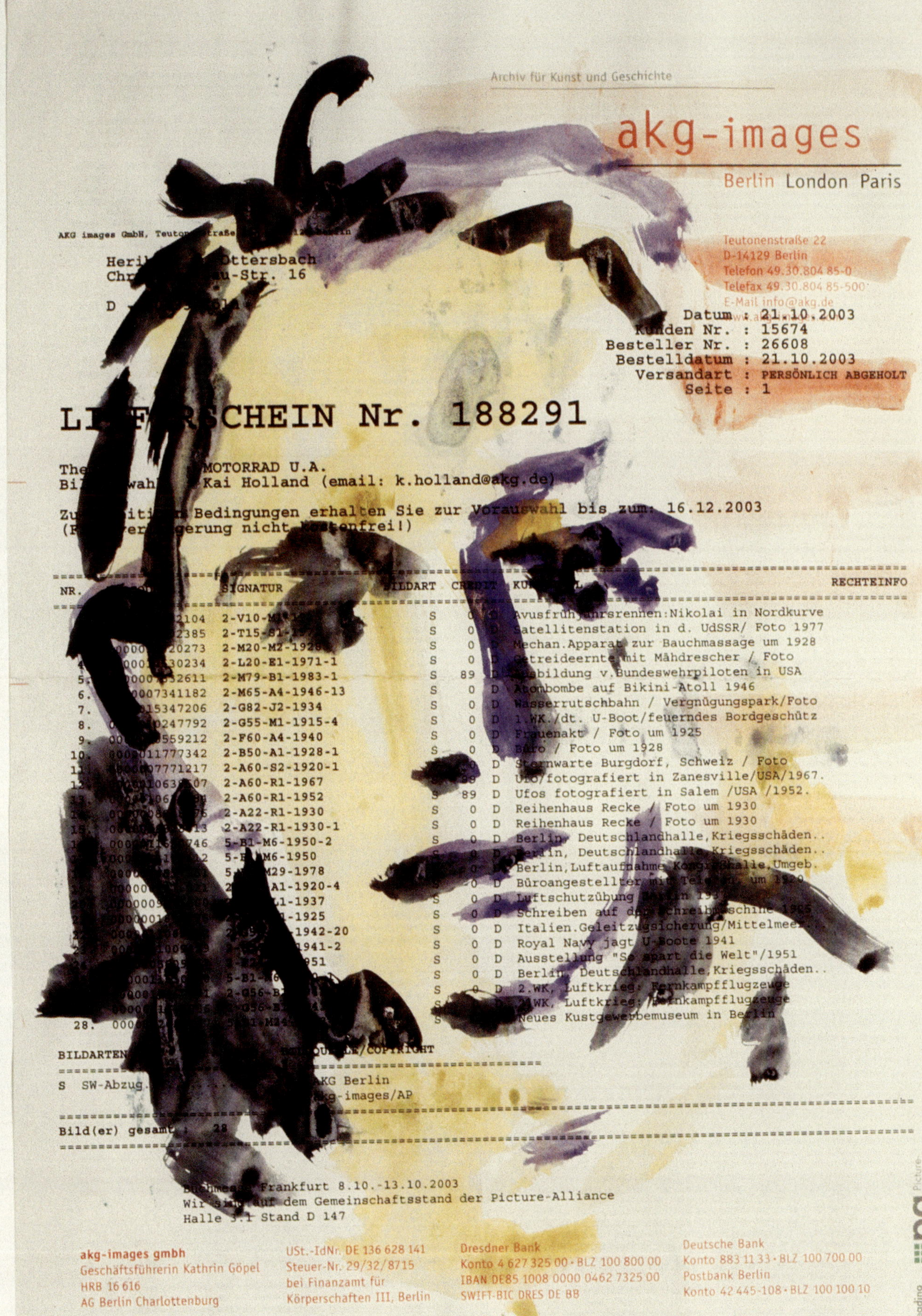

Archiv für Kunst und Geschichte
akg-images
Berlin London Paris
Teutonenstraße 22
D-14129 Berlin
Datum : 21.10.2003
Kunden Nr. : 15674
Besteller Nr. : 26608
Bestelldatum : 21.10.2003
Versandart : PERSÖNLICH ABGEHOLT
Seite : 1
CHEIN Nr. 188291
MOTORRAD U.A.
Kai Holland (email: k.holland@akg.de)
Bedingungen erhalten Sie zur Vorauswahl bis zum: 16.12.2003
SIGNATUR
RECHTEINFO
Avusfrühjahrsrennen:Nikolai in Nordkurve
Satellitenstation in d. UdSSR/ Foto 1977
Mechan.Apparat zur Bauchmassage um 1928
Getreideernte mit Mähdrescher / Foto
Ausbildung v.Bundeswehrpiloten in USA
Atombombe auf Bikini-Atoll 1946
Wasserrutschbahn / Vergnügungspark/Foto
1.WK./dt. U-Boot/feuerndes Bordgeschütz
Frauenakt / Foto um 1925
Büro / Foto um 1928
Sternwarte Burgdorf, Schweiz / Foto
Ufo/fotografiert in Zanesville/USA/1967.
Ufos fotografiert in Salem /USA /1952.
Reihenhaus Recke / Foto um 1930
Reihenhaus Recke / Foto um 1930
Royal Navy jagt U-Boote 1941
Neues Kustgewerbemuseum in Berlin
BILDARTEN
S SW-Abzug
AKG Berlin
akg-images/AP
Bild(er) gesamt : 28
Frankfurt 8.10.-13.10.2003
auf dem Gemeinschaftsstand der Picture-Alliance
Halle 3.1 Stand D 147
akg-images gmbh
Geschäftsführerin Kathrin Göpel
HRB 16 616
AG Berlin Charlottenburg
USt.-IdNr. DE 136 628 141
Steuer-Nr. 29/32/8715
bei Finanzamt für
Körperschaften III, Berlin
Dresdner Bank
Konto 4 627 325 00 · BLZ 100 800 00
IBAN DE85 1008 0000 0462 7325 00
SWIFT-BIC DRES DE BB
Deutsche Bank
Konto 883 11 33 · BLZ 100 700 00
Postbank Berlin
Konto 42 445-108 · BLZ 100 100 10
Es gelten die umseitigen Allgemeinen Geschäftsbedingungen.
Leading Member of pa Picture-Alliance

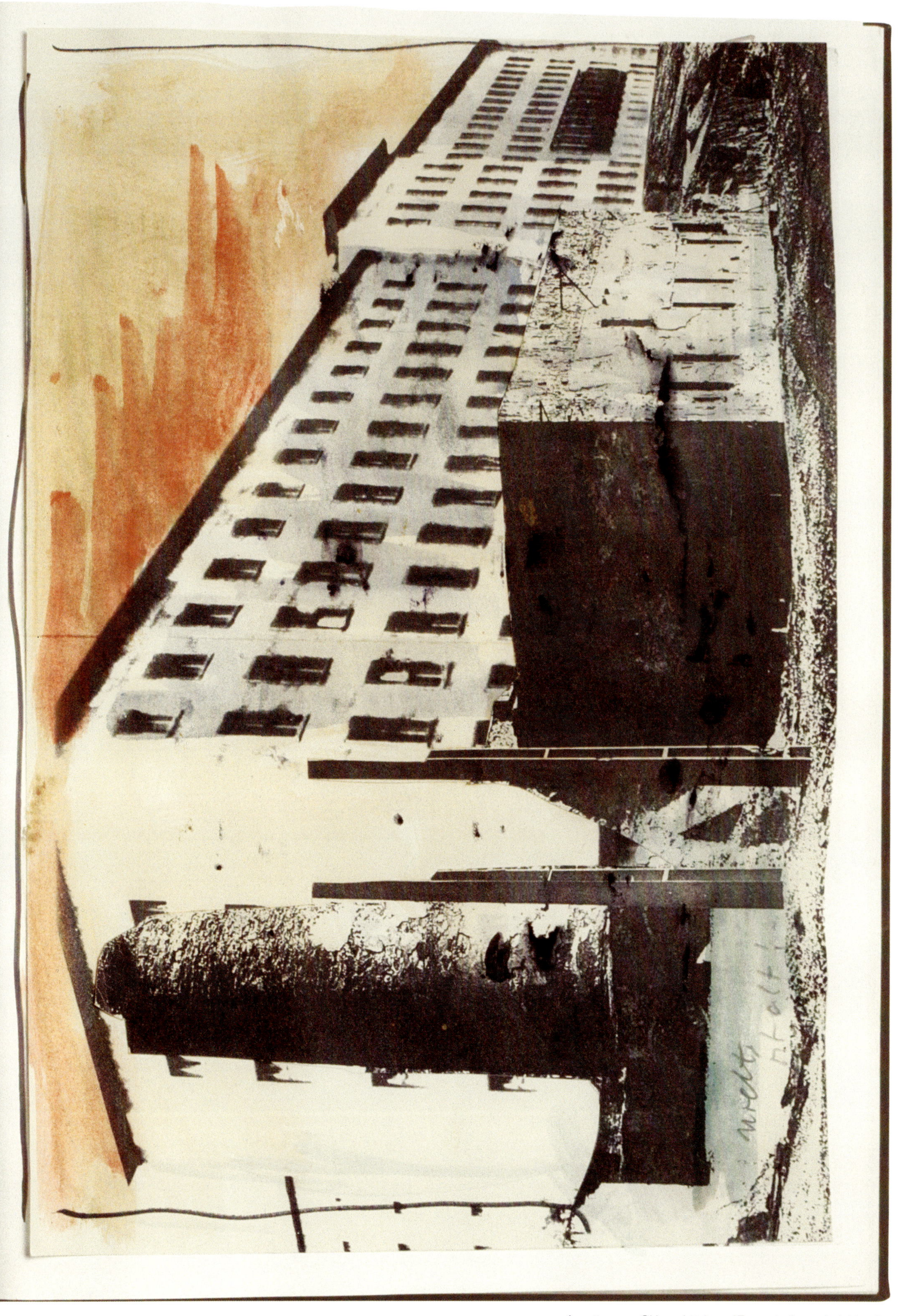

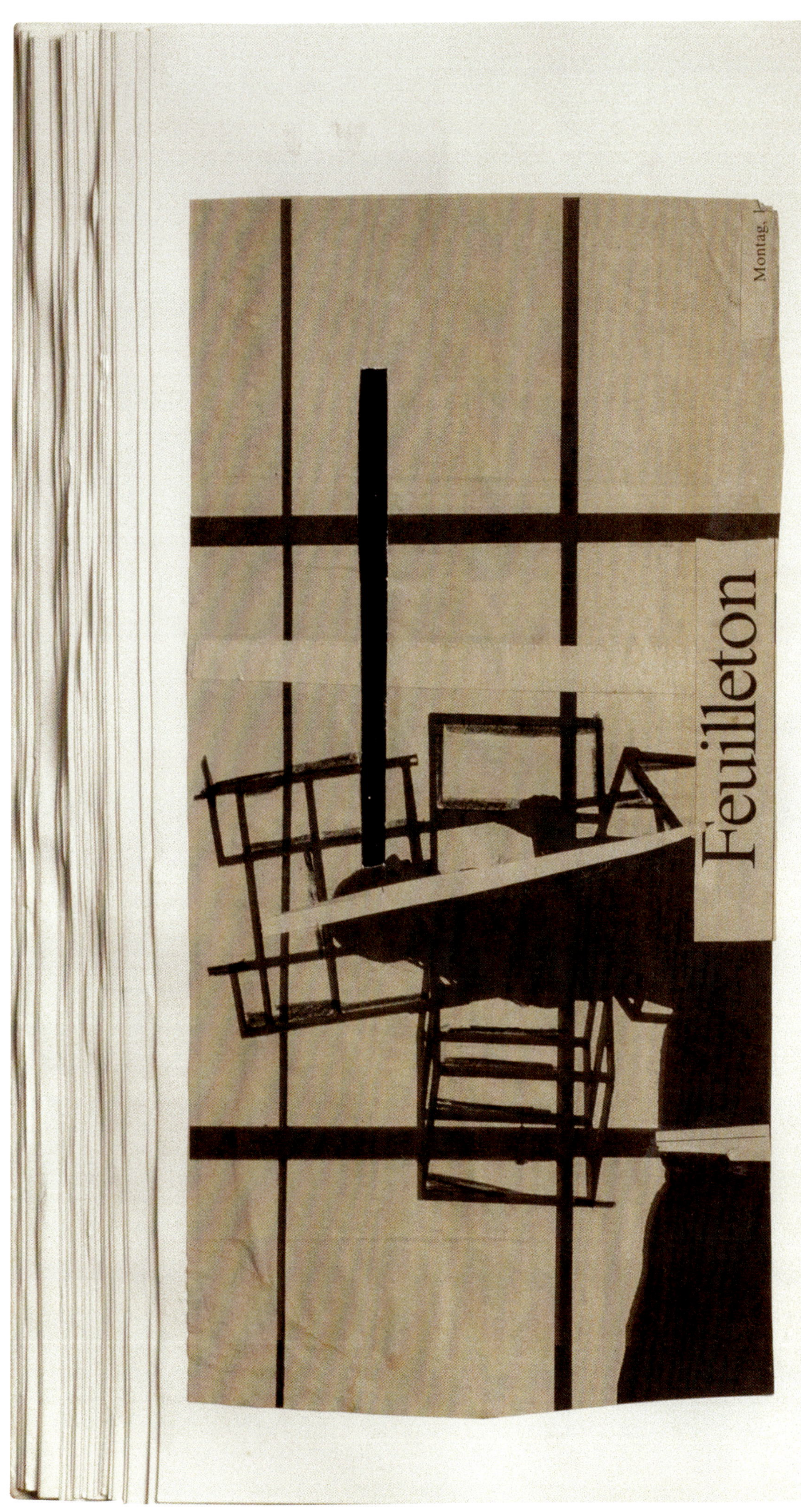
Montag,
Feuilleton

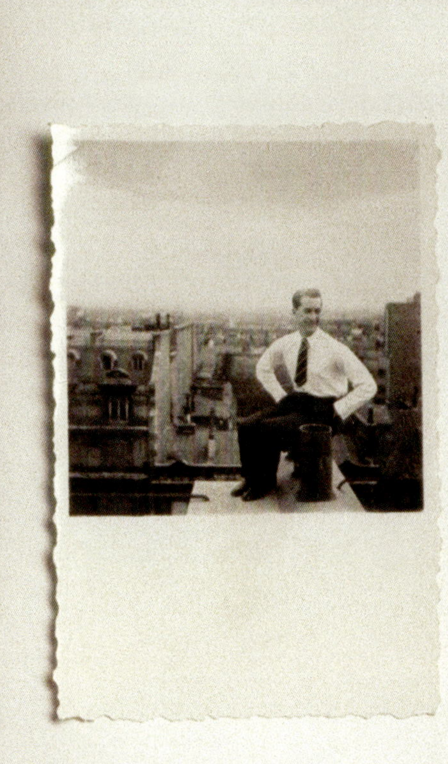

Rückseite:

Marta gel...

und das macht mich

so traurig! [illegible]

28/3/35

ob es diesmal

nicht stimmen wird?

Ich wollte.....!

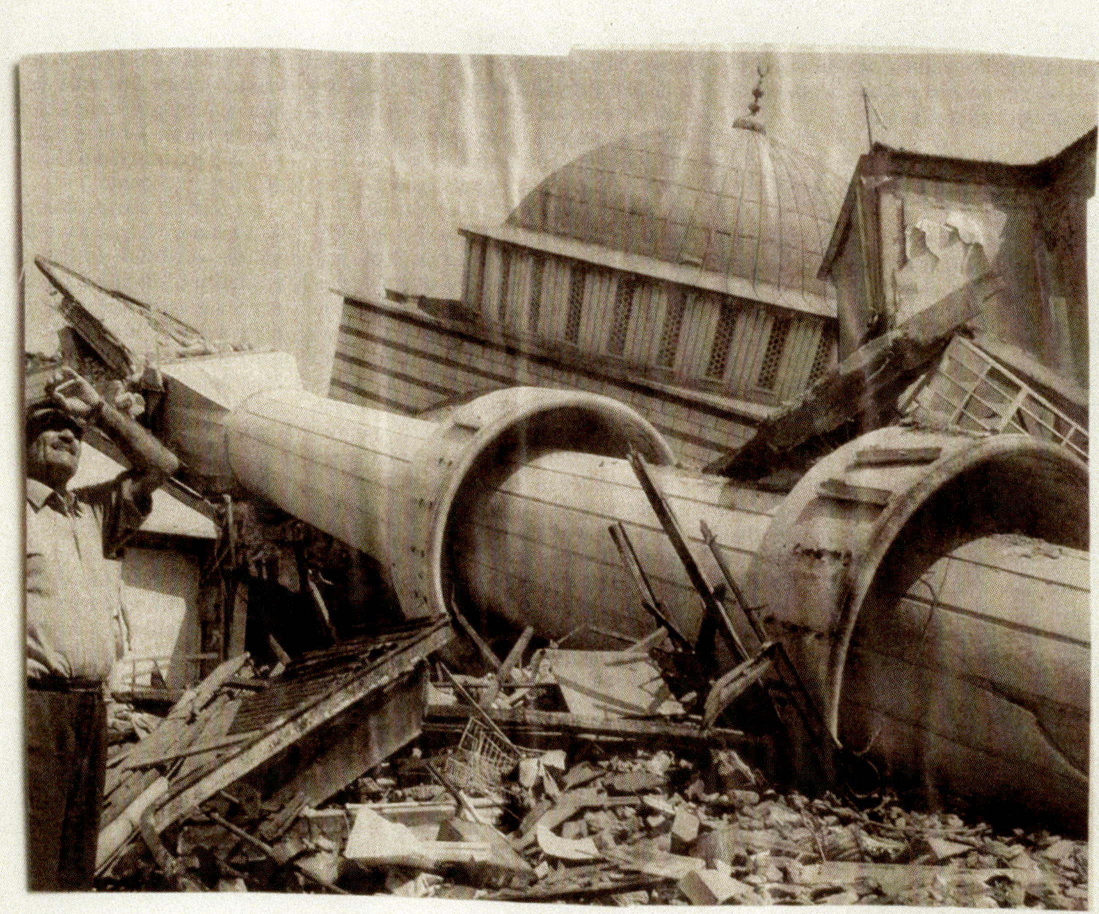

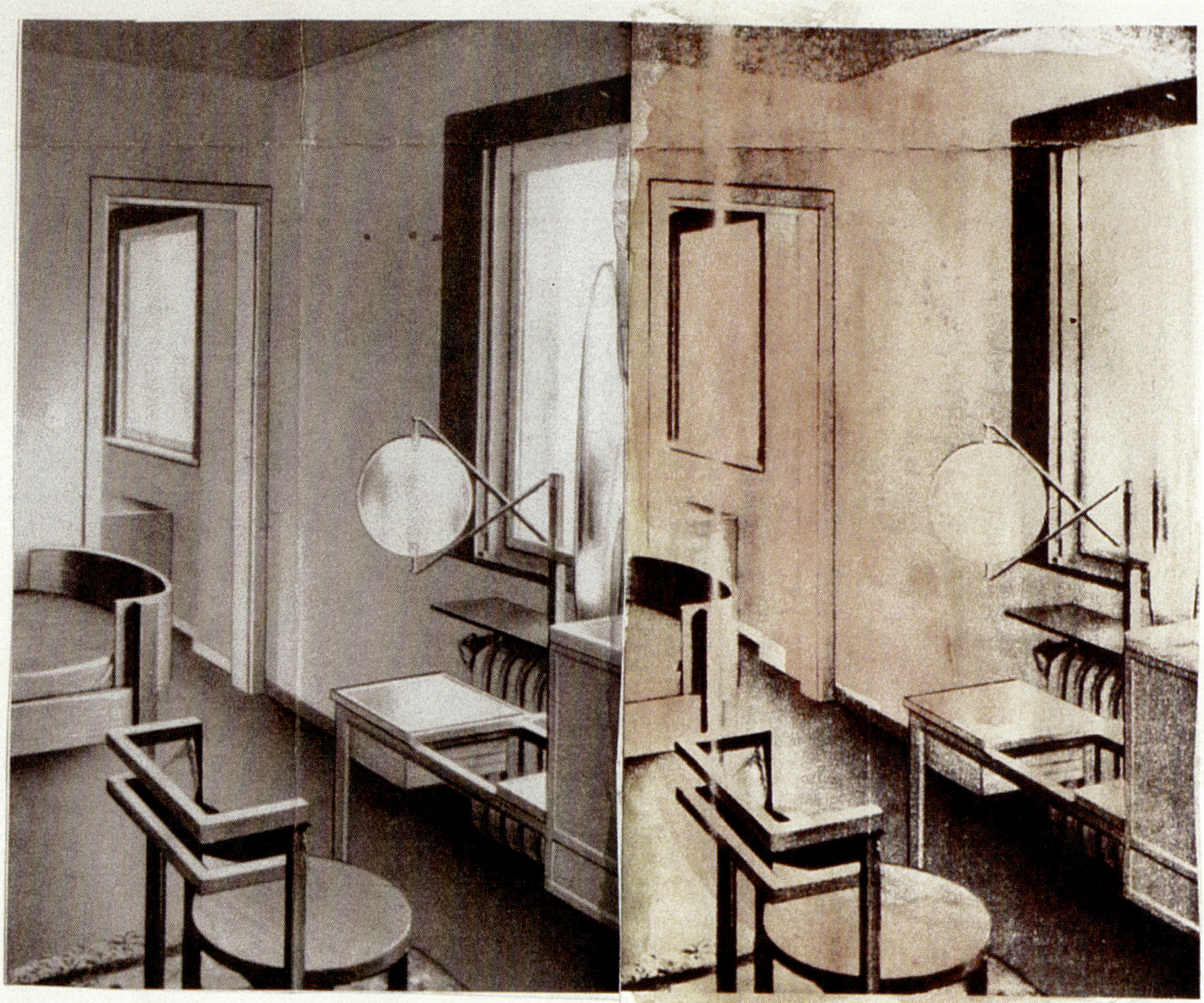

Modernes Interieur / Doppelbild?

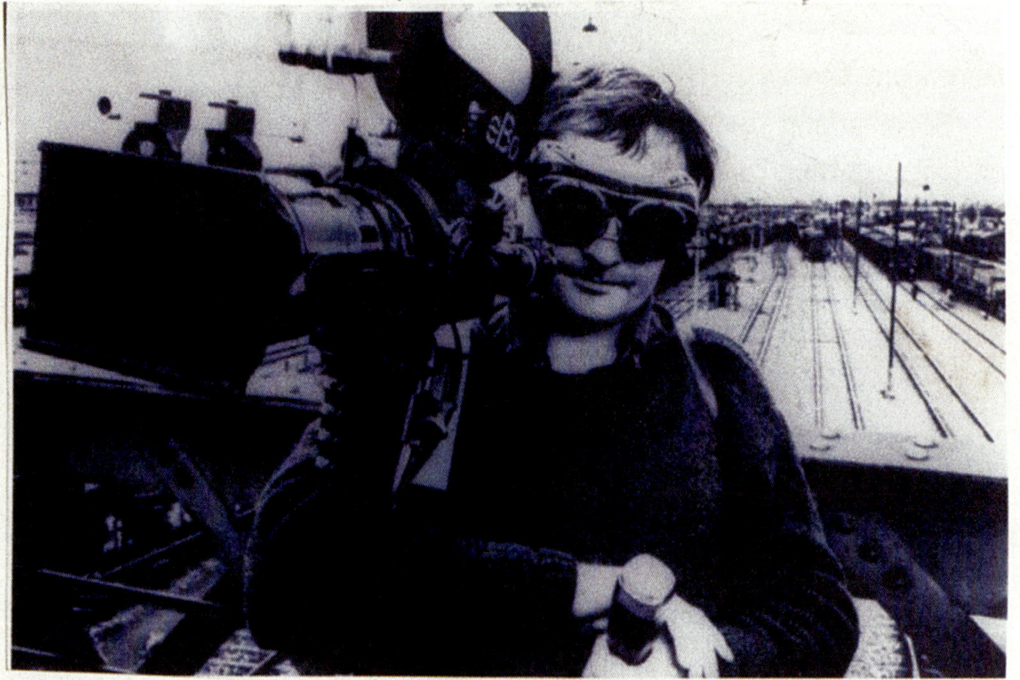

Stalker

Angelus Novus

Ralf Beil

KRANKHEITSBILDER DER MODERNE
ODER: DIE ARCHITEKTUR ALS LACKMUSTEST DER FREIHEIT

CLINICAL PICTURES OF MODERNISM
OR: ARCHITECTURE AS A LITMUS TEST OF FREEDOM

Fortschritt? Das ist bei Heribert C. Ottersbach ein hoher Raum mit unerreichbarem Oberlicht, in dem sich zwei gleich hell ausgeleuchtete Wege kreuzen. Wer wollte da entscheiden, in welche Richtung es geht? Schon dieses frühe Blatt aus der Zeichnungsfolge *Dinge des ordentlichen Lebens* formuliert ein Kardinalthema von Ottersbach architektonisch im ironischen Pessimismus eines zwischen Weihehalle und Gefängniszelle pendelnden Ortes.[1] Was hier mit zeichnerischen Mitteln verworfen wird, ist nicht weniger als ein Schlüsselbegriff der Moderne.[2] Ottersbach gibt dem »Fortschrittsgedanken als inhärenter Idee des Mythos Moderne«[3] keine Zukunft mehr: Seine imaginäre Architektur treibt jeden Betrachter buchstäblich in den toten Winkel.

Die Moderne und ihre Folgen sind Ottersbachs Thema bis heute, jedoch aus einem ganz bestimmten Blickwinkel: »Es geht um die Moderne als Heilsgebilde, um die [...] Utopie der Kunst, die an die Idee des Fortschritts und die Verbesserung von Mensch und Gesellschaft gebunden ist.«[4] Es geht also um jene Moderne, die mit ihren Erlösungsfantasien oft das genaue Gegenteil bewirkte, deren Ideale in Zwänge, deren Radikalität in Fatalität, deren Visionen eines neuen Lebens in fundamentale Unbehaustheit umschlugen. Diese andere Geschichte der Moderne fokussiert der Maler, denn sie ist ein Lehrstück für fehlgeleitete Dynamik und die Problematik der Tabula rasa: im Leben wie in der Kunst. Architektur ist Heribert C. Ottersbach dabei mehr als nur ein Motiv unter vielen: Sie ist von Beginn an ein Bild im Bild – eine Reflexion über das historische ebenso wie das heutige In-der-Welt-Sein als Mensch und als Künstler.[5]

ERZIEHUNG ZUR ABSTRAKTION

So wie der Künstler der Moderne im frühen 20. Jahrhundert bald zum Funktionär seiner Utopien wurde, so wurde die moderne Architektur bald zu einem der wichtigsten Erfüllungsgehilfen des Industriezeit-

Heribert C. Ottersbach *Fortschritt* (Progress), 1988, Lithografie / Lithograph, aus / from: *Dinge des ordentlichen Lebens,* Künstlerbuch / artist's book

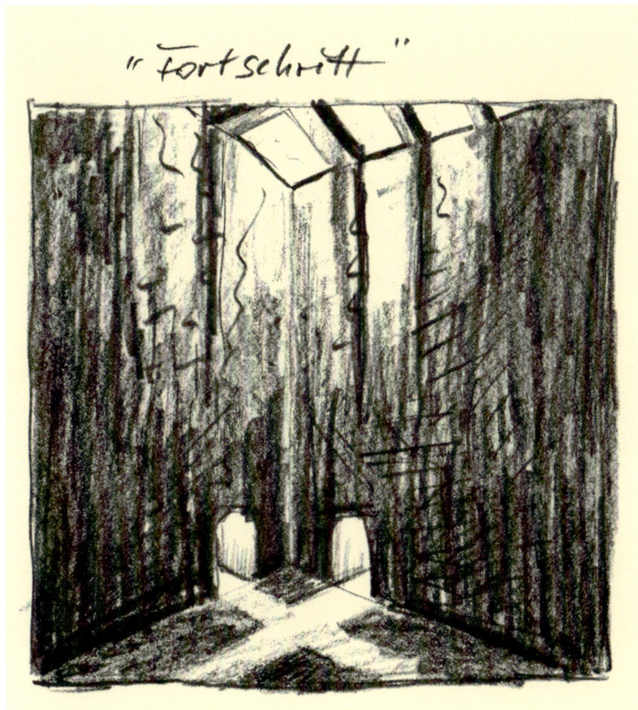

Progress? In a work of Heribert C. Ottersbach, "progress" is a high room with an out-of-reach skylight, in which two equally brightly illuminated paths intersect. Who wanted to decide which direction to follow? This early drawing from the *Dinge des ordentlichen Lebens* (Things from an Orderly Life) series already formulates a cardinal theme of Ottersbach's architectonics, in the ironic pessimism of a place oscillating between a hall of initiation and a prison cell.[1] What is here dismissed using graphic means is no less than a key concept of modernism.[2] Ottersbach no longer sees any future for the "notion of progress as an inherent idea of the modernist myth"[3]: his imaginary architecture literally drives every viewer into the blind corner.

Modernism and its consequences have continued to be a theme for Ottersbach right up to the present day, although from a very specific viewpoint: "It is a question of modernism as a figment of salvation, of the . . . utopia of art, which is tied up with the idea of progress and the improvement of human beings and society."[4] So it is a question of that modernism which with its fantasies of salvation often achieved the exact opposite, its ideals turning into pressures, its radicalness into misfortune, its visions of a new life into fundamental homelessness. The painter focuses on this other history of modernism, for it is a lesson of misdirected dynamics and the problems of the *tabula rasa:* in life as in art. Here architecture for Heribert C. Ottersbach is more than just one motif among many: right from the start it is a picture within a picture—a reflection about historical as well as present-day being-in-the-world as a human being and an artist.[5]

alters. Dies betraf zum einen die konkreten Bauaufgaben: Fabrikgebäude, Büro- und Mietshaus, Bahnhof, Markt-, Turn- und Ausstellungshalle. Dies betraf zum anderen die Bauformen und deren erhoffte Wirkung auf den Menschen. Mit dem Funktionalismus wurde »ein Begriff von Architektur vorherrschend, der auf den ersten Blick nur zweckhaft bedingte Gebäude (auch Ingenieurkonstruktionen) als Architektur verstanden wissen wollte. Dabei wurden die konstruktiven, proportionsgebenden und raumbildenden Aspekte des Bauens zum eigentlichen gestalterischen Thema von Architektur erklärt. […] Zugleich wurde mit zahlreichen Proklamationen zur ›Modernität‹, ›Fortschrittlichkeit‹ und dem ›Ausdruck unserer Zeit‹ eine symbolische Überhöhung oder Verklärung der funktionalistischen Architektur angestrebt.«[6]

Was zeigt uns Heribert C. Ottersbach, wenn er eine dieser Turnhallen der funktionalen Moderne malt? Eine bedrohlich wirkende Leere, die – gerade weil kein Mensch hier turnt – umso massiver den Einsatz der Industrie-Moderne zur Disziplinierung der Körper evoziert. Da ist die geradezu technische Nüchternheit der Halle ebenso wie die seltsame Empore über dem Eingang, deren verglaste Rückfront wie ein Kontrollraum wirkt, und da sind die viel zu hoch hängenden Ringe als Abbreviaturen einer Qual, die den Unterschied zwischen Sport und Leibesertüchtigung markant pointiert.

Erziehung (Die Eltern) scheint jedoch nur auf den ersten Blick das konkrete Abbild einer Turnhalle der Moderne. Bei genauerem Hinsehen erkennt man, wie Ottersbach diese verquere Halle der Körperdisziplinierung generiert und positioniert hat, nämlich »exakt in jenem Bereich der Wahrnehmung, wo Erinnerung und Déjà-vu mit dem Sichtbaren sich überschneiden […]. Aber: Es sind lediglich Projektionen – mediatisierte Bilder. Sie ähneln vielleicht Wahrnehmungsmustern und Schemata, sie ähneln erinnerten Bildern, aber nicht sich selbst.«[7] Nicht nur die Fluchtlinien im Bild divergieren massiv. Spätestens der kuriose Überwachungskasten mitten im Oberlicht macht klar, dass diese Turnhalle ein Produkt künstlerischer Montage und Collage ist – ein Verfahren, das Ottersbach seit Beginn der 1990er-Jahre auch digital

FORMATION TO ABSTRACTION

Just as the modernist artist in the early twentieth century soon became the servant of his utopias, modern architecture soon became one of the most important aids in bringing about the industrial age. On the one hand this related to the actual building commissions: factory buildings, office blocks and blocks of flats, stations, market halls, gymnasiums and exhibition centers. On the other it related to the form of the buildings and their hoped-for effect on people. With functionalism, "a concept of architecture [became] predominant which at first sight wanted to have it that only buildings dictated by purpose (including engineering structures) should be understood as architecture. In the process the structural aspects of the building and those dictating the proportions and forming the space were declared to be the real design theme of architecture. . . . At the same time with many proclamations about 'modernity,' 'progressiveness,' and the 'expression of our age,' a symbolic super-elevation or transfiguration of functionalist architecture was aimed at."[6]

What does Heribert C. Ottersbach show us when he paints one of these functionally modernist sports halls? An empty space which seems threatening, and—precisely because nobody is in there doing gym—conjures up the use of industrial modernism for the disciplining of bodies all the more tellingly. There is the downright technical practicality of the hall, and the strange gallery above the entrance, the glazed rear façade of which looks like a control room, and there are the much too highly suspended rings as abbreviations for a torment which strikingly emphasizes the distinction between sport and physical training.

However, *Erziehung (Die Eltern)* (Education [The Parents]) seems like the concrete image of a modernist sports hall only at first glance. If we look more closely, we recognize how Ottersbach has generated and positioned this askew hall of physical disciplining, namely "exactly in that sphere of perception where memory and déjà-vu intersect

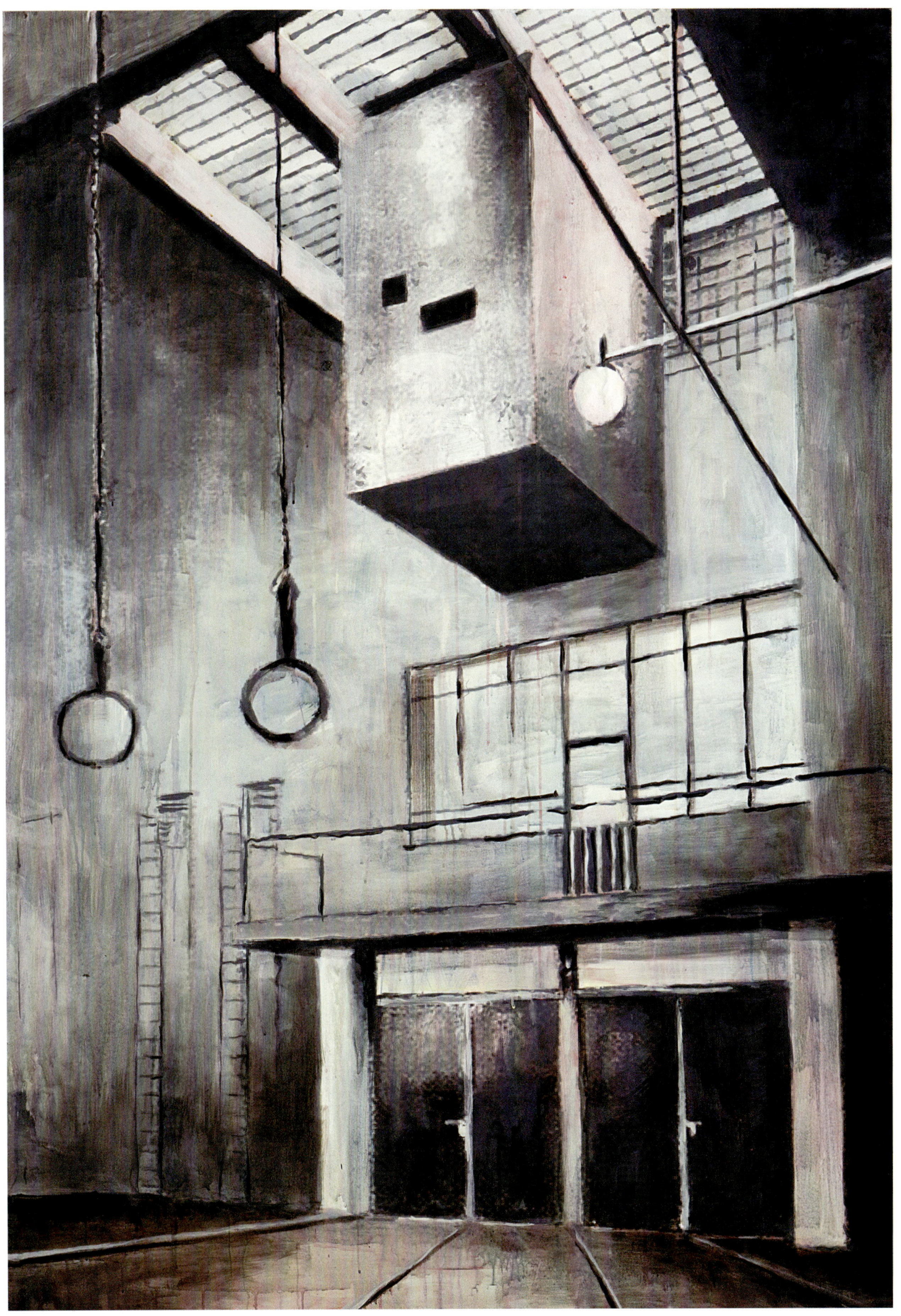

Erziehung (Die Eltern) [Education (The Parents)] 2004

per Computerprogramm betreibt. Dabei stammen die Ausgangsmaterialien zwar oft »aus Archiven, aus realen wie virtuellen, jedoch nicht immer. Es wird auch von mir selbst als sozusagen Uneigentliches produziert.«[8]

Das Ergebnis dieses vielschichtigen Arbeitsprozesses sind Bilder von Außen- wie Innenräumen, in denen auf entlarvende Weise die immanente Ideologie von Architektur sichtbar wird, in denen immer wieder an die Oberfläche dringt, was Architektur an Lebensform(ung) bedeutet – als rigides Korsett eines durchorganisierten Gesellschaftskörpers voller Funktionstüchtigkeiten.[9]

Architektur erscheint bei Ottersbach nachgerade als eine Chiffre für den Allgemeinzustand des Menschen der Moderne. Die »Erste Kunst«[10] des Menschen – nach etymologischer Lesart – ist wesentlicher Teil seiner Welterfahrung und Weltformung. *Erziehung zur Abstraktion,* dieser mehr als signifikante Bildtitel Heribert C. Ottersbachs, meint in diesem Sinn eine Erziehung, die durch bedingungslose Funktionalisierung zu einer Abstrahierung von humanen Werten, zu einer fatalen Divergenz von Realität und Humanität führt.

Wie aktuell diese Frage der *Erziehung zur Abstraktion* immer noch ist, notiert der Architekturkritiker Dieter Bartetzko: »Die Moderne und der Funktionalismus, ihr schrecklichster Zögling auf dem Gebiet der Architektur, herrschen, zwanzig Jahre nachdem die Postmoderne ihren Tod verkündet hat, mächtiger und brutaler denn je.«[11] Umso bedeutsamer ist Ottersbachs Blick auf die Mechanismen dieser Architektur.

Heribert C. Ottersbach São Domingos (Süd-Portugal / South Portugal), 1993, Fotografie / photograph

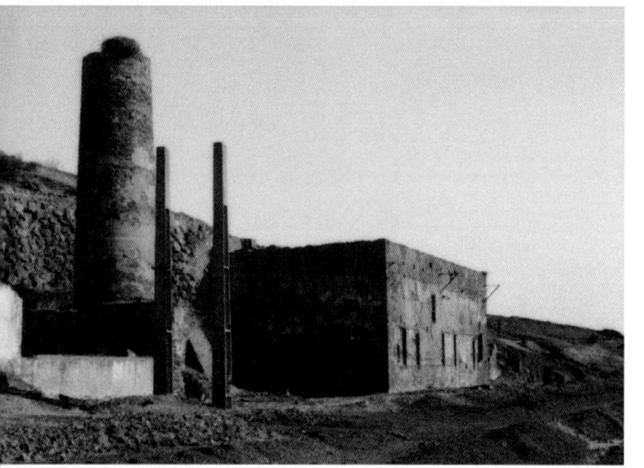

DAS JANUSGESICHT VON VERFALL UND MAKELLOSIGKEIT

Der Blick des Malers auf die Moderne ist ganz bewusst nie unmittelbar: »Es geht [...] um das Arbeiten mit bereits vorhandenem Material, um einen Blick auf die Welt, auf Realität, auf Geschichte durchs Archiv, durch das bereits vorhandene Bild, das Foto, sei es selbst fotografiert oder irgendwo gesucht oder gefunden.«[12]

with the visible . . . But: they are only projections—mediatized images. They perhaps resemble patterns of perception and schemata, they resemble remembered images, but not themselves."[7] Not only do the vanishing lines in the picture diverge hugely, the strange surveillance box in the middle of the top light, if nothing else, makes it clear that this sports hall is a product of artistic montage and collage—a process that Ottersbach has also been operating digitally since the beginning of the 1990s, using a computer program. Admittedly the starting materials often come "from archives, both real and virtual, but not always. It is also produced by me myself, as unreality so to speak."[8]

The result of this multilayered working process is pictures of exteriors and interiors in which the immanent ideology of architecture becomes visible in a revealing way, in which what architecture means in terms of life form(ation)—as the rigid corset of a thoroughly organized social body full of operating capabilities—again and again penetrates to the surface.[9]

Architecture emerges gradually in Ottersbach as a cipher for the general condition of human beings in the modern period. The "first art"[10] of man—if we look at the word's etymology—is an essential part of his experience and the way he shapes the world. *Erziehung zur Abstraktion* (Formation to Abstraction), this more than significant picture title of Heribert C. Ottersbach's, in this sense means an education which leads via uncompromising functionalization to an abstracting of human values, to a disastrous divergence between reality and humanity.

The architecture critic Dieter Bartetzko notes how topical this question of *Erziehung zur Abstraktion* still is: "Modernism and functionalism, its most fearsome offspring in the field of architecture, still prevail, twenty years after postmodernism announced their death, more powerful and brutal than ever."[11] Ottersbach's view of the mechanisms of this architecture is all the more important.

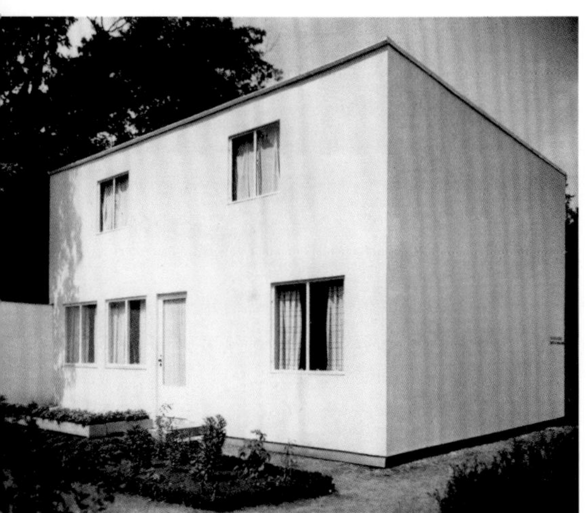

Reihenhaus Recke / Recke terraced house, um / c. 1930, Fotografie / photograph

Was sind das konkret für architektonische Vor-Bilder, die den Künstler interessieren? Eine Fotografie, die er selbst 1993 in Portugal realisiert und später aus seinen Kontaktbögen im Archiv ausgewählt hat, zeigt ein Niemandsland früher Industrialisierung: das verseuchte Terrain einer ehemaligen Schwefelmine.[13] Der geradezu archaisch wirkende Ort ist nur einer von vielen Schauplätzen einer längst überholten Entwicklung, in einem verlassenen Winkel der Iberischen Halbinsel. Als Relikt und Fanal einer gescheiterten Moderne wird diese Industrieruine, signifikant für Ottersbachs Vorgehen, Ausgangsmaterial für zahlreiche Architektur- und Bildmetamorphosen in den unterschiedlichsten Techniken.[14]

Neben einer Architekturcollage, die just mit einer Fotokopie des markanten Ensembles mit Schornstein und Strommasten arbeitet, ist auf einer der Skizzenbuchdoppelseiten von Ottersbach unter den aquarellierten Konturen eines Männergesichts der komplette Lieferschein des Bildarchivs akg-images aus dem Jahr 2003 zu entdecken.[15] Zur Bestellung von Heribert C. Ottersbach gehört auch der Schwarz-Weiß-Abzug »Reihenhaus Recke / Foto um 1930«. Laut Bilderläuterung des Archivs für Kunst und Geschichte handelt es sich bei der Architektur von unüberbietbarer Nüchternheit um ein »Kleinst-Einfamilien-Reihenhaus« in Dresden. Die Außenansicht der Gartenseite zeigt eine Art Lebensschachtel mit Sichtschutzwand. Heribert C. Ottersbach geht es eindeutig nicht um die Auseinandersetzung mit der Modernität eines Mies van der Rohe oder Le Corbusier, sondern um die ebenso rigorose wie trostlose Norm(alität) der Moderne – hier am Beispiel eines Vorort-Reihenhauses.[16]

Exemplarisch werden mit dem Archivmaterial zum Verfall des Industrieterrains sowie der aseptisch anmutenden Glätte des industriell gefertigten Funktionsbaus zwei wesentliche thematische Stränge der Architekturdarstellungen von Ottersbach sichtbar.[17] Die vom Künstler ausgewählten Motive visualisieren zugleich prägnant das Janusgesicht der Moderne, die einerseits makellose Oberflächen erzeugt und zugleich eine gnadenlose Spur der Verwüstung nach sich zieht.

THE JANUS FACE OF DECAY AND FLAWLESSNESS

The painter's view of modernism is quite deliberately never direct: "It is a question . . . of working with already existing material, of looking at the world, at reality, at history through archives, through the already existing picture, the photograph, whether taken by myself, or sought out or found somewhere or other."[12]

What kind of architectonic models in concrete terms interest the artist? A photograph which he himself took in Portugal in 1993 and later selected from his contact sheets in his archive shows a no-man's-land of early industrialization: the contaminated site of a former sulfur mine.[13] The downright archaic-seeming place is only one of many showplaces of development that has long since been superseded, in an abandoned corner of the Iberian peninsula. As a relic and beacon of failed modernism this industrial ruin, significant for Ottersbach's way of working, becomes the starting material for numerous architectural and iconic metamorphoses in the most varied of techniques.[14]

As well as an architectural collage which works just with a photocopy of the striking ensemble with its chimney and electric pylons, on one of the double pages from Ottersbach's sketchbooks below the watercolor outlines of a man's face, the complete delivery note of the picture archive of akg-images from 2003 can be found.[15] Also among the items ordered by Heribert C. Ottersbach was the black-and-white print, "Reihenhaus Recke / Foto um 1930." According to the explanation of the picture in the Archive for Art and History, it relates to the architecture of unsurpassable mundanity for a "minimum one-family terraced house" in Dresden. The exterior view of the garden façade shows a kind of box for living with a screen wall. Clearly Heribert C. Ottersbach is not concerned with exploring the modernity of a Mies van der Rohe or a Le Corbusier, but with the both rigorous and desolate norm(ality) of modernism—here taking a suburban terraced house as an example.[16]

DER MENSCH IM GEHÄUS

Büroangestellter mit Telefon / Office worker with telephone, um / c. 1920, Fotografie / photograph

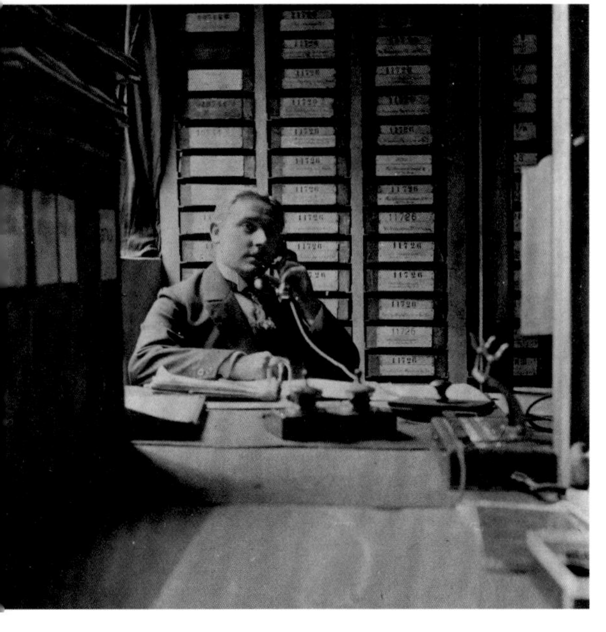

Auf dem Lieferschein Nr. 188291 firmiert neben dem »Reihenhaus Recke« auch ein »Büroangestellter mit Telefon, um 1920«. Das Bildarchiv spezifiziert weiter: »Angestellter in der Registratur beim Telefonieren«. Gleichsam als moderne Variante des *Hieronymus im Gehäus*[18] erscheint dieser Aktenverwalter, der nur mehr durch die Nabelschnur des Telefons mit der Außenwelt verbunden ist. Die Fotografie lässt an Walter Benjamins Diktum vom Innenraum als »Futteral des Menschen«[19] denken, nur dass das, was im Fin-de-Siècle-Interieur noch weich gepolstert daherkommt, hier auf die harten Kanten von Aktenordnern und Registraturschubladen stößt. In seinem Gemälde auf Basis einer computergenerierten Vorzeichnung unter Verwendung der Fotografie als Vorlage verschärft Ottersbach die Eingeschlossenheit noch: Fällt auf dem Schwarz-Weiß-Abzug durch ein nicht sichtbares Fenster Tageslicht auf den Büroangestellten, so erscheint der Innenraum des Gemäldes unweit hermetischer, das Licht nächtlich. Der Registraturangestellte wird in dieser gespenstischen Szenerie zum Schemen, zum Schattenwesen, das ganz in dem Raum aufzugehen droht.[20] Durch das Hochformat und die massive Erhöhung der Registraturwand im Hintergrund wird das Büro nachgerade zur Arbeitszelle. Befindet er sich in einer Art produktiver Einzelhaft wie einst der Dichter Torquato Tasso, mit dem Ottersbach seinen Protagonisten im Titel assoziiert? Jedenfalls handelt es sich hier um eines jener für Ottersbach so bezeichnenden »recycled images«,[21] die er markant auflädt.

Torquato Tasso, das ist jener gefeierte Dichter der Spätrenaissance, der als besonderer Schützling der Fürstenhöfe Italiens aufgrund seiner Geisteskrankheit für Jahre im Exil sowie Gefängnis leben muss.[22] Eugène Delacroix zeichnet 1825 *Tasso im Irrenhaus*[23] und formuliert Tassos Wahnsinn im Sinne der Romantik »als das tragische Stigma der großen Persönlichkeit, der die Umwelt zum Gefängnis wird«.[24] Für Ottersbach ist er, der Lesart von Goethes Drama *Torquato Tasso* von 1790 folgend, vor allem der in die Zwänge des Machtalltags verstrickte Staatskünstler.[25] Der Maler

With the archive material on the decay of the industrial site and the aseptic-seeming smoothness of the industrially produced functional building, two essential thematic strands of the representations of architecture by Ottersbach become visible through examples.[17] The motifs selected by the artist simultaneously trenchantly illustrate the Janus face of modernism, which on the one hand produces flawless surfaces, yet at the same time leaves an inexorable trace of devastation in its wake.

THE MAN IN THE BOX

On delivery note no. 188291, an "Office worker with telephone, c. 1920" also features alongside the "Reihenhaus Recke." The picture archive gives further details: "Employee in the record office using the telephone." This bureaucrat, linked to the outside world only by the umbilical cord of the telephone, appears almost as a modern variant of *Hieronymus im Gehäus* (St Jerome in his Study).[18] The photograph brings to mind Walter Benjamin's description of the interior as "the human being's case,"[19] except that what still turns up softly upholstered in the *fin-de-siècle* interior here knocks against the hard edges of files of documents and record office drawers. In his painting based on a computer-generated preliminary drawing using the photograph as a model, Ottersbach heightens the isolation still further: while on the black-and-white print daylight falls on the official through an unseen window, the interior of the painting seems far more hermetic and the light nocturnal. The record office employee in this ghostly setting becomes a phantom, a shadowy creature that threatens to completely dematerialize in the room.[20] Through the portrait format and the massive heightening of the record office wall in the background, the office really turns into a working cell. Is he in some kind of productive solitary confinement as the poet Torquato Tasso once was, with whom Ottersbach associates his protagonist in the title? In any case we are here dealing with one

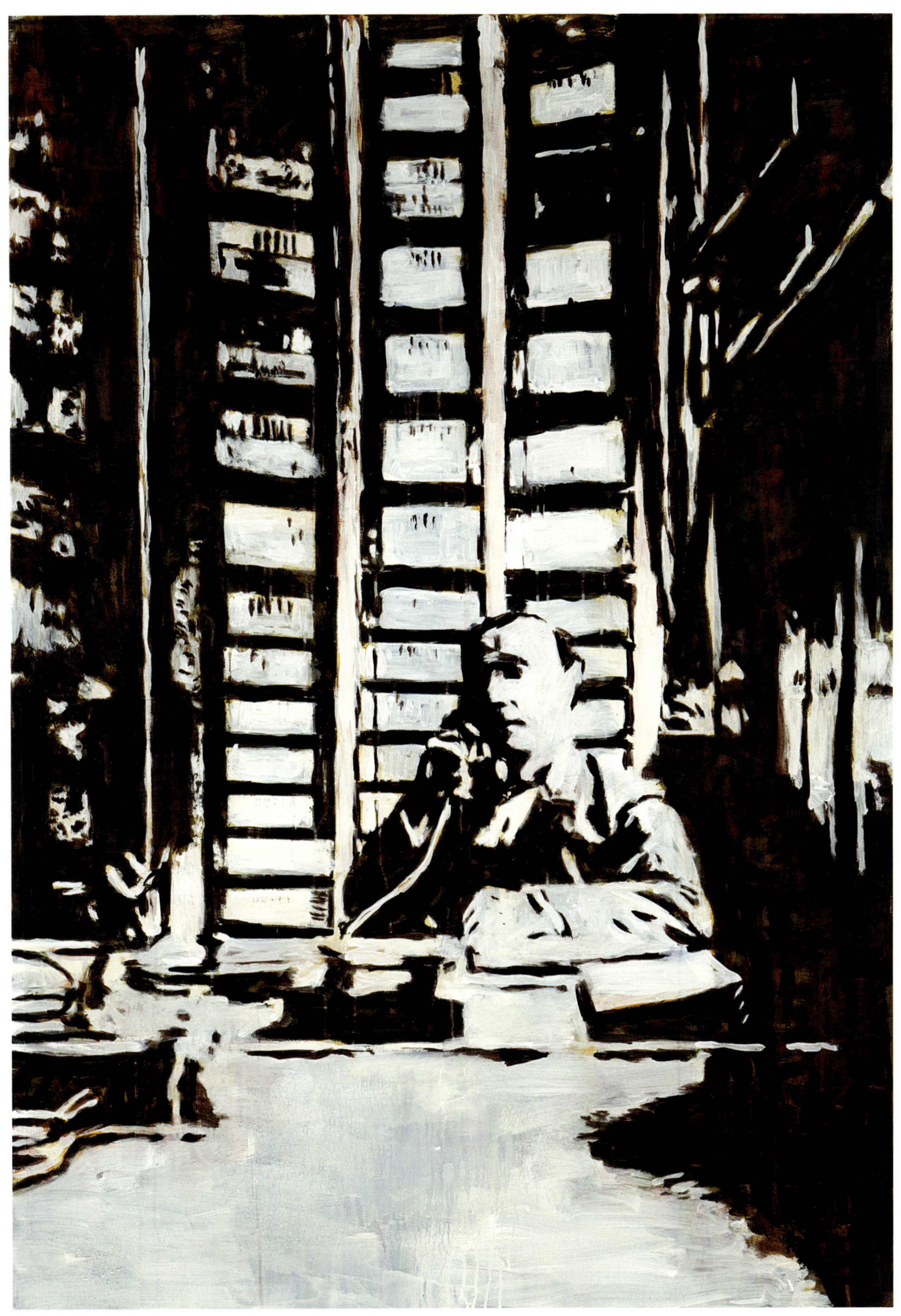

Torquato Tasso 2003

zeigt einen modernen Torquato Tasso, der sich als Bürolist in die Ablageordnung der Schriftstücke fügen muss – und nur mehr auf fernmündliche Order reagiert. Ein Triumph des funktionalen Raumes par excellence, macht die moderne Registratur – denkt man etwa an den Nationalsozialismus – vieles überhaupt erst möglich,[26] legt es zugleich aber auch still und ab in den Schubladen wohlgeordneten Vergessens.

EIN BEFREIENDER BLICK

»Der moderne Mensch ist ununterbrochen von Gebäuden und Architektur umgeben.«[27] Bisweilen geben diese dennoch den Blick frei – wie in einer Fotografie des Künstlers, die den Blick durch die Dachlatten einer Industrieruine hindurch ins Freie, auf den Himmel über der Brache erfasst.[28] Für Heribert C. Ottersbach ist sie durchaus programmatisch: die Freiheit, durch die Ruinen der Moderne hindurch auf Neues zu sehen – im gleichzeitigen Wissen, »dass wir aus der Moderne nicht aussteigen können, genauso wenig, wie wir aus der Geschichte aussteigen können«.[29] Bei Ottersbach steht längst nicht mehr eine wie auch immer geartete »Idee des Schönen im Konflikt mit der maroden industrialisierten Welt der Hässlichkeit«.[30] Sein Blick geht durch die Moderne mit ihren Begleiterscheinungen auf ein im Gestern verankertes Heute. Die Architektur dient im dabei immer aufs Neue als Lackmustest der Freiheit.

Heribert C. Ottersbach São Domingos (Süd-Portugal / South Portugal), 1993, Fotografie / photograph

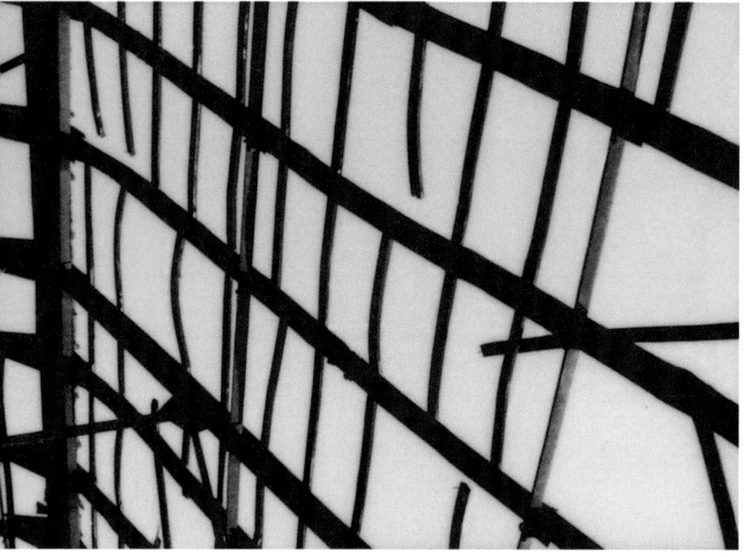

of those "recycled images" so characteristic of Ottersbach,[21] which he strikingly loads with meaning.

Torquato Tasso was a celebrated late Renaissance poet who as a special protégé of the princely courts of Italy had to live in exile and in prison for years because of his mental illness.[22] When Eugène Delacroix drew *Tasso in the Madhouse*[23] in 1825 he formulated Tasso's madness in the spirit of Romanticism "as the tragic stigma of the great personality for whom the surrounding world becomes a prison."[24] For Ottersbach, following the interpretation in Johann Wolfgang von Goethe's play *Torquato Tasso,* 1790, he is above all the state artist enmeshed in the constraints of the everyday exercise of power.[25] The painter shows a modern Torquato Tasso who as an office worker has to comply with the filing of the documents. A triumph of functional space par excellence, the modern record office—if we think for instance of National Socialism—is all that makes some things possible in the first place,[26] but at the same time puts them away quietly in the drawers of well-ordered oblivion.

A LIBERATING VIEW

"The modern human being is constantly surrounded by buildings and architecture."[27] Sometimes they nonetheless reveal the view—as in a photograph by the artist which catches the view through the roof battens of an industrial ruin into the open, to the sky above the wasteland.[28] For Heribert C. Ottersbach it is completely programmatic: seeing freedom through the ruins of modernism out on to what is new—while at the same time knowing "that we cannot get out of modernism, any more than we can get out of history."[29] In Ottersbach any kind of "idea of beauty in the conflict with the ramshackle industrialized world of ugliness" has long since ceased to stand up.[30] His gaze passes through modernism with its attendant phenomena to a today anchored in yesterday. In this process architecture serves him always anew as a litmus test of freedom.

1 Das ein Jahr vorher entstandene Gemälde *Haus des Fortschritts* formuliert dies noch deutlicher und zeigt die dort fahl beschienene Standfläche vor den Türen als begrenzte Plattform mit massiver Absturzgefahr. Vgl. die Abb. in: *Heribert C. Ottersbach,* Ausst.-Kat. Städtisches Museum Mülheim a.d. Ruhr u.a., Regensburg 1990, S. 29.

2 Da der Begriff der »Moderne« stets mit einiger Unschärfe verwendet wird, ist hier festzuhalten, dass in diesem Essay mit »Moderne« der Zeitraum zwischen der Mitte des 19. Jahrhunderts und der Zeit nach dem Zweiten Weltkrieg gemeint ist. Dies schließt bewusst Nationalsozialismus und Drittes Reich als Phänomene der Pervertierung von Moderne mit ein.

3 Heribert C. Ottersbach, »Die Malerei entlässt ihre Patienten. Das Scheitern der Moderne und die unerwartete neue Freiheit«, in: *Kommune. Forum für Politik, Ökonomie, Kultur,* 3, 2007, S. 70–81, hier S. 70.

4 Ebd., S. 74.

5 Fragt man Heribert C. Ottersbach selbst nach der Bedeutung der Architektur für seine Kunst, spricht dieser eher vorsichtig vom »Nutzwert der Architektur im Bild« (Ottersbach im Gespräch mit dem Autor am 25.10.2007). Doch sie scheint weit mehr als nur die Bühne des Auftritts seiner Themen zu sein.

6 Stichwort »Architektur« in: Wikipedia, http://de.wikipedia.org/wiki/Architektur, Stand 21.12.2007.

7 Heribert C. Ottersbach (wie Anm. 3), S. 80.

8 Ebd., S. 76.

9 Dieser Gesellschaftskörper hat gerade im nationalsozialistischen Deutschland nach 1933 mehr ermöglicht, als herkömmliche Vorstellungskraft imaginieren kann: vom »totalen Krieg« bis hin zur systematischen Judenvernichtung in den Konzentrationslagern.

10 Vgl. das Stichwort »Architektur« in: Wikipedia (wie Anm. 6).

11 Dieter Bartetzko, »*Copan,* 2002. Das Doppelgesicht der Erhabenheit«, in: *Andreas Gursky. Architektur,* hrsg. von Ralf Beil und Sonja Feßel, Ausst.-Kat. Institut Mathildenhöhe Darmstadt, Ostfildern 2008.

12 Heribert C. Ottersbach (wie Anm. 3), S. 76.

13 Vgl. den Kontaktbogen mit zahlreichen Aufnahmen der Industriebrache auf S. 4 in diesem Buch.

14 Vgl. die Skizzenbuchseite, die die markante Ruine mit einem Repräsentationsgebäude der Moderne kombiniert (S. 31), oder die Tusch- und Kohlezeichnung von 1998 (S. 55), die in diesem Buch ein visuelles Echo auf Pessoas Fragment 132 aus dem *Buch der Unruhe* gibt, sowie das Gemälde *O. T. (S. D. 1)* von 2003, welches das Motiv seitenverkehrt in Malerei umsetzt (S. 93).

15 Vgl. die Abb. der Skizzenbuchseiten in diesem Buch, S. 30/31. Eine Bestellung eben dieser Aufnahmen bei den Vorbereitungsarbeiten zum Katalog hat

1 The painting *Haus des Fortschritts* (House of Progress) made one year earlier formulates this still more clearly and shows the palely lit standing surface in front of the doors as an enclosed platform with a huge danger of falling. Cf. e.g. the ill. in *Heribert C. Ottersbach,* exh. cat. Städtisches Museum Mülheim a.d. Ruhr et al. (Regensburg, 1990), p. 29.
2 As the term "modernism" is always used with some imprecision, it is here specified that in this essay "modernism" means the period between the mid-nineteenth century and the time after World War II. This deliberately includes National Socialism and the Third Reich as phenomena of the perversion of modernism.
3 Heribert C. Ottersbach, "Die Malerei entlässt ihre Patienten. Das Scheitern der Moderne und die unerwartete neue Freiheit" in *Kommune. Forum für Politik, Ökonomie, Kultur* 3 (2007), pp. 70–81, here p. 70.
4 Ibid., p. 74.
5 If Heribert C. Ottersbach himself is asked about the meaning of architecture for his art, he speaks rather cautiously about the "use value of architecture in pictures" (Ottersbach in conversation with the author, October 25, 2007). Yet it seems to be far more than just the stage on which his themes appear.
6 Keyword "Architektur" in Wikipedia, http://de.wikipedia.org/wiki/Architektur, as at December 21, 2007.
7 Heribert C. Ottersbach (see note 3), p. 80.
8 Ibid., p. 76.
9 Specifically in post-1933 National Socialist Germany, this social body made more things possible than the traditional power of imagination can conceive of: from "total war" right down to the systematic annihilation of the Jews in the concentration camps.
10 Cf. the keyword "Architektur" in Wikipedia (see note 6).
11 Dieter Bartetzko, "*Copan,* 2002. The Two Faces of the Sublime" in Ralf Beil and Sonja Fessel (ed.), *Andreas Gursky. Architecture,* exh. cat. Institut Mathildenhöhe Darmstadt (Ostfildern, 2008).
12 Heribert C. Ottersbach (see note 3), p. 76.
13 Cf. the contact sheet with numerous shots of the industrial wasteland on p. 4 in this book.
14 Cf. the page of the sketchbook which combines the striking ruin with a showpiece building of modernism (p. 31), or the 1998 ink and charcoal drawing (p. 55) which in this book provides a visual echo of Pessoa's Fragment 132 from the *Book of Disquiet* and the painting *O. T. (S. D. 1)* of 2003 which uses the motif in reverse in paint (p. 93).
15 Cf. the sketchbook pages reproduced in this book (pp. 30/31). An order for these very shots in the course of preparation work for the catalogue opened our eyes to a true treasure trove for the exegesis of the work of Heribert C. Ottersbach: the photographs show not only how he views the picture archive, but in addition many of these motifs have become direct models for his pictures.
16 He has used a similarly unadorned flat-roofed building in the left half of his painting *Latente Bedrohung* (Latent Threat, pp. 126/127).

den Blick auf einen wahren Schatz für die Exegese des Œuvre von Heribert C. Ottersbach eröffnet: Die Fotos zeigen nicht nur seinen Blick auf das Bildarchiv, zahlreiche dieser Motive sind darüber hinaus zu direkten Vorlagen seiner Bilder geworden.

16 Einen ähnlich schmucklosen Flachdachbau hat er in seinem Gemälde *Latente Bedrohung* auf der linken Bildhälfte eingesetzt (S. 126/127).

17 Repräsentiert werden diese Stränge exemplarisch von den Gemälden *Erziehungsanstalt* (S. 52/53) und *Die neue Schule von Athen* (S. 156/157).

18 Vgl. Dürers Meisterstich *Der heilige Hieronymus im Gehäus* von 1514 mit dem Heiligen am Schreibpult.

19 Walter Benjamin, *Das Passagenwerk,* zit. nach: Rudolf Koella, »Futteral des Menschen. Zur Interieurmalerei der Nabis«, in: *Die Nabis. Propheten der Moderne,* Ausst.-Kat. Kunsthaus Zürich, München 1993, S. 91.

20 Vgl. auch die Skizzenbuchseite (S. 148/149), welche den Buchhalter bereits seitenverkehrt, jedoch noch weitgehend unverändert zeigt.

21 Heribert C. Ottersbach (wie Anm. 3), S. 76.

22 Vgl. das Stichwort »Torquato Tasso« in: Wikipedia, http://de.wikipedia.org/wiki/Torquato_Tasso, Stand 24.1.2008.

23 Eugène Delacroix, *Tasso im Irrenhaus,* 1825, Privatbesitz, Zürich. Schon Delacroix' *Tasso* hat den rechten Arm angewickelt in Richtung Ohr, den Kopf leicht geneigt, doch anders als Ottersbachs *Tasso* hält er kein Telefon in der Hand, sondern stützt seinen Kopf in einer Pose grüblerischen Nachdenkens.

24 Werner Hofmann, *Das irdische Paradies. Motive und Ideen des 19. Jahrhunderts,* München 1991, S. 151.

25 Der Hofdichter und Staatskünstler Torquato Tasso gehört mit Jason, dem mythischen Heroen des Goldenen Vlieses, Don Quichotte, dem rückständigen Kämpfer gegen Windmühlen, und Stalker, dem Titelhelden des gleichnamigen Films von Andrej Tarkowskij sowie der bevorzugten Identifikationsfigur des Malers, zum Kernpersonal der Figurationen Heribert C. Ottersbachs, die allesamt Spielarten des modernen Künstlers darstellen. Vgl. die Skizzenbuchdoppelseite in diesem Buch, die neben der Verdoppelung eines modernen Interieurs eine Aufnahme des Stalker mit Kamera während der Dreharbeiten zeigt und unter dem Titel *Angelus novus* den multiplen Kopf einer antiken Frauenskulptur mit dem Gesicht einer Jugendlichen verschneidet (S. 34/35).

26 Hier sei nochmals auf die menschenverachtende Logistik und perfekt organisierte Verwaltungsstruktur des Dritten Reiches verwiesen.

27 Stichwort »Architektur« in: Wikipedia (wie Anm. 6).

28 Auch diese Fotografie findet sich auf dem in diesem Buch abgebildeten Kontaktbogen, S. 4.

29 Heribert C. Ottersbach (wie Anm. 3), S. 76.

30 Ebd., S. 72.

17 These strands are exemplarily illustrated by the paintings *Erziehungsanstalt* (Reformatory, pp. 52/53) and *Die neue Schule von Athen* (The New School of Athens, pp. 156/157).

18 Cf. Dürer's masterly engraving *Der heilige Hieronymus im Gehäus*, 1514, with St Jerome at his desk.

19 Walter Benjamin, *Das Passagenwerk,* cit. after Rudolf Koella, "Futteral des Menschen. Zur Interieurmalerei der Nabis," in *Die Nabis. Propheten der Moderne,* exh. cat. Kunsthaus Zürich (Munich, 1993), p. 91.

20 Cf. also the sketchbook page (pp. 148/149) which shows the bookkeeper already as a reversed image, yet still largely unaltered.

21 Heribert C. Ottersbach (see note 3), p. 76.

22 Cf. the keyword "Torquato Tasso" in Wikipedia, http://de.wikipedia.org/wiki/Torquato_Tasso, as at January 24, 2008.

23 Eugène Delacroix, *Tasso in the Madhouse,* 1825, private collection, Zurich. Delacroix's *Tasso* already has his left arm bent up towards his ear and his head slightly bowed, but unlike Ottersbach's *Tasso,* he is not holding a telephone in his hand, but supporting his head in a pose of pensive reflection.

24 Werner Hofmann, *Das irdische Paradies. Motive und Ideen des 19. Jahrhunderts* (Munich, 1991), p. 151.

25 The court poet and official artist Torquato Tasso, along with Jason, the legendary hero of the Golden Fleece, Don Quixote, the outmoded tilter against windmills, and Stalker, the hero of Andrei Tarkovsky's film of the same name and one of the painter's favorite identification figures, forms the core cast of Heribert C. Ottersbach's figurations, which all represent varieties of the modern artist. Cf. the double page from the sketchbook in this book: beside the duplication of a modern interior, it shows a photograph of Stalker with a cine-camera during filming, and under the title *Angelus novus* blends the multiple head of an antique sculpture of a woman with the face of a young girl (pp. 34/35).

26 Here reference may again be made to the logistics contemptuous of human beings and the perfectly organized administrative structure of the Third Reich.

27 Keyword "Architektur" in Wikipedia (see note 6).

28 This photograph too can be found on the contact sheet illustrated in this book, p. 4.

29 Heribert C. Ottersbach (see note 3), p. 76.

30 Ibid., p. 72.

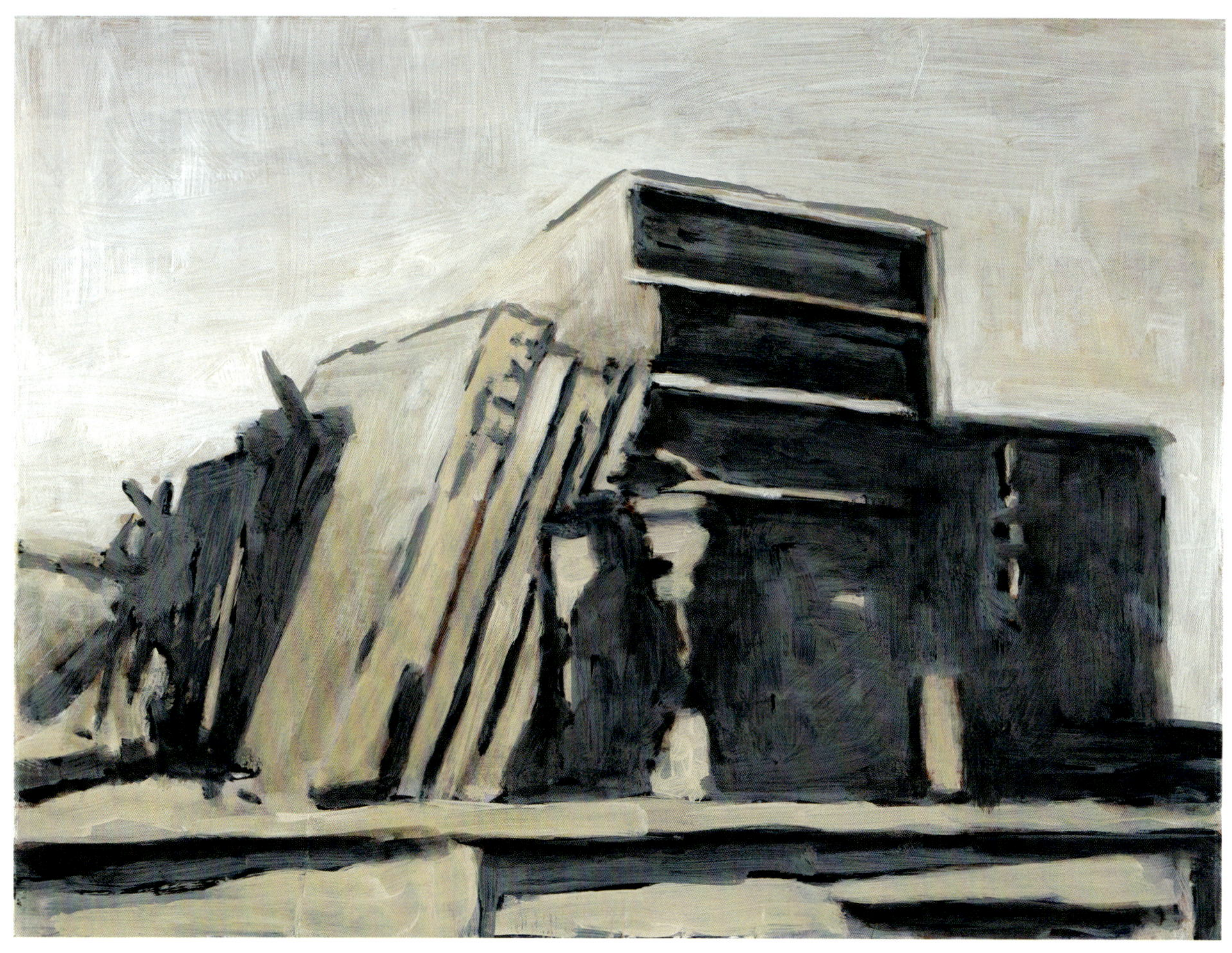

O. T. (Stillleben II) [Untitled (Still Life II)] 2003

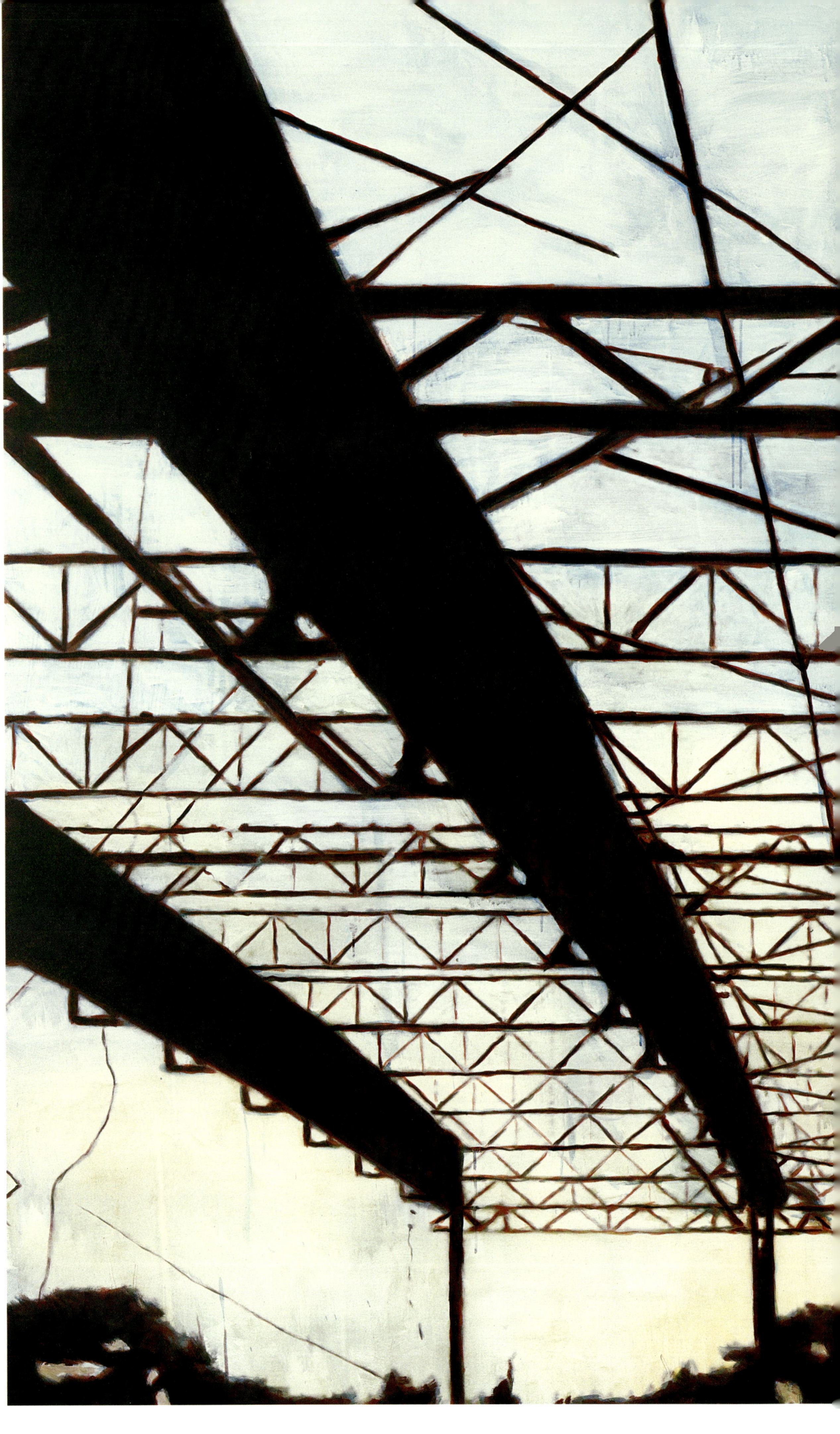

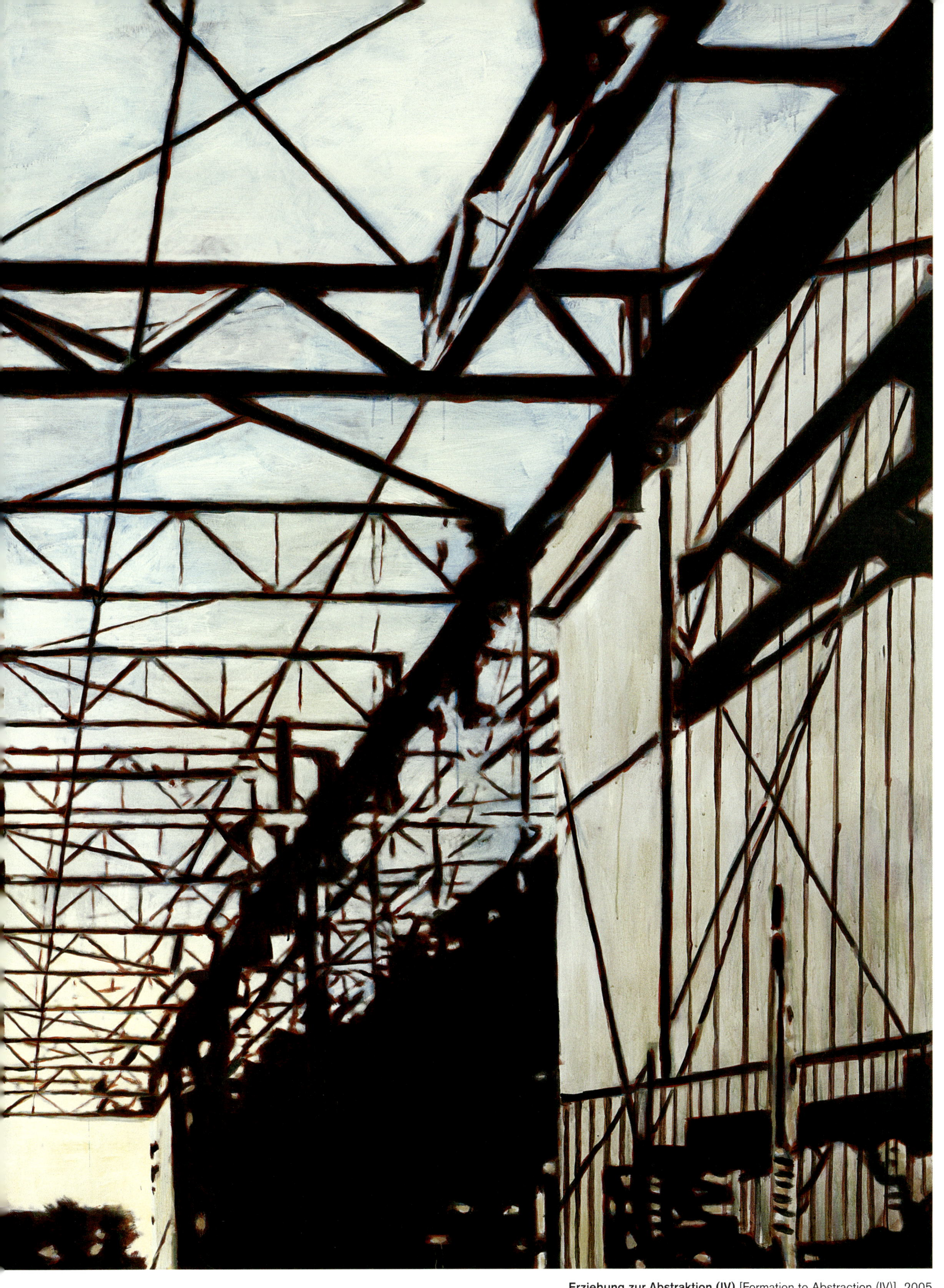

Erziehung zur Abstraktion (IV) [Formation to Abstraction (IV)] 2005

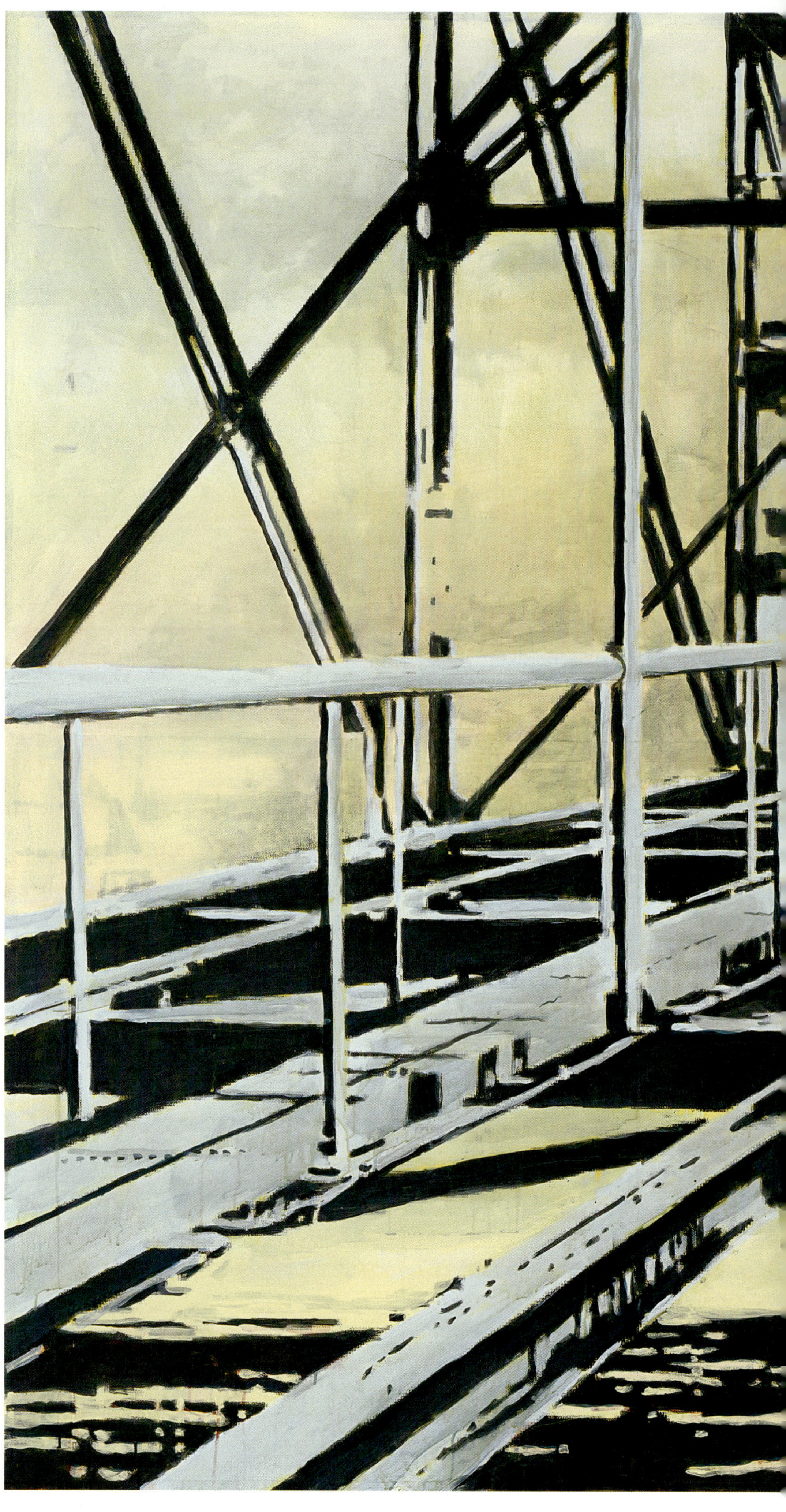

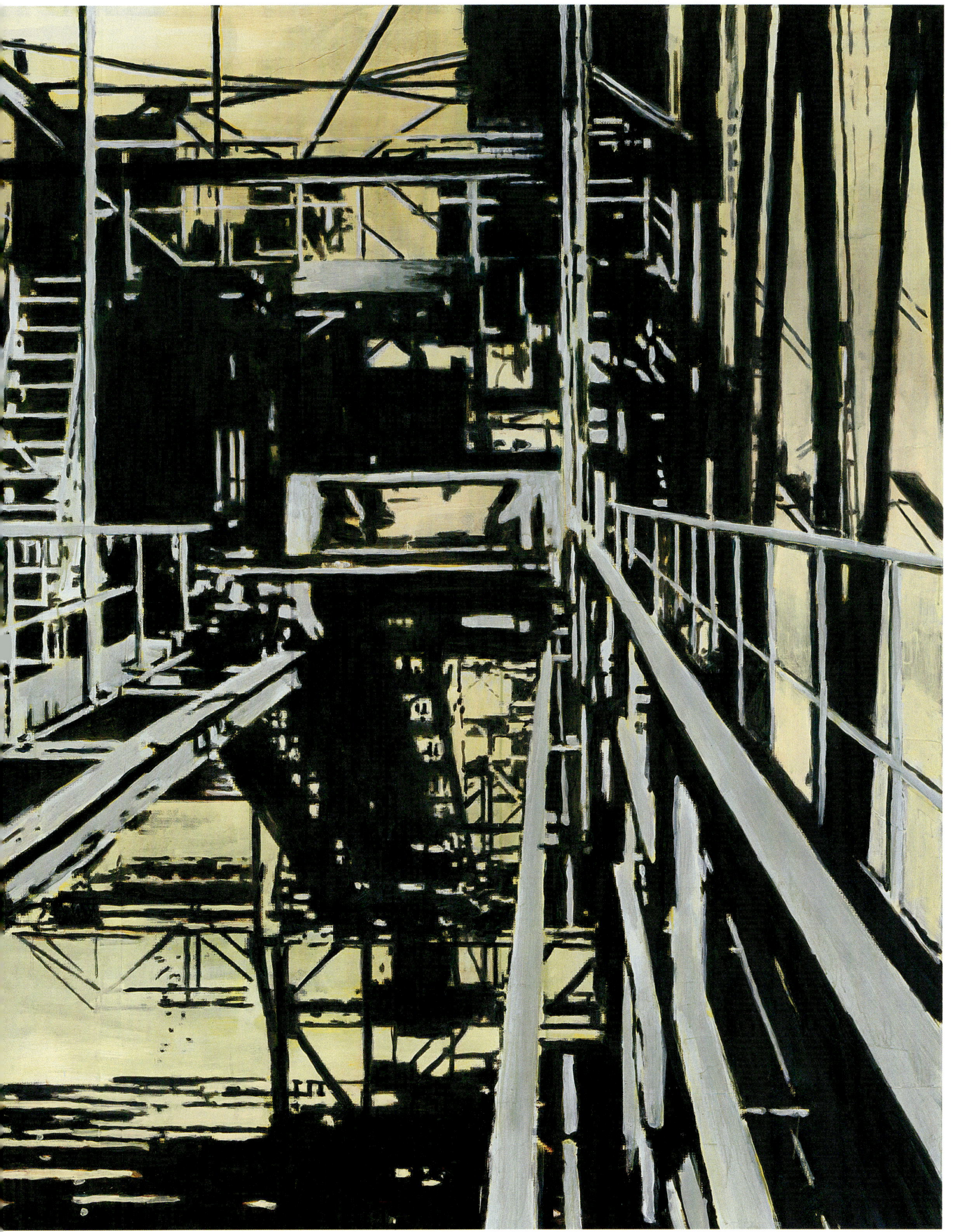

Erziehung zur Abstraktion [Formation to Abstraction] 2005

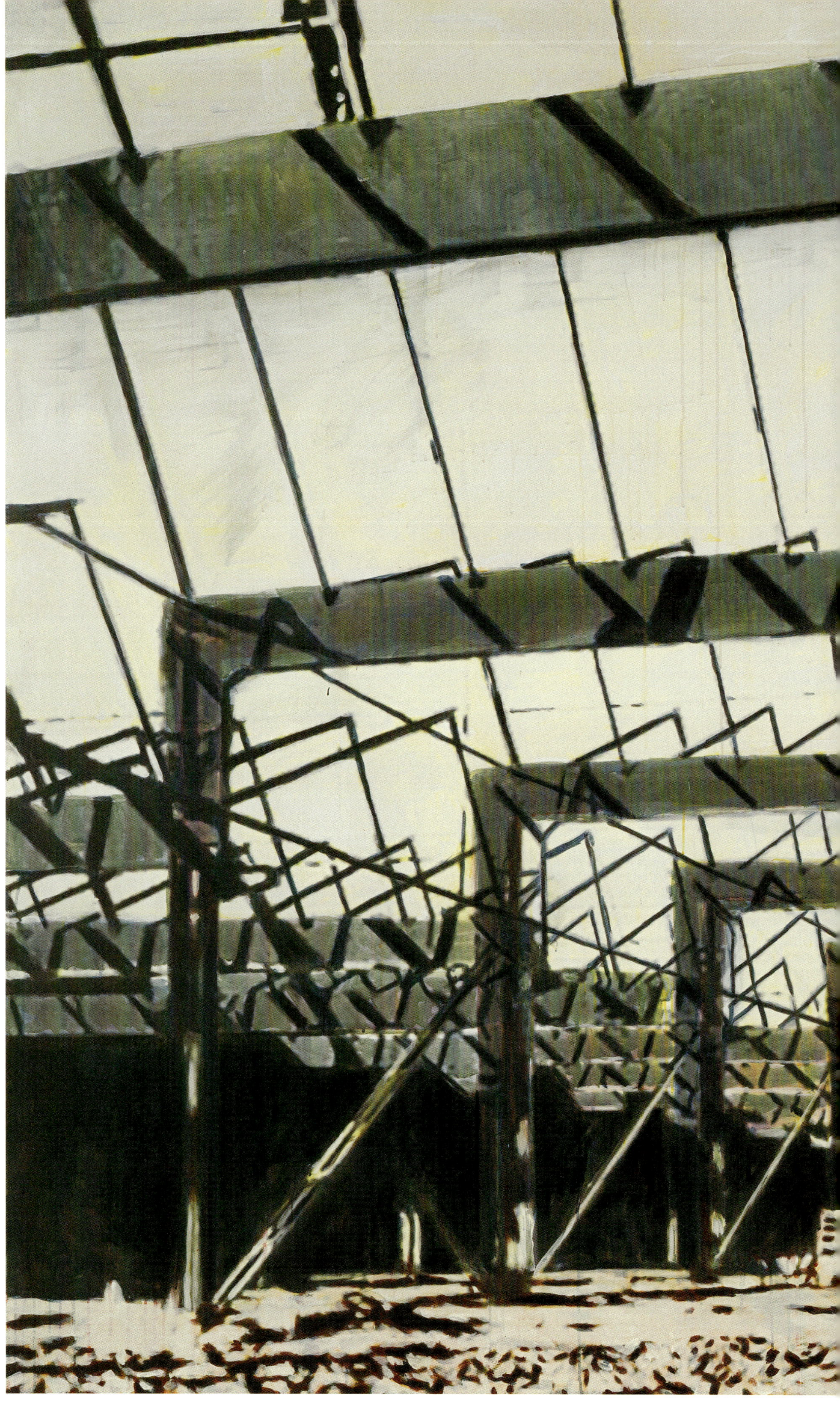

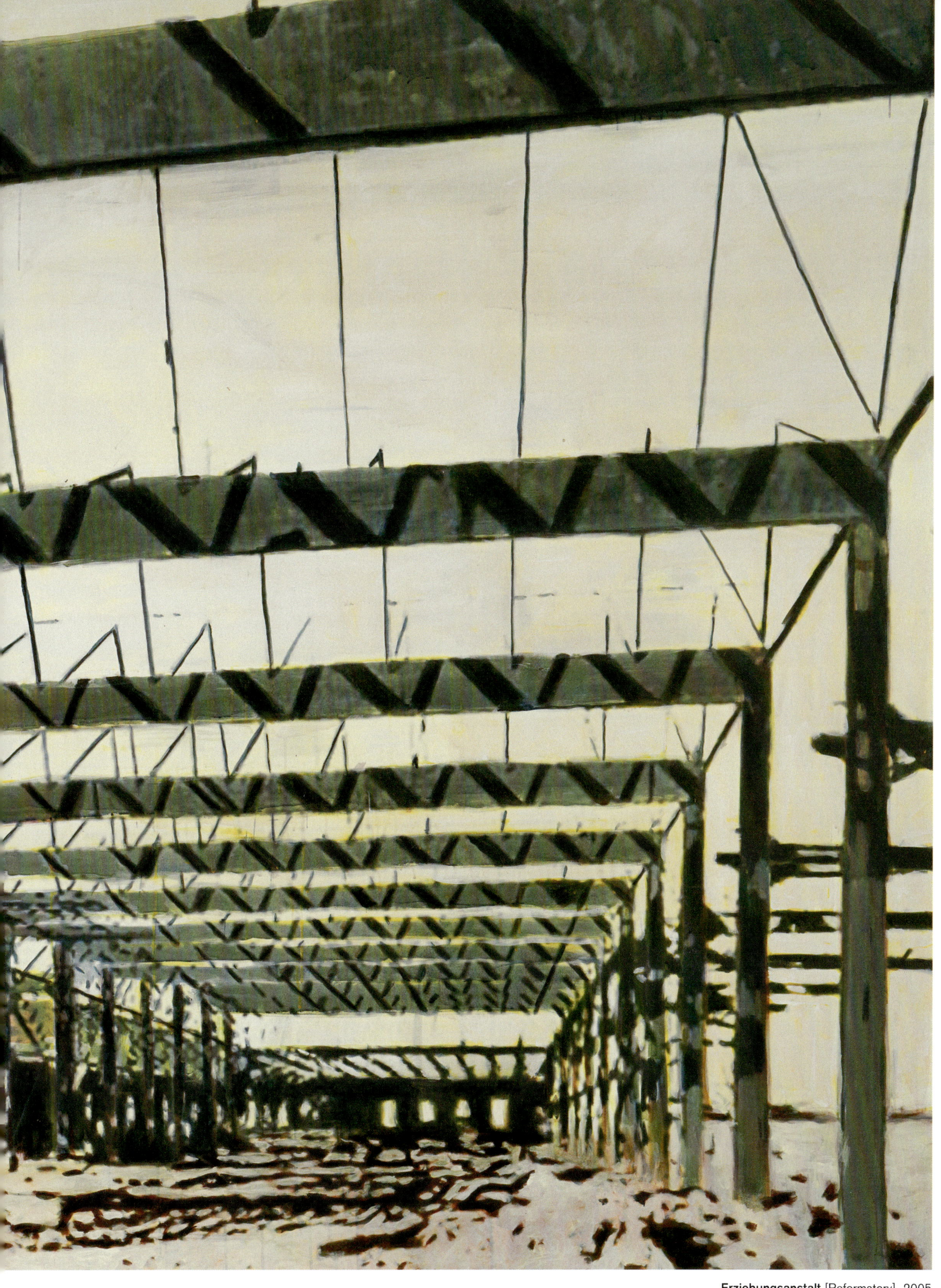

Erziehungsanstalt [Reformatory] 2005

Das Buch der Unruhe, Fragment 132

Je genauer ich das Schauspiel der Welt betrachte, den sich beständig ändernden Stand der Dinge, desto überzeugter bin ich vom Fiktiven, das allem eigen ist, vom falschen und hohen Ansehen, das alle Wirklichkeit genießt. Und bei diesem Betrachten, wie es wohl jedem Nachdenkenden zustößt, wirkt die bunte Parade von Sitten und Moden, der komplizierte Lauf von Zivilisation und Fortschritt, das großartige Durcheinander von Imperien und Kulturen, ja, wirkt all dies auf mich wie ein Mythos, eine Fiktion, geträumt zwischen Schatten und Vergessen.

Fernando Pessoa, *Das Buch der Unruhe des Hilfsbuchhalters Bernardo Soares,* hrsg. von Richard Zenith, übers. und revidiert von Inés Koebel, Frankfurt am Main u. a. 2006 (2003), S. 139.

The Book of Disquiet, Fragment 132

The more I contemplate the spectacle of the world and the ever-changing state of things, the more profoundly I'm convinced of the inherent fiction of everything, of the false importance exhibited by all realities. And in this contemplation (which has occurred to all thinking souls at one time or another), the colourful parade of customs and fashions, the complex path of civilizations and progress, the grandiose commotion of empires and cultures—all of this strikes me as a myth and a fiction, dreamed among shadows and ruins.

Fernando Pessoa, *The Book of Disquiet,* edited and translated by Richard Zenith (London, 2002), p. 119.

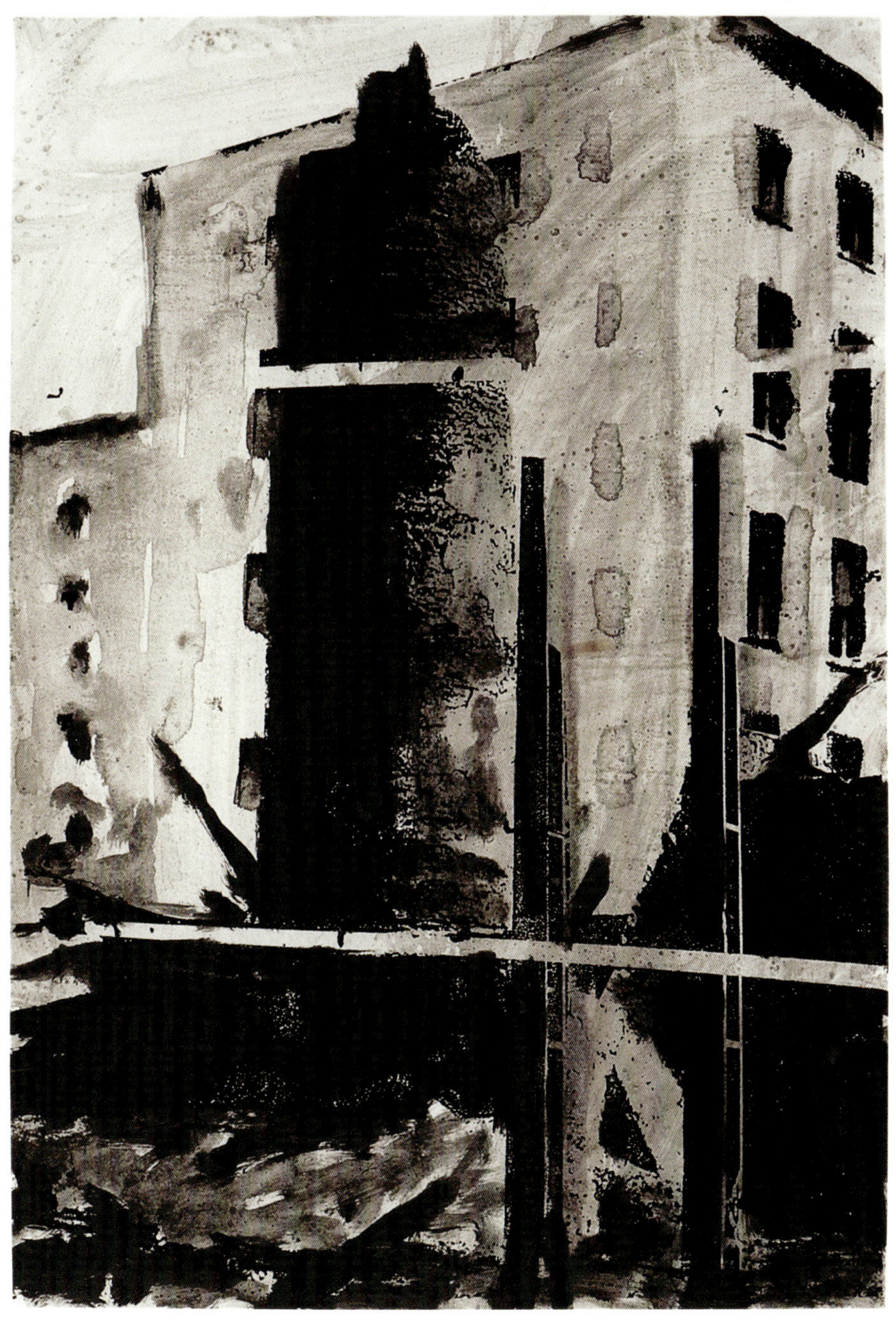

Ohne Titel [Untitled] 1998

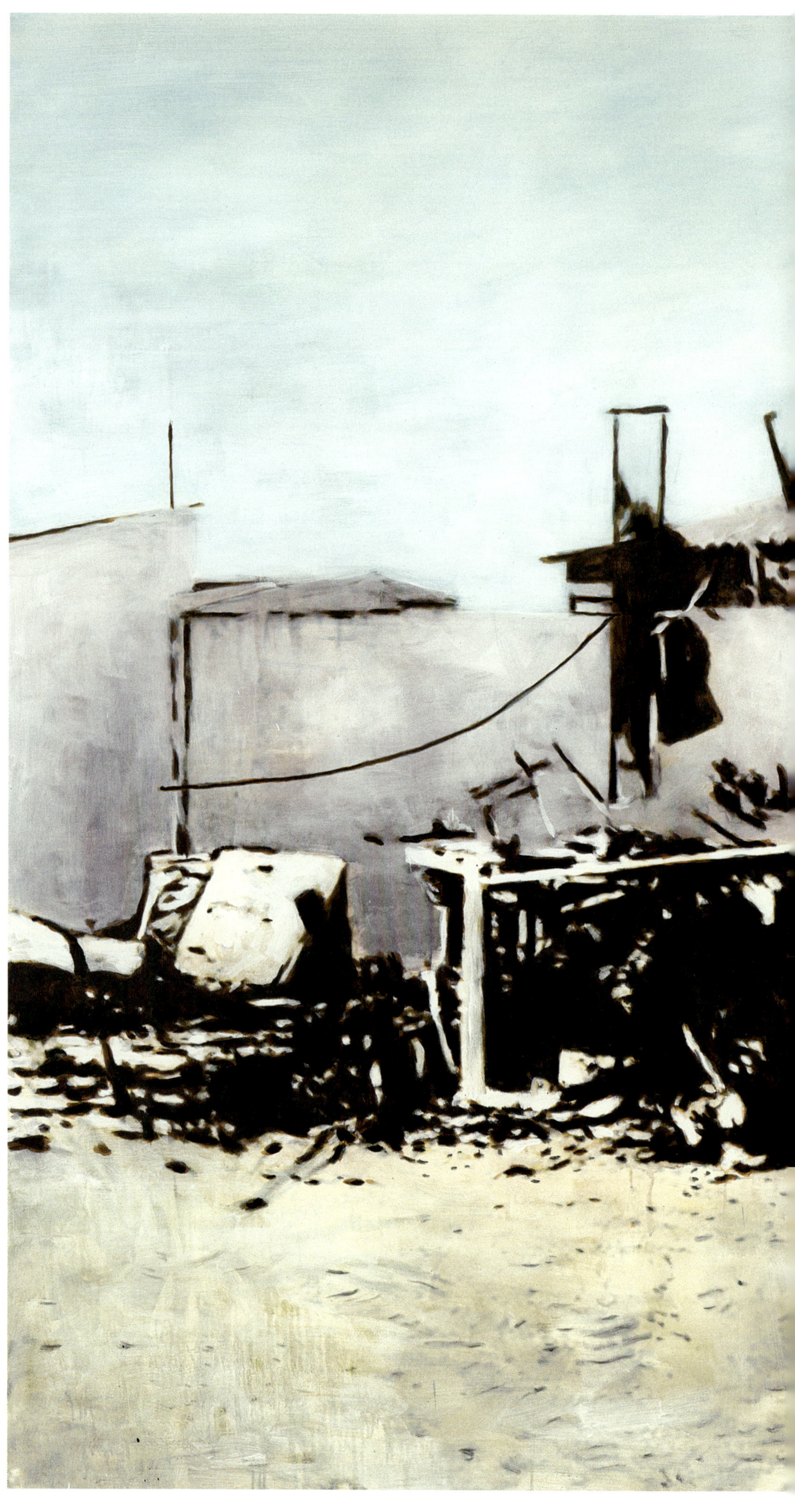

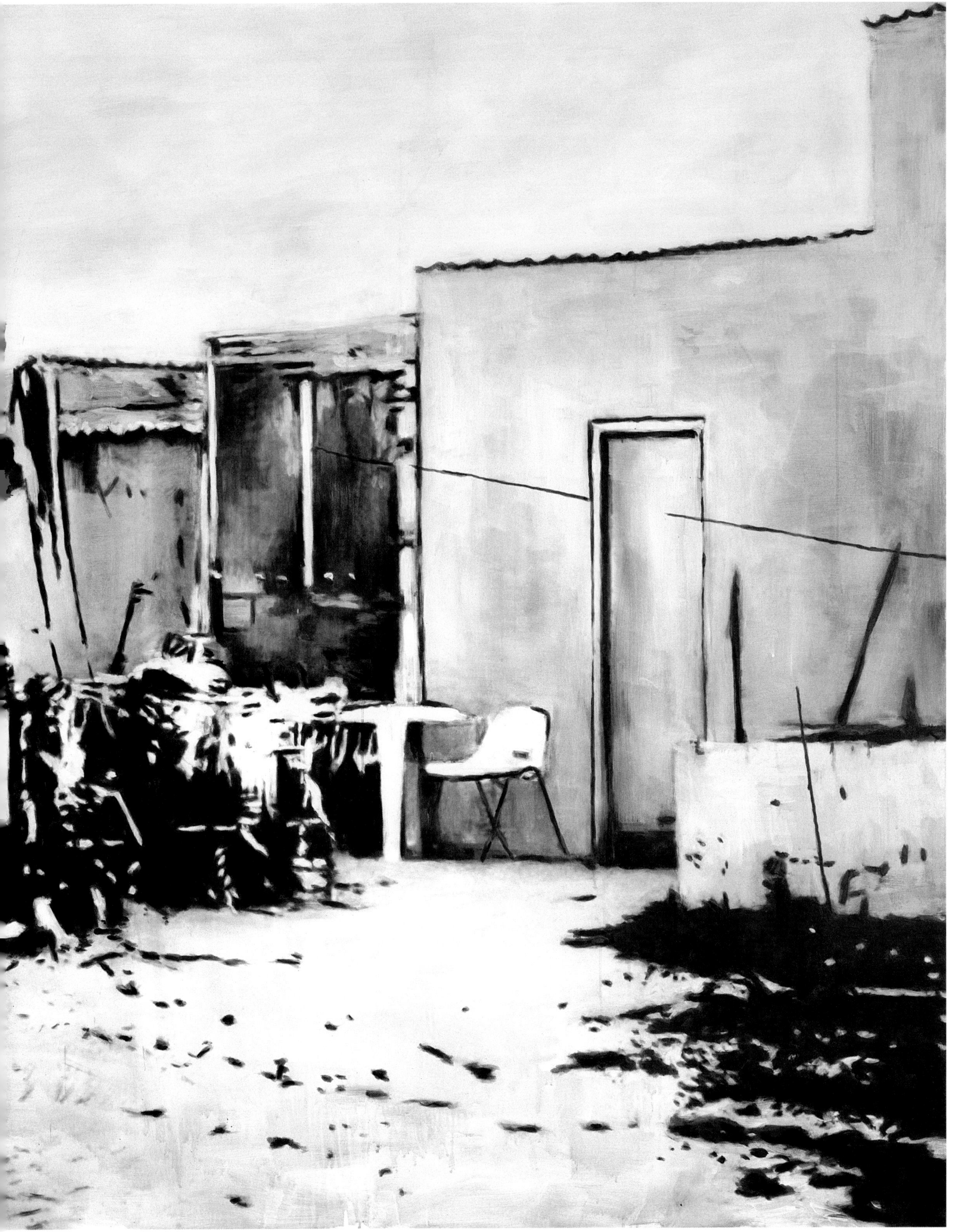

Culatra (Exterieur) 2006

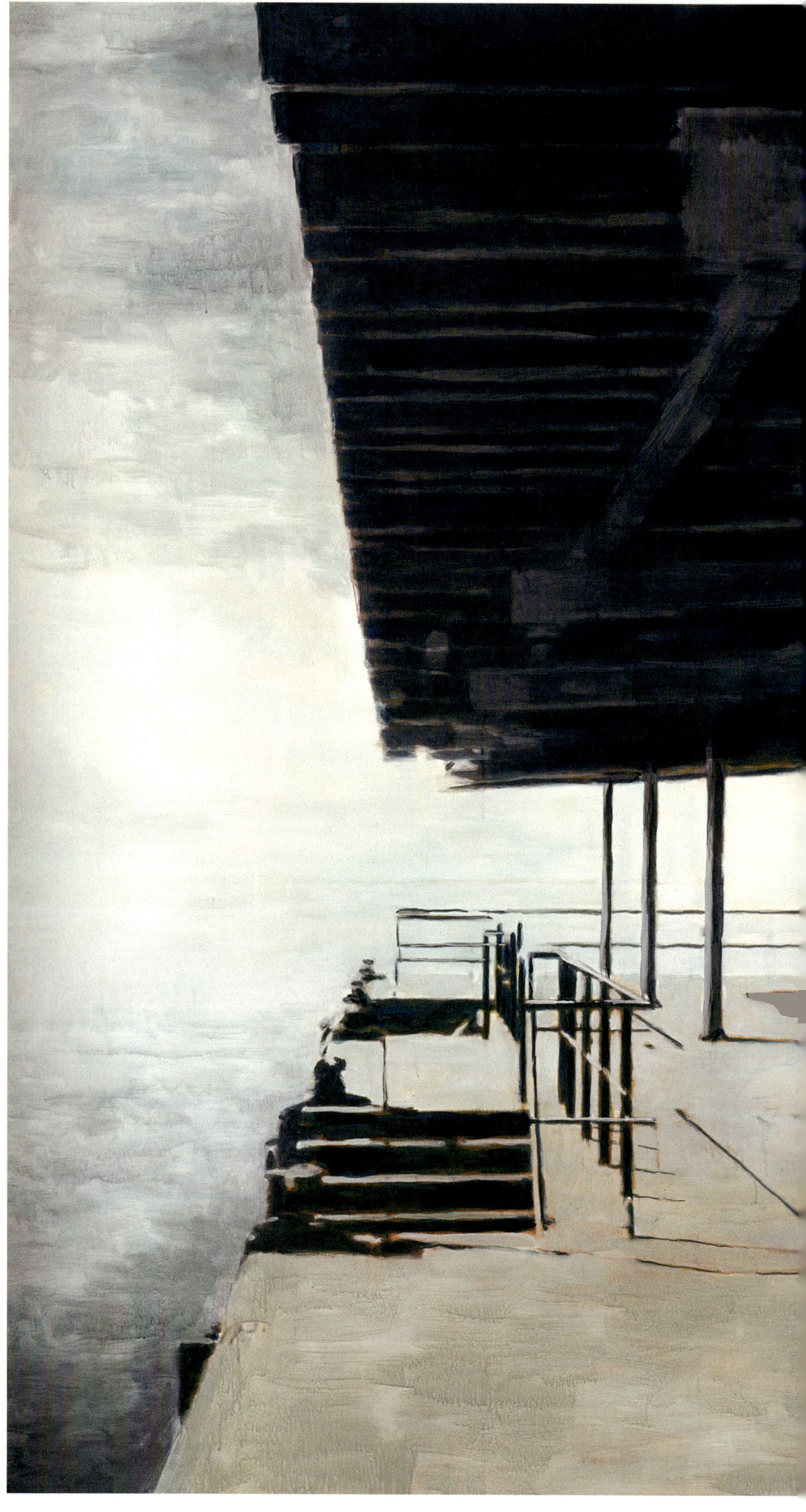

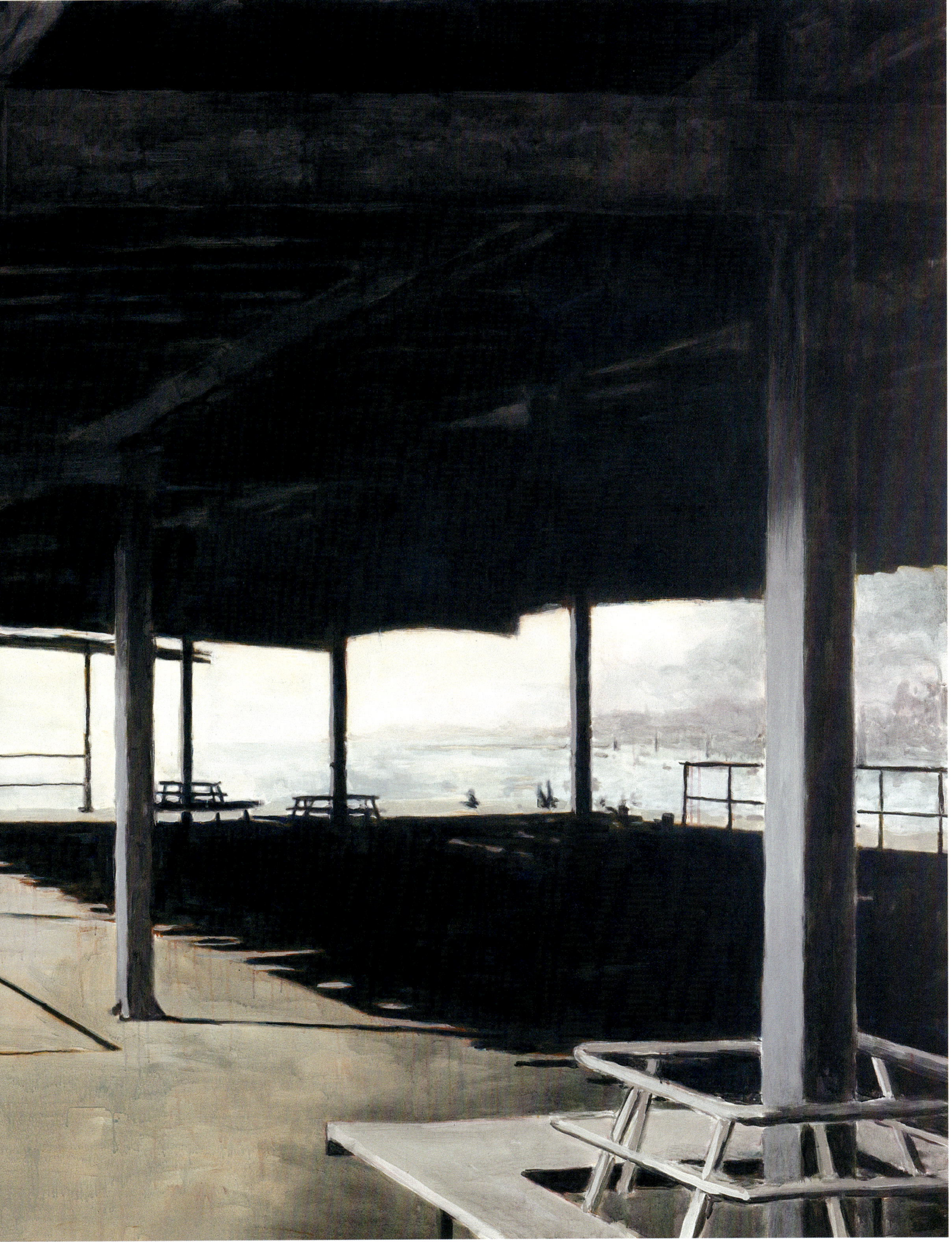

Culatra 2005

Kai-Uwe Hemken

VEDUTEN DER GEGENUTOPIE

NOTIZEN ZUM WERK VON HERIBERT C. OTTERSBACH

COUNTER-UTOPIAN VIEWS

REFLECTIONS ON THE WORK OF HERIBERT C. OTTERSBACH

»Die Malerei sollte noch viel stärker die ästhetischen Resultate der Konkurrenz, seien es elektronische Medien, digitale Bildwelten oder auch die Fotografie, würdigen, verinnerlichen und dann aber auch tunlichst verwerten und nutzen mit allen ihr aus der Geschichte der Malerei – und eben nicht nur aus der Geschichte der Malerei der Moderne – zur Verfügung stehenden Mittel.«[1]

Als Bringschuld der Erneuerung muss man wohl jenen Appell verstehen, den Heribert C. Ottersbach auf dem Felde der Malerei formuliert. Des Weiteren erklärt er kurzerhand die Postmoderne zu einem historischen Ereignis, das nach einem Akt der Zerstörung überkommener Vorstellungen und einem nachhaltigen Konkurrenzdruck durch die Neuen Medien in den 1990er-Jahren eine Wiederbelebung der Malerei einforderte. Das Plansoll für die Malerei ist für den Künstler nicht nur quantitativ von großem Ausmaß. Es hat auch qualitativ, das heißt stellvertretend für alle gesellschaftlichen Felder, den Aufbruch in eine neue kulturelle Phase nach der Postmoderne zu bewerkstelligen. Ottersbach ist nicht der Einzige, der nach den geistigen und visuellen Erschütterungen, die die Postmoderne verursacht hatte, einen Neubeginn wagen wollte. So proklamierte Heinrich Klotz, ursprünglich Protagonist der Postmoderne, bereits in den 1990er-Jahren die sogenannte »Zweite Moderne«, die die Kunst wieder als Kunst inthronisierte und das Fiktionale als neue, aber traditionell verbürgte Eigenschaft der (Gegenwarts-)Kunst benannte. Die Malerei spielte hierbei jedoch nicht mehr die Hauptrolle, sondern wurde als eine unter vielen künstlerischen Ausdrucksformen verhandelt.

Ottersbach ruft exklusiv die Malerei auf den Plan und verweist indirekt auf jene Tradition, die ihr eine herausragende Rolle in der Thematisierung weltanschaulicher Dimensionen zuschreibt. Bis zum heutigen Tage zeigt sich hier eine theoretische Tiefenerstreckung, die sich als ein indirekter Reflex auf die jeweilige Gegenwartskultur offenbart und sich sodann als Niederschlag der Gegen-

"Painting should recognize and internalize the aesthetic output of the competition much more—be it electronic media, digital imagery, or even photography—and then, as much as possible, take stock of and put to use all the means at its disposal from the history of painting—not just from the history of modern painting."[1]

The plea formulated by Heribert C. Ottersbach in the field of painting must be understood as a debt paid in the name of renewal. What's more, he handily dispatchs postmodernism as an historic event, which, after destroying outmoded notions and sustaining competitive pressure from new media in the nineteen-nineties, declared the resurrection of painting. The artist's planned task for painting is both quantitatively and qualitatively large: as a representative of all societal fields, it must instigate the dawn of a new cultural era after postmodernism. Ottersbach isn't the only one who wants to risk a new beginning after the intellectual and visual shocks unleashed by postmodernism. For instance Heinrich Klotz, originally a protagonist of the postmodern, proclaimed as early as the nineties the arrival of a so-called "second modernism," which re-crowned art as art and which labeled the fictional as the new characteristic of (contemporary) art, albeit one that is anchored in tradition. Painting no longer played the leading role here, though; instead, it was considered to be one of many forms of artistic expression.

For his part Ottersbach makes exclusive use of painting, referring indirectly to that tradition that ascribes to painting a prominent role in the thematizing of ideological dimensions. Right up to the present day, a deep theoretical vein may be noted here, manifesting itself as an indirect reflex toward current culture and thus allowing itself to be perceived as the echoing of the present in the artwork. Likewise a direct thematic framing of philosophical worldviews becomes apparent, attesting to the ability of painting, next to writing, to serve as a subservient form for the expression

wart im Kunstwerk aufspüren lässt. Überdies wird eine direkte Thematisierung philosophischer Weltinterpretationen sichtbar, die der Malerei bescheinigt, neben dem Text als dienstbare Form der gedanklichen Äußerung dienen zu können. Gleichwohl sei an dieser Stelle vorauseilend angemerkt, dass dem Bild eine ihm eigene und in diesem Sinne komplexere Vermittlungspotenz eigen ist, wie es Ottersbach mit seinen Bildwerken belegt. Nicht zuletzt ist das Kennzeichen der Malerei, der Philosophie verwandt zu sein, verantwortlich für einen steten Aufstieg oder Niedergang dieser Kunstgattung. Was ihre Wertschätzung innerhalb des Kunstgeschehens besonders im Verlauf des 20. Jahrhunderts betrifft, erlebte sie ein extremes Wechselspiel. Will man sowohl die Argumentation und das künstlerische Schaffen von Ottersbach in seiner Vielschichtigkeit als auch die kulturelle Gesamtentwicklung, die als ursächliche Hintergrundfolie anzunehmen ist, erschließen, ist es hilfreich, sich die Geschichte der Malerei respektive die ihrer Wertschätzung zu vergegenwärtigen.

Der retrospektive Blick auf die Malerei ist begleitet von den Konstanten »Blütezeit, Tod und Wiederauferstehung«. Verstieß man die Malerei, wie im Dadaismus geschehen, so erklärte man eigentlich jene bürgerlichen Kräfte für überholt, die die gemalten Kunstwerke als Identifikationssymbole erachteten und gegen die man die revolutionäre Stimme erhob. Dienlich waren dabei neue technische Errungenschaften wie die Fotografie oder in der zweiten Hälfte des 20. Jahrhunderts die Neuen Medien und das Internet. Die Schnelligkeit, die permanente Verfügbarkeit und der große Verteilungsradius von Bild und Text lassen heute die Malerei in ihrer Langsamkeit der Bilderstellung überaltert erscheinen. Noch im russischen Konstruktivismus als formalistische Spielerei verdammt, die für den Aufbau einer neuen Gesellschaft weniger, aber für die abzulehnende Dekoration bürgerlicher oder aristokratischer Salons weitaus mehr von Belang war, erfreute sich die Malerei zum gleichen Zeitpunkt in der französischen Kunstszene größter Aufmerksamkeit. Die Surrealisten erachteten sie

of ideas. Nonetheless it should be pointed out here in advance that an idiosyncratic and in this sense more complex communicational power is unique to the image—something that Ottersbach substantiates in his works. Last but not least, painting's distinguishing feature—namely, its similarity to philosophy—is responsible for a steady rise or fall of this art form. Regarding its appraisal, especially within the history of twentieth-century art, painting has experienced an extreme shift in fate. In seeking to make accessible both the arguments and the artistic output of Ottersbach in its complexity, while also illuminating the overall cultural evolution that served as a causal backdrop for his work, it's helpful for us to bring to mind the history of painting itself with respect to its appraisal.

The constants "growth, death, and resurgence" go along with a retrospective view of painting. If one throws painting out—as Dadaism did—then, in effect, one declares as obsolete those bourgeois powers that deemed the painted works of art to be symbols of identification and against which the voices of revolution were raised. Instrumental here were new technical achievements like photography, or, in the second half of the twentieth century, new media and the Internet. The speed, permanent availability, and enormous distribution range of image and text makes painting appear outdated today, in that it requires so much time to generate images. Condemned in Russian Constructivism as formalistic gimmickry, painting—which was of less importance for the building of a new society, but of far greater importance for the decoration of bourgeois or aristocratic salons then coming under attack—enjoyed a greater deal of attention during the same period in the French art scene. The Surrealists deemed it an exquisite medium for the transformation of their psychically oriented concepts, even if artistic techniques were emphasized programmatically. Post-Surrealist movements like Abstract Expressionism, Art Informel, or groups like Cobra and SPUR didn't value painting any less in this sense, even though they gave their art a different line of attack.

als vorzügliches Medium zur Transformation ihres auf das Psychische ausgerichteten Konzeptes, auch wenn sie die künstlerischen Techniken programmatisch erweiterten. Die postsurrealistischen Tendenzen wie der Abstrakte Expressionismus, das Informel oder Gruppen wie Cobra und SPUR schätzten nicht minder die Malerei in diesem Sinne, gleichwohl sie ihrer Kunst eine andere Stoßrichtung verliehen.**

In den 1960er-Jahren wurden analog zu neuen künstlerischen Konzepten (Concept-, Minimal-, Land-Art, Neuer Realismus) wissenschaftliche Darstellungspraktiken in die Kunst eingeführt, die die Kategorien Transparenz und Sachlichkeit als wissenschaftliche Geste im Visuellen einlösen und damit die Malerei als nebulöses Unterfangen deklarieren sollten: Diagramme, Statistiken oder Collagen mit Gebrauchsmaterialien und -gegenständen standen gegen Pinselstrich und Leinwand. Diese Tendenz lässt sich in anderem Kleid auch in der Aktionskunst beobachten, die in der Tradition des Dadaismus die etablierte bürgerliche Kultur verneinte und die stabilisierenden Erscheinungskontexte (Museum, Kunsthandel) zu deregulieren suchte. »Kunst = Leben« lautete das vielversprechende Motto, das das ultimative Kunstwerk als Sinnträger und damit insbesondere die Malerei aufs Schafott führte. Erschwerend kam hinzu, dass die Kunst eine inszenierte Konkurrenz mit dem Konsum erleiden musste, wie die Pop-Art eines Andy Warhol beispielhaft zeigt: Die ästhetische Erfahrung wurde unauflösbar mit der nicht ästhetischen verschränkt, sodass die inhaltliche Tiefendimension der Malerei einer schnelllebigen Aneignung von Kunst weichen musste.

Dieses kleine rudimentäre, historische Kaleidoskop des Aufstiegs und Falls der Malerei und der kunstmedialen Konkurrenz im 20. Jahrhundert beschließend, sei jenes Aufbegehren einer jungen Generation zu Beginn der 1980er-Jahre in Deutschland ange-

Hannah Höch *Schnitt mit dem Küchenmesser DADA durch die letzte weimarer Bierbauchkulturepoche Deutschlands* (Cut with the Kitchen Knife DADA through the Last Weimar Beer-Belly Cultural Epoch of Germany), 1919/20, Fotomontage und Collage mit Wasserfarben / Photomontage and collage with watercolors, 114 x 90 cm, Staatliche Museen zu Berlin, Nationalgalerie

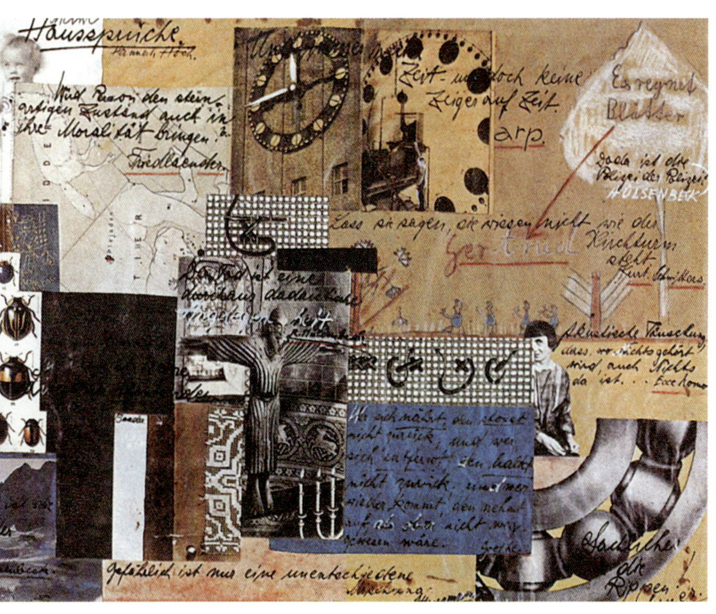

In the nineteen-sixties, science-based representational practices were established in new artistic concepts (Concept Art, Minimal Art, Land Art, New Realism); these practices honored the categories of transparence and objectivity as scientific signs of the visual and therefore were supposed to declare painting as a nebulous undertaking: diagrams, statistics, or collages with found materials and objects stood in opposition to brush and canvas. This tendency was also seen under a different guise in Action Art, which, in the tradition of Dadaism, negated established bourgeois culture and sought to deregulate the stabilizing contexts in which art appears (museums, art market). "Art = life" went the auspicious motto that consigned the ultimate artwork as a vehicle of meaning, especially painting, to an early death. It complicated things further that art had to endure a scripted competition with consumerism, as the Pop Art of Andy Warhol demonstrates: the aesthetic experience was inextricably entangled with the non-aesthetic, so that the deep, content-laden dimensions of painting had to cede to a fast-moving appropriation of art.

Having completed this short, rudimentary, historical kaleidoscope of the rise and fall of painting and its competition among art media in the twentieth century, we may now address that rebellion led by a young generation at the beginning of the 1980s in Germany, which, under the motto "hungry for pictures" (Wolfgang Max Faust), resisted—with equal parts defiance and vehemence—the prevailing (pseudo-) scientific and somewhat prudish thematic categories, instead recasting painting and enduing it with color and liberal brushwork. That individual perspective and mood were picked up thematically at this juncture was only to be expected. The so-called "Neuen Wilden" ("new wild ones") were the beginning and the sign of a smoldering modernist critique that had existed underground for some time.

führt, die sich ebenso trotzig wie vehement unter dem Motto »Hunger nach Bildern« (Wolfgang Max Faust) gegen die (pseudo-)wissenschaftlichen und zum Teil lustfeindlichen Leitkategorien wehrte und stattdessen die Malerei farbenfroh und mit einem großzügigen Pinselduktus versehen neu inszenierte. Dass hierbei die individuelle Lebenswelt und Befindlichkeit motivisch aufgegriffen wurde, war nur konsequent. Die sogenannten »Neuen Wilden« waren der Auftakt und das Indiz für ein seit geraumer Zeit existentes untergründiges Schwelen einer Kritik an der Moderne.

Unter dem Stichwort »Postmoderne« wird auf verschiedensten Feldern der Gesellschaft eine Revision der Moderne und ihrer bislang verfolgten Ziele mit Nachdruck vorgetragen. Die Philosophie und Kunst stehen für diese Generaltendenz geradezu stellvertretend. In der Philosophie werden die argumentativen Weichen für einen kulturellen Umkehrschub in der Moderneentwicklung gestellt, in der Kunst, Architektur und im Design werden die Chiffren für eine gesellschaftlich notwendige Neuorientierung entworfen.

Die Postmoderne erwächst letztlich zur Metapher für ein kollektives Unbehagen, das die Entwicklung der Moderne im Kern betrifft. Sie ist eine empfindsame Bruchstelle in der Kulturentwicklung des 20. Jahrhunderts, die gar als Verabschiedung jener Utopien verstanden wird, die seit 1800 unter dem Etikett »Moderne« (rationale Durchdringung aller Lebenssphären mit Blick auf eine allgemeine Verbesserung der Lebensqualität) entworfen und entfaltet worden sind. Zugleich ist der Begriff »Postmoderne« eine schillernde Größe, deren inflationärer Gebrauch stets mit Schreckensmeldungen verbunden wird: Sinnverlust, Autorverlust, Verlust der Verbindlichkeit von Zeichensystemen und stattdessen Kriterienlosigkeit, Sphärendiffusion und Beliebigkeit. Letztlich jedoch erweist sich die Postmoderne als eine kritische Reflexion über die bisherige Interpretation der Moderne.

Lucia Moholy Nördliche Straßenansicht der Wohnung des Bauhausmeisters Walter Gropius / Northern street view of the home of Bauhaus Master Walter Gropius, Dessau, Fotografie / photograph

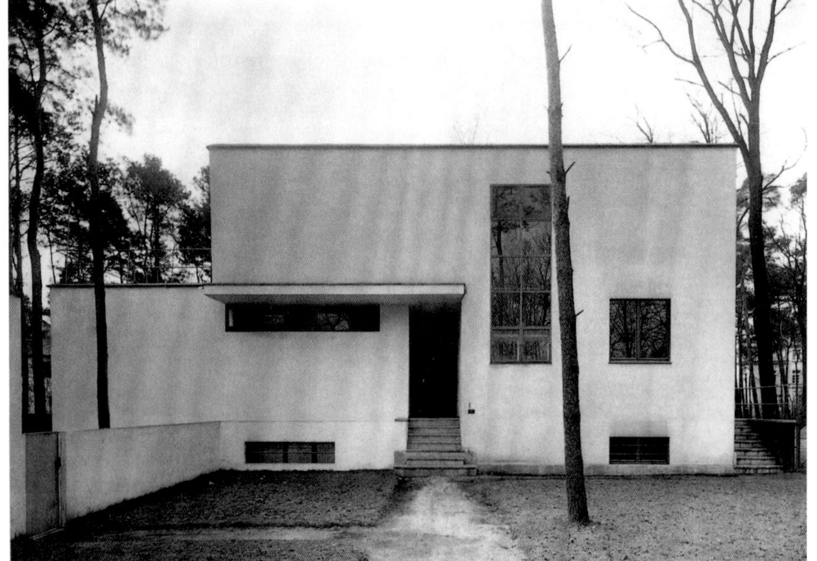

Under the heading "postmodernism," a revision of modernism and its associated goals throughout the most varied fields of society has been emphatically declared. Philosophy and art are especially representative of this general tendency. In philosophy, the arguing points for a cultural about-face in modernist development are presented; in art, architecture, and design, the codes for a necessary re-orientation of society are developed.

Postmodernism develops ultimately into a metaphor for collective unease, which, at the core, concerns the evolution of modernity. It's a sensitive point of rupture in the cultural development of the twentieth century—it is even understood as the abandonment of those utopias, which, since 1800, had been successively formulated and developed under the label of modernism (rational interpenetration of all spheres of life with a view toward a general improvement in quality of life). Simultaneously the term "postmodernism" is an enigmatic dimension whose inflationary use is always linked with declarations of alarm: loss of meaning, loss of authorship, loss of the reliability of sign systems and, instead, randomness, diffusion of realms, and arbitrariness. But postmodernism ultimately turns out to be a critical reflection on earlier interpretations of modernism.

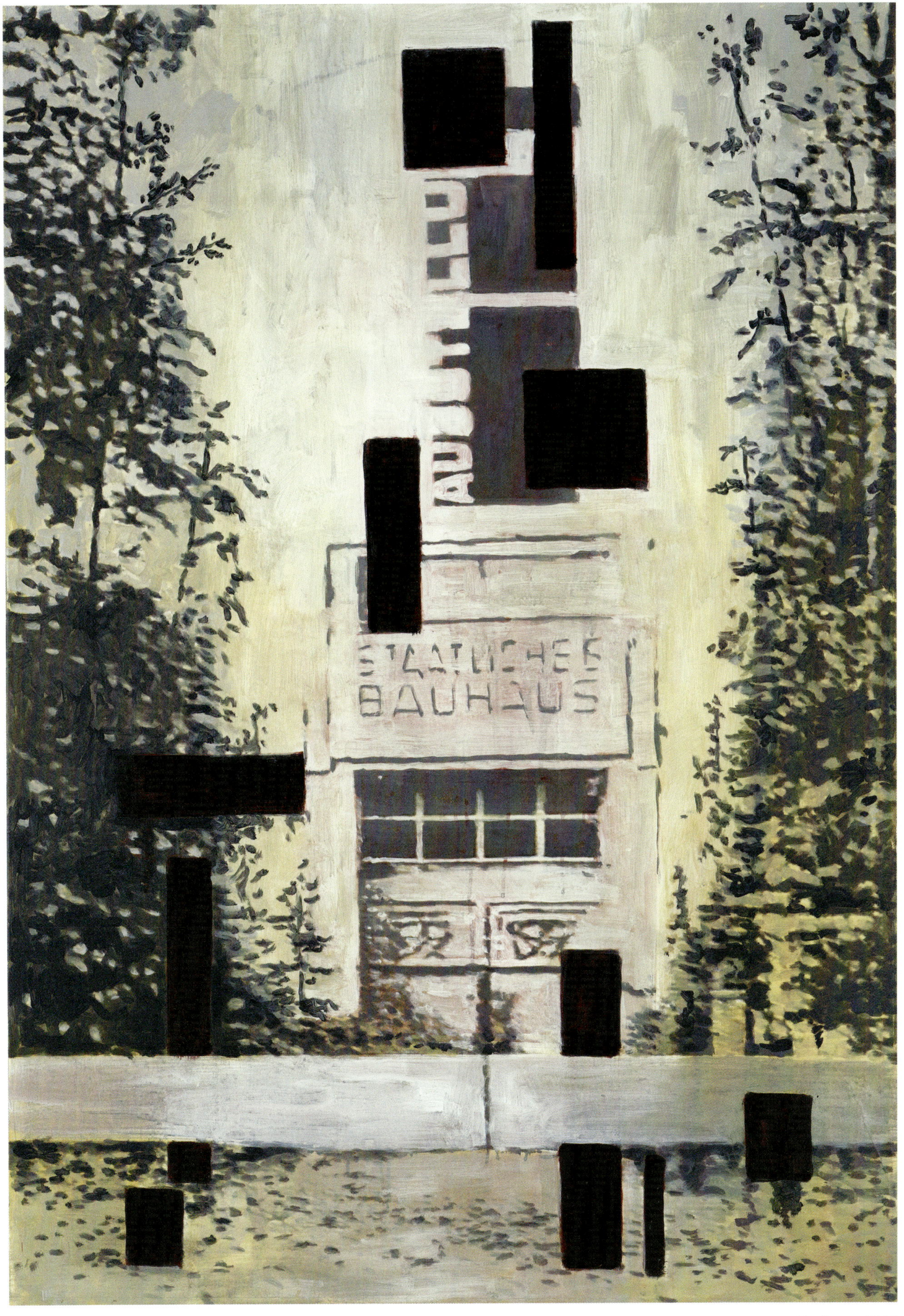

Bauhaus 2002

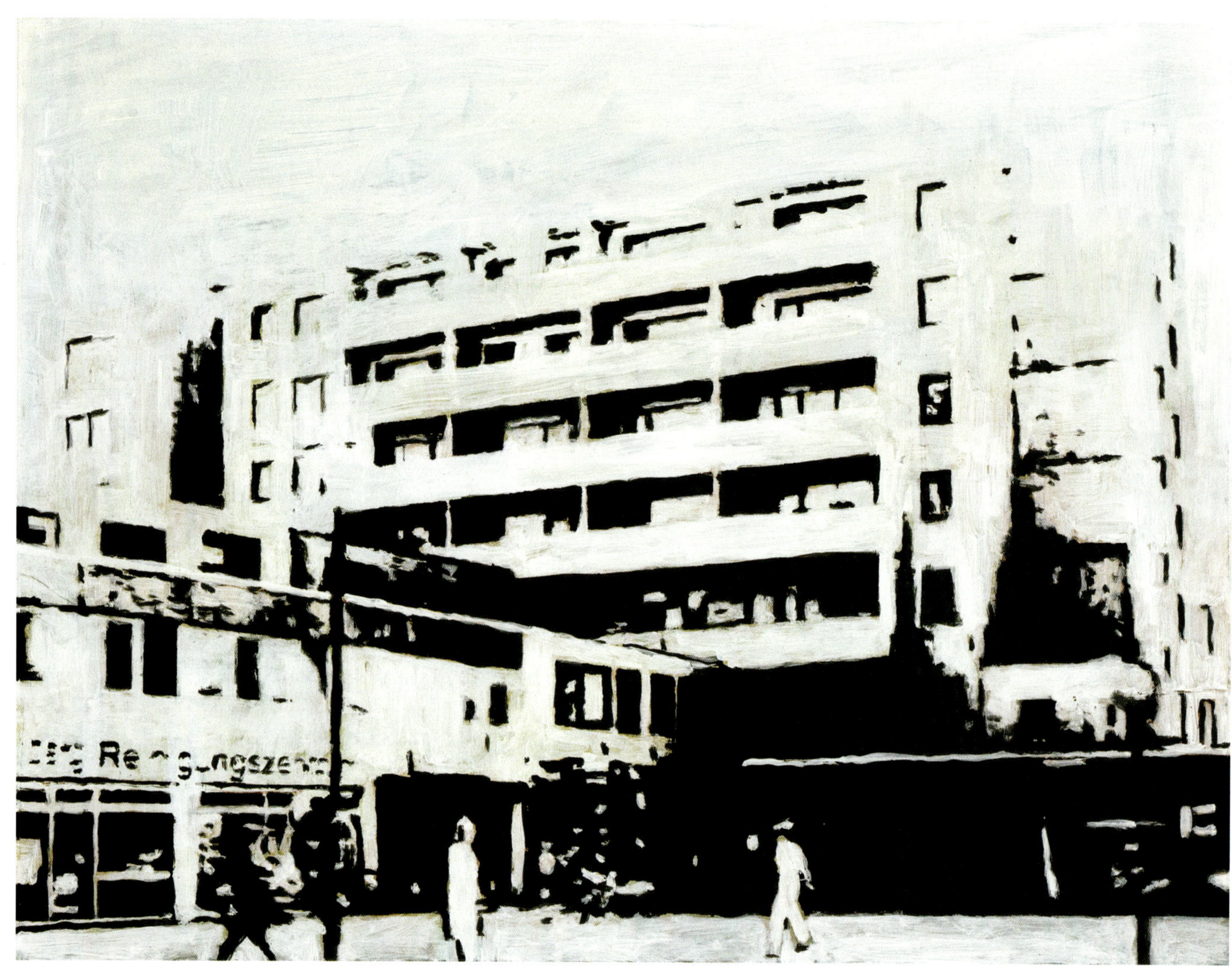

Letzte Gefechte [Final Battles] 2006

RESÜMEE DER REVISION

Heribert C. Ottersbach zieht zu Beginn des 21. Jahrhunderts Bilanz. Er ruft erneut alle Aspekte, die im Zuge der Postmoderne auf dem Felde der Kunst kritisch erörtert wurden, auf den Prüfstand: Aussagefähigkeit der Malerei und Medienkonkurrenzen im Besonderen, Bildbegriff sowie Sinnstiftung durch Kunst im Allgemeinen. Nicht allein seine schriftlich und mündlich vorgetragenen Gedankengänge sind Ausdruck einer resümierenden Reflexion, sondern auch seine Bildwerke spiegeln ein Ansinnen, der Malerei und genauer dem gemalten Bild jene Schlagkraft wiederzuverleihen, die es im Verlauf von Jahrhunderten als eine besondere philosophische Ausdruckform errungen hatte. Gemessen an diesen Grundzügen stellt sein künstlerisches Schaffen eine Durchkreuzung von gesamtkulturellen Fragestellungen und künstlerischen Lösungsansätzen dar, die seine Bildwerke zu Sinnbildern und Austragungsorten jener Konflikte erwachsen lassen. Hier befindet sich Ottersbach in einer Tradition von Heroen der Kunstgeschichte wie Gustave Courbet, Piet Mondrian, Wassily Kandinsky, Kasimir Malewitsch, den Surrealisten oder der New York School.

Ottersbach begnügt sich jedoch nicht mit einer pauschalen Argumentation, sondern entwirft – wie eingangs erwähnt – unter Verweis auf die Errungenschaften der optischen Medien konkrete Lösungen für eine ästhetische Neubestimmung der Malerei. Es ist nicht die demonstrative bis hermetische Selbststilisierung der Malerei, die noch im betont Malerischen (Pinselduktus, Motiv- und Farbwahl) ihren Ausdruck finden will und die von den Neuen Wilden als Provokation und Geste einer Selbstbehauptung gegenüber den Intellektualisierungen in der Kunst im Jahrzehnt zuvor gewählt wurde, sondern die Nutzung der Innovationen aller bildgebenden Verfahren, gleich in welchem Kontext sie entstanden sind und in welchem Funktionsrahmen sie sich heute entfalten.

Michael Bach *London Bridge*, 1992,
Öl auf Leinwand / oil on canvas, 120 x 120 cm,
Privatsammlung / Private collection

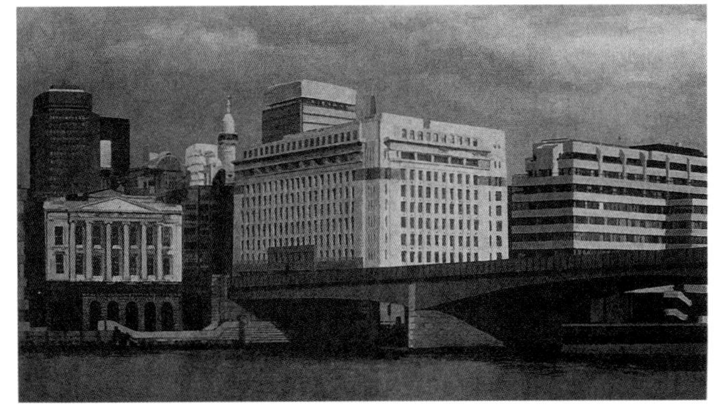

SUMMARY OF REVISION

Heribert C. Ottersbach strikes a balance at the beginning of the twenty-first century. He calls up all aspects debated in the field of art during the course of postmodernism and subjects them to renewed examination: the expressive power of painting and the competition between media in particular, and, more generally, visual perception as well as the creation of meaning through art. Not only is his thinking presented in writing and talks as a summary of reflections, but his visual works also echo an appeal to re-confer on painting, and more precisely the painted image, that clout, won over the course of centuries, as a special form of philosophical expression. Measured against these basic principles, his artistic output represents a cross-section of overall cultural questions and artistic approaches that allow his paintings to develop into symbols and sites of these conflicts. Here Ottersbach is situated within a tradition of art-historical heroes like Gustave Courbet, Piet Mondrian, Vasily Kandinsky, Kasimir Malevich, the Surrealists, or the New York School.

However, Ottersbach isn't satisfied with a blanket rationale, instead, in reference to the achievements of visual media, he develops—as mentioned at the beginning—tangible solutions for an aesthetic re-defining of painting. He does not turn to the ostentatious or even hermetic self-styling of painting that still seeks to find its expression in the emphatically painterly (brushwork, range of subjects, and color)—which was chosen by the Neuen Wilden as a provocation and sign of assertiveness against the intellectualization of art in the previous decade; rather, he puts to use the innovations from all visually generative processes, no matter the context in which they have arisen or the functional frame in which they have developed today. In the process,

Dabei beruft sich Ottersbach auf eine lange Geschichte der wechselseitigen Beeinflussung von optischen Medien und bildender Kunst. Technische Gerätschaften und Apparate wie die Camera obscura, die Camera lucida, der Spiegel oder die Fotografie und nicht zuletzt die Neuen Medien befanden sich im Verlauf der vergangenen Jahrhunderte in einem wandlungsvollen Verhältnis zur Malerei: als Instrumente der Bilderstellung, als mediale Konkurrenten und eigenwillige Bildproduzenten. Die Reihe der Künstler in dieser Geschichte reicht von Jan van Eyck, Jan Vermeer und Canaletto über Édouard Manet bis zu László Moholy-Nagy, Andy Warhol und den Künstlern der Neuen Medien. Ottersbach lässt diese Dimension in seinen Werken aufscheinen: Seine menschenleeren Architekturszenerien treten mit einem verhaltenen, aber erkennbaren Pinselstrich und einer gleichermaßen defensiven Farbigkeit in Erscheinung. Dabei werden die fotografischen Vorlagen nicht verleugnet, jedoch durch mehrere Reproduktionsschritte erheblich verfremdet. Die polaren Licht- und Schattenwerte erscheinen nicht mehr als raumillusionierende Bildeinheiten, sondern werden bei Ottersbach zu Farbflächen, deren verstärkte Abstraktion einen Eigenwert postuliert. So bleibt die zugrunde liegende Fotografie als Ursprung des Bildes zwar präsent, beherrschend aber wird die malerisch-handwerkliche Reproduktion des »technischen Bildes«. In der Folge gewinnt das Motiv an Relevanz, das sich – mit Blick auf die Architekturbilder nicht standardisierten Dokumentationsmodi verschreibt. Mit dieser Verschiebung setzt sich Ottersbach von vergleichbaren Künstlern mit ähnlicher Thematik ab. Zu Beginn der 1990er-Jahre machte auch Michael Bach, Meisterschüler an der Düsseldorfer Kunstakademie, die Architektur zu seinem zentralen Motiv und die Fotografie zum Ausgangspunkt seiner Malerei.[2] Auch hier bleibt die Herkunft des Motivs und seine kompositorische Anlage erkennbar, doch zeigt sie sich bei aller Sprödigkeit der Farbgebung weitaus nuancierter, als es bei Ottersbach zu entdecken ist (Abb. S. 67)**. Diese Farbnuancierung geht einher mit einer Detailfreudigkeit, die die originären Orte im**

Ottersbach invokes a long history of reciprocal influences from visual media and fine art. Technical equipment and apparatuses such as the camera obscura, the camera lucida, the mirror or photography and, not least, new media were situated over the course of previous centuries in a fully metamorphosing relationship to painting: as instruments for the creation of images, as medial competitors, and as idiosyncratic producers of images. The list of artists from this history ranges from Jan van Eyck, Jan Vermeer, Canaletto, and Édouard Manet to László Moholy-Nagy, Andy Warhol, and the new media artists. Ottersbach allows these dimensions to show through in his work: his depopulated architectural scenes feature a reserved but recognizable brushwork and an equally defensive use of color. At the same time, the photographic sources are not negated, but through multiple steps of reproduction, significantly modified. Poles of light and shadow appear no longer as visual devices for the illusion of space, but are transformed by Ottersbach into colored surfaces, the abstract strength of which postulates an intrinsic value. Hence the underlying photograph does remain present as source of the picture, but the painterly hand-reproduction of the "technical image" dominates. As a consequence, the subject gains more pertinence, committing itself—in view of the architectural images—to non-standardized modes of documentation. With this shift Ottersbach distances himself from other artists engaging with similar themes. At the beginning of the nineteen-nineties, Michael Bach, graduate student at the Düsseldorf Kunstakademie (Art Academy), also made architecture his central theme and photography the point of departure for his painting.[2] Here as well, the origin of the subject and its compositional arrangement remain discernable, yet his painting appears considerably more nuanced in the primness of its palette in comparison to Ottersbach (ill. p. 67). This nuance in color goes along with a propensity for detail that invokes the original locations in the sense of an outlook or view. In comparison to Bach's architectural paintings, Ottersbach's images appear detached from time—his focus

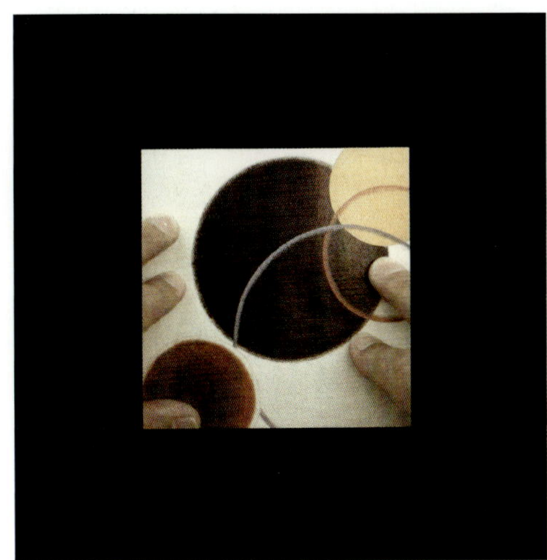

Mischa Kuball *Utopie/Black Square 2001ff*, 2003, Fotografie/photograph, 100 x 100 cm, Kunstsammlungen der Ruhr-Universität Bochum

Sinne einer Vedute vermuten lässt. Im Vergleich zu Bachs Architekturmalerei erscheinen Ottersbachs Bildwerke zeitlich entrückt, da sein Augenmerk weniger auf der eingefangenen Wirklichkeit und deren umfassender Veranschaulichung liegt als vielmehr auf den Bedingungen und Möglichkeiten des Bildes.

Es ist die klassische Avantgarde gewesen, die sich nach einem Jahrzehnte dauernden formalästhetischen Abstraktionsprozess von der Vorgabe der Mimesis löste. Konzeptionell bedeutete dieser Schritt eine Neuorientierung der Kunst, die – entbunden von der Realität, sich auf Paul Cézanne, Edgar Degas oder George Seurat berufend und unterstützt von der »Einfühlungsästhetik« eines Rudolf Vischer oder Theodor Lipps – mit der Konstruktion einer »Gegenwelt« begann. Kasimir Malewitsch mit seiner »Gegenstandslosen Welt«, Wassily Kandinsky und seine »Seelenvibration« und Piet Mondrian mit seiner Theorie des Universalen sind als Hauptvertreter jener Abstraktion zu nennen, die erklärtermaßen einer materialistisch orientierten Lebenswirklichkeit im Industriezeitalter Paroli bieten wollten. Ihre Gegenutopie, die sich im Bild wie auch in den Schriften manifestiert, war letztlich eine Bündelung all jener Verluste, die eine eindimensionale, das heißt eine rein auf Ökonomie zielende, Moderneentwicklung zu verzeichnen hatte. Die klassische Avantgarde erhob kurzerhand das Bild zum Statthalter dieser Gegenutopie, die jetzt ein anderes Heilsversprechen der Moderne einzulösen hatte: Das schwarze Quadrat, das neoplastizistische Rasterbild und die expressionistische Farbabstraktion begründeten einen Bildbegriff, der die Kunst fortan in einer Autonomie verorten sollte.

Heute ist dieser Moderne-Mythos Gegenstand ästhetischer Demontagen, wie das Werk von Heribert C. Ottersbach und anderer zeitgenössischer Künstler belegt. Unter dem Titel *Utopie/Black Square 2001ff*[3] präsentiert Mischa Kuball einen gleichbleibenden Gestaltungsmodus: Er wählte aus dem Katalog der legendären Frankfurter Ausstellung *Die große Utopie*[4] eine Vielzahl von Abbildungen, die er per Fotografie reproduzierte, wobei seine Finger jedoch stets

lies much less with capturing reality and its comprehensive illustration than with the conditions and possibilities of the image itself.

It was the classical avant garde that, after a decades-long formal aesthetic process of abstraction, freed painting from the requirement for mimesis. Conceptually, this step signified a new orientation for art, which—detached from reality, in reference to Paul Cézanne, Edgar Degas, or Georges Seurat and underpinned by the "empathetic aesthetic" of Rudolf Vischer or Theodor Lipps—began with the construction of a "counter-world." Kasimir Malevich's "objectiveless world," Vasily Kandinsky's "spiritual vibration," and Piet Mondrian's theory of the universal are considered the main agents of that abstraction that sought emphatically to stand up to a materialist-oriented existence in the industrial age. Their counter-utopia, manifest both in image as well as text, was ultimately a grouping of all those defeats that a one-dimensional, i.e. purely economically focused, modernist development had to chronicle. The classical avant garde swiftly elevated the image to be the representative of this counter-utopia, which now had another modernist promise of salvation to honor: the black square, the neoplastic pictorial grid, and the expressionistic abstraction of color were at the base of a pictorial notion that should henceforth give art autonomy.

Today this mythos of modernity is the object of an aesthetic dismantling, as the work of Heribert C. Ottersbach and other contemporary artists proves. Under the title *Utopie/Black Square 2001ff*,[3] Mischa Kuball presents a consistent mode of creation: selecting a range of images from the catalogue of the legendary exhibition in Frankfurt *Die große Utopie*,[4] he reproduces these images photographically, leaving his fingers always visible. Kuball alters his source images in that he selects a square section of the image as a way of referencing the original form of the various styles of the avant garde. The compositional extracts are ultimately supplied with a black, square matte and framed in black. The outcome consists of over 107 compositional extracts

sichtbar bleiben. Kuball verfremdete seine Vorlagen, indem er einen quadratischen Ausschnitt der Abbildungen wählte und somit auf die Urform der verschiedenen Stilvarianten der Avantgarde verweist. Die Motivausschnitte sind schließlich mit einem schwarzen, quadratischen Passepartout versehen und schwarz gerahmt. Das Ergebnis besteht aus über 107 Motivausschnitten mit fotografierten Künstlerfingern und schwarzem, quadratischem Passepartout.[5] Kuball verweigert offenkundig die Auseinandersetzung mit dem Original und nimmt stattdessen die Reproduktionen in Gestalt von Katalogabbildungen als künstlerische Vorlage. In der Folge hat Kuball seine schwarzen Quadrate unter anderem in eine bestehende Kunstsammlung integriert und nimmt so Bezug auf die historische Präsentation von Malewitschs *Schwarzes Quadrat auf weißem Grund* in der Ausstellung *0.10,* die 1915 in St. Petersburg ihre Pforten öffnete. Wie dort schafft er durch die Positionierung der kleinen schwarzen Quadrate in den oberen Wandzonen eine »entrückte« Situation, denn sie wirken – als Verweis auf die historische Hängung, die auf die Ikone Bezug nimmt – wie Fremdkörper in einem ansonsten homogen erscheinenden Environment. Sie künden von einem anderen Wertesystem und fordern eine Reflexion über die gewohnte Erfahrungswelt ein.[6]

Für Kuball und Ottersbach ist das Motiv als Angriffsfläche für eine Moderne-Kritik bedeutsam. Neben dem Reproduktionsaspekt, den Ottersbach bildintegral thematisiert, ist auch die Motivik ein wichtiges Argumentationsfeld. In einer umfangreichen Serie von Gemälden nimmt sich Ottersbach jener Motive an, die ursprünglich als (schein-)dokumentarische Architekturfotografien angelegt waren. Bestimmt werden die Fotografien von einer Dynamisierung der Bildfläche: Die Horizontlinie ist hochgelegt, die Bilddiagonalen schnellen in die illusionierte Raumtiefe, und die Lichtregie inszeniert einen Wechsel von Hell und Dunkel. Dass der Betrachter in einer deutlichen Untersicht das Bildgeschehen verfolgen muss und sich überdies mit einem Gemälde konfrontiert sieht, ist ein gekonnter

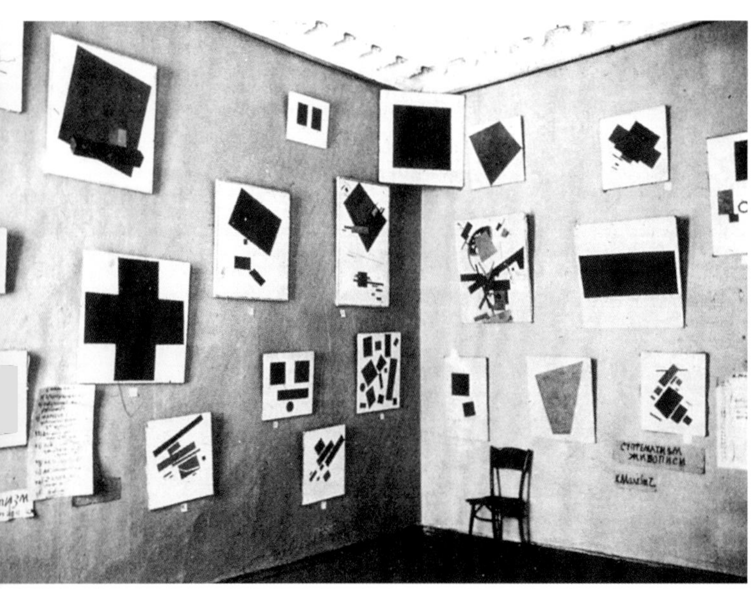

Kasimir Malewitsch Ausstellungsansicht / Exhibition view *0.10,* St. Petersburg, 1915/16, Fotografie / photograph

with the fingers of the artist, and the black, square mattes.[5] Kuball overtly denies a critical engagement with the original image, taking instead reproductions in the form of catalogue pictures as an artistic template. Later, Kuball has, among other things, integrated his black squares into an existing collection of art, referencing thus the historical presentation of Malevich's *Black Square* in the exhibition *0.10,* which opened in St. Petersburg in 1915. As in that exhibition, he creates a "detached" situation by positioning the small black squares in the upper areas of the wall; the pictures function—as a reference to the historical hanging that references the icon—like foreign bodies in an environment that appears otherwise homogeneous. They proclaim the existence of another value system and demand reflection on the familiar world of experience.[6]

For Kuball and Ottersbach the motif is a meaningful space for formulating a critique of modernity. Next to the aspect of reproduction, which Ottersbach thematically frames in a way that is integral to the image, the entirety of

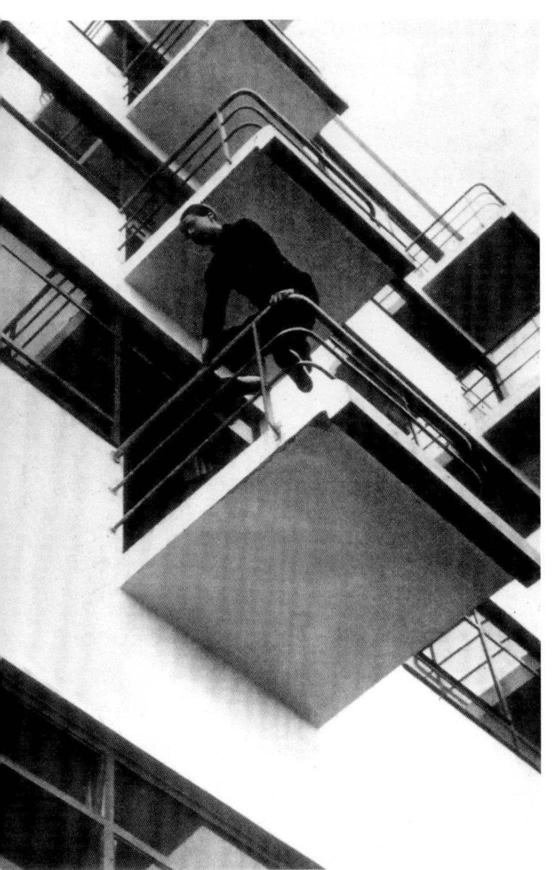

László Moholy-Nagy Bauhausbalkone / Bauhaus balconies in Dessau, 1926, Fotografie / photograph

Schachzug, um die Bildwahrnehmung zu steuern. In der Wahl der Fotomotive verweist Ottersbach auf jene Tradition der Architekturfotografie, die der neusachlichen, elementaren Ästhetik folgte. Stellvertretend kann die Fotografie von Moholy-Nagy angeführt werden, der mit seinen Aufnahmen des Dessauer Bauhauses wegweisend gewesen ist. Extreme Untersicht, eine starke Ausschnitthaftigkeit und eine polare Lichtführung, die nur noch Schlagschatten kennt, gehen einher mit einer Betonung der Merkmale des Neuen Bauens wie Ornamentlosigkeit, Funktionalität und Sachlichkeit. Die Vermittlung dieser neuen Gestaltungsprinzipien durch die Fotografie, die nicht nur die Architektur, sondern auch andere Gestaltungsbereiche wie die Typografie, die Malerei und das Produktdesign betrafen, war ein nicht unerhebliches Unterfangen. Die Fotografien konnten als Bild nur eine Anmutung vermitteln, wenn es um Funktionalität und Raumwirkung der modernen Architektur ging. Im Foto manifestiert sich daher eher ein Pathos, das die Euphorie des Visionären im Bild zu bannen suchte. Der Gegenstand dieser Fotografie war nicht das Phänotypische der abzulichtenden Architektur, sondern die zeitgenössische Befindlichkeit der Avantgarde, die sich in einem fundamentalen Aufbruch wähnte.

Besonders diesen unterschwelligen Tenor der elementaren Fotografie greift Ottersbach in seinen Architekturgemälden auf, wenn er den Ursprung seiner Motive erkennbar lässt, jedoch zugleich Verfremdungen vornimmt. Es ist die erwähnte Abstraktion, die jedoch keinem genialen Entwurf im Sinne der Moderne, sondern dem Profanen einer schlechten Kopierqualität entspringt. Zugleich ist es der malerische Eingriff, der das Handwerkliche gegenüber dem Industriellen in Erinnerung ruft und damit dem Individuum, das augenscheinlich als Autor des Bildes auftritt, in der Massengesellschaft zur Geltung verhilft. Neben diesen motivbezogenen Aussagen werden in der Übertragung der Fotografie in die Malerei medientheoretische Dimensionen sichtbar, die das Bild insgesamt betreffen. Wenn Ottersbach durch das Vervielfachen oder Überkreuzen von

the thematic subject expressed within the work also occupies an important area of argumentation. In a substantial series of paintings, Ottersbach takes on those motifs that originally began as (seemingly) documentary architectural photographs. A dynamic pictorial surface defines the photographs: the horizon line is elevated, the diagonals of the image sink into the illusion of spatial depth, and the light alternates in an interplay of lights and darks. That the viewer must follow the pictorial events in a clear view from below, to then be confronted with a painting on top of this, is a skillful maneuver in steering the perception of the image. In selecting the photographic motif, Ottersbach refers to that tradition of architectural photography that followed the newly objective, elementary aesthetic. The photography of Moholy-Nagy, known for his groundbreaking photos of the Bauhaus in Dessau, can be cited here as an example. Extreme views from below, a tendency toward strong cropping, and contrast-rich lighting—which only knows hard shadows—go along with an emphasis on the features of the new building, such as its lack of ornamentation, its functionality, and its objectivity. The conveying of these new design principles through photography, which impacted not only architecture, but also other design areas like typography, painting, and product design, was not an irrelevant undertaking. As an image, the photographs could only communicate an impression as concerned functionality and the spatial effects of modern architecture. Therefore, manifesting itself in the photo was a pathos that sought to ban the euphoria of the visionary in the image. The object of this photography was not the phenotype of architecture to be duplicated, but the contemporary sensitivity of the avant garde that imagined itself to be at a fundamental starting point.

Ottersbach takes up this particular subliminal tenor of elementary photography in his architectural paintings when leaving the source of his motifs visible but disguising it at the same time. The abstraction here alluded to does not, however, spring from an ingenious design in a modernist

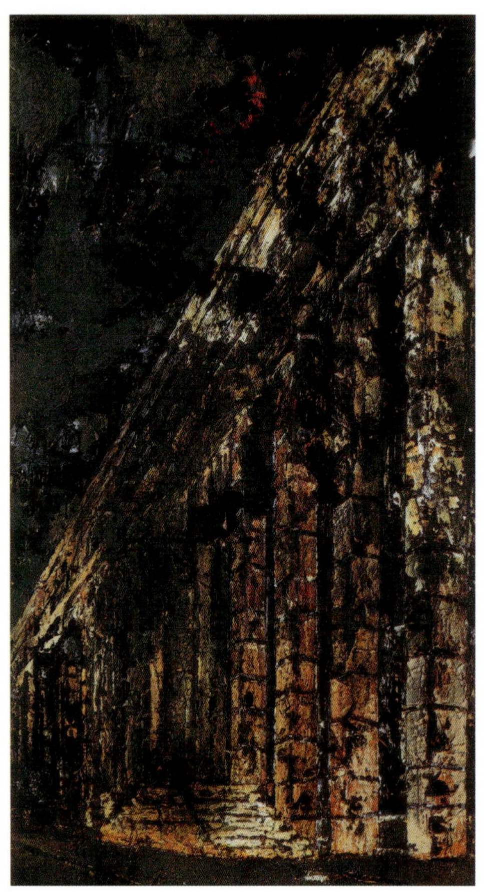

Anselm Kiefer *Die Treppe* (The Stairs), 1982/83, Schellack und Stroh auf Fotografie, auf Leinwand montiert / Shellac and straw on photograph, mounted on canvas, 330 x 185 cm, Sammlung / Collection Ströher

Lineaturen oder Flächen die vorgegebene Bildästhetik verfremdet, so verweigert er sich dem vordergründigen Aussagegehalt des Motivs. Der fotografische Wiedergabemodus von moderner Architektur, der das Visionäre und Euphorische einer neuen kollektiven Lebensform – genannt Moderne – vermitteln sollte, wird zu einer rein formalen, kompositionellen Struktur degradiert und somit dem Zugriff des Betrachters ausgesetzt. Der Verdacht, dass es sich bei diesen Bildverfremdungen doch wiederum um eine Ästhetik handelt, die in ihrem betont malerischen Duktus von der Autonomie des Bildes kündet, wird in jenem Augenblick neutralisiert, wenn das Motiv und dessen bewusst schlechte Reproduktion auf ihren äußerst profanen Ursprung verweisen. Seine grundsätzlich kritische Haltung gegenüber der Moderne wird schließlich angesichts der Titel deutlich. *In Erwartung der Heilung, Erziehungsanstalt* oder *Aufbruch ins Gelobte Land* heißen die Architekturbilder, mit denen Ottersbach unverkennbar seine Kritik an den utopischen Vorgaben einer Lebensreform zum Ausdruck bringt, die auf dem Boden der Sachlichkeit paradiesische Zustände versprach.

Scheinen auf den ersten Blick auch Parallelen zu Fotomalereien von Anselm Kiefer oder Gerhard Richter zu bestehen, so werden bei genauerer Betrachtung die Unterschiede deutlich. Zu den zentralen Arbeiten Kiefers gehören Tafelbilder, deren motivische Vorlagen Fotografien aus der Zeit des Nationalsozialismus sind: In starker Untersicht wurden Bauwerke (Innen- wie Außenansichten) mit dem Pathos von Schlagschatten und extrem fluchtenden Linien fotografisch festgehalten. Diese propagandistische Bildinszenierung sollte das Weihevoll-Kultische und das Heroisch-Kraftstrotzende der nationalsozialistischen Diktatur sinnbildlich wiedergeben. Kiefer verwendete diese propagandistischen Architekturfotos für seine Malerei, indem er die Schwarz-Weiß-Tonigkeit der Fotos in Gelb-, Weiß- und Brauntöne übersetzte und überdeutlich einen pastosen Farbauftrag wählte. Am Ende wird die pathetische Überhöhung des Ausgangsmotivs durch diese malerische Verfremdung konterkariert. Doch gemessen am

sense but only from the profanity of poor-quality duplication. At the same time, it's the painterly intervention that reinforces the handicraft with respect to the industrial and restores thus an emphasis on the individual—ostensibly appearing as the author of the image—in mass society. Next to these motif-specific assertions, media-theoretical aspects affecting the entire image become visible in the transference of photography to painting. When Ottersbach disguises the visual aesthetic of the source image through the multiplication or intersection of linear elements or surfaces, he denies himself thus the superficial significance of the motif. The photographic mode for the reproduction of modern architecture, which was supposed to convey the visionary and euphoric nature of a new collective way of life referred to as modernism, is reduced to a purely formal, compositional structure and presented thus to the viewer. The suspicion, however, that with this visual disguising, an aesthetic is still concerned—itself proclaiming the autonomy of the image with its emphatic painterly brushwork—is neutralized in that moment when the motif and its consciously inferior reproduction refer to its highly mundane origin. The fundamentally critical approach with respect to modernism finally becomes obvious in view of the titles. Named *In Erwartung der Heilung, Erziehungsanstalt* (Awaiting the Cure, Reformatory) or *Aufbruch ins Gelobte Land* (Departure for the Promised Land), Ottersbach's architectural pictures distinctively express his critique of the utopian guidelines for a life reform that promised at objectivity's root a paradisiacal state of things.

If at first view parallels to the photo-based painting of Anselm Kiefer or Gerhard Richter also appear to exist, upon closer examination the difference becomes clear. Belonging to Kiefer's main work are panel paintings that make use of photographs from the era of National Socialism as their thematic source: in strong views from below, architectural structures (interior as well as exterior views) are captured photographically with the pathos of hard shadows and jutting lines. Such propagandistic visual presentation is

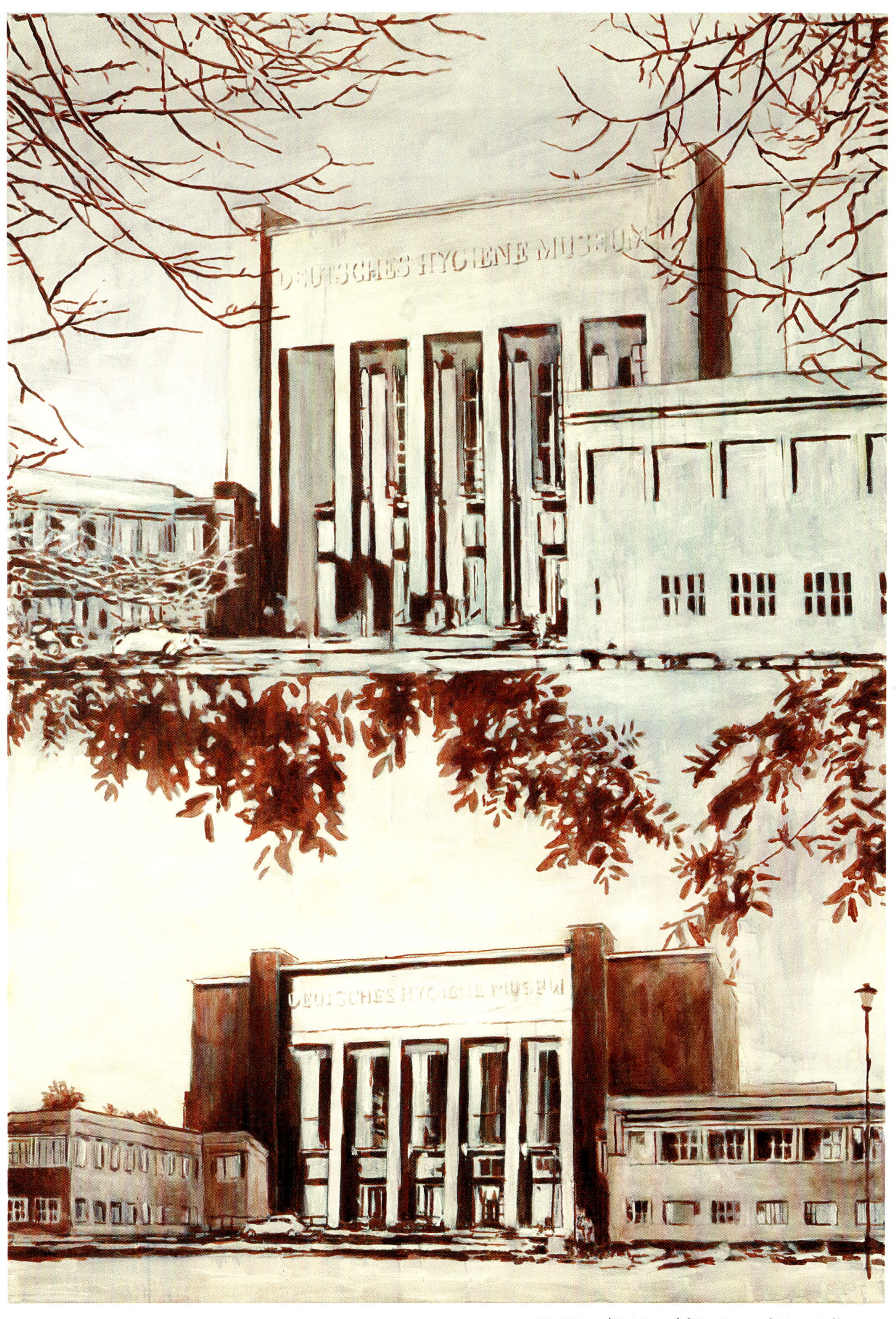

Die Eltern (Erziehung) [The Parents (Education)] 2004

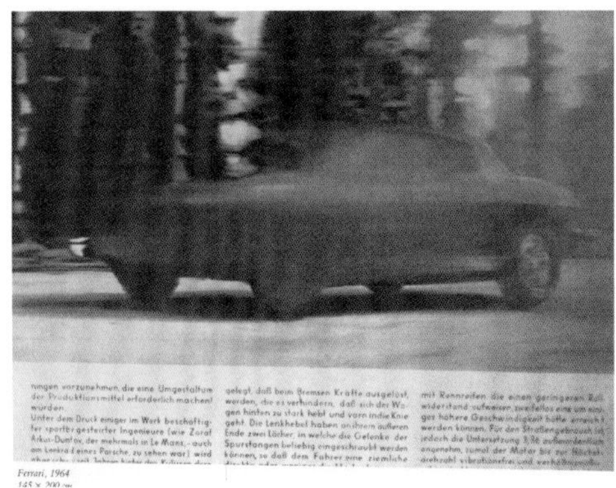

Gerhard Richter *Ferrari*, 1964, Öl auf Leinwand / oil on canvas, 145 x 200 cm

Gesamtschaffen Kiefers wird hier keine Kritik an der Moderne laut, sondern eine Befragung von basalen Themen, die das Erhabene, nationale Identitäten und kulturanthropologische Grundmuster betreffen (Abb. S. 72)**.**

Bereits in den 1960er-Jahren praktizierte Gerhard Richter die sogenannte Fotomalerei. Der Pop-Art verpflichtet, übertrug Richter Fotografien (Zeitungsausschnitte, Privatfotos, Buchabbildungen) mit einem Verweis auf ihre Banalität in die Malerei, sodass die Verfremdung allein im Handwerklichen erkennbar wird. Entscheidend war für den Künstler eine Sinnentleerung der Malerei, die ihm angesichts der etablierten zeitgenössischen Kunst (Informel) und seiner Erfahrungen als Kunststudent in Dresden als Befreiungsschlag galt. Keine Weltanschauung sollte sich direkt oder indirekt im gemalten Werk spiegeln, sondern allein der profane gesellschaftliche oder private Alltag sollte ohne theoretischen Überbau für Motiv und Inhalt des Bildes bestimmend sein. In seinem Gesamtwerk dekliniert Richter das Bild auf dem Felde der Malerei in seiner grundlegenden Disposition durch, während Ottersbach das gemalte Bild mit Blick auf dessen Aufladungen in der Moderne betrachtet.

Die Verdichtung verschiedener Aspekte der postmodernen Malerei, die das Schaffen von Ottersbach kennzeichnet, unterscheidet sich auch von jenem Architekturbildkonzept, das in der sogenannten »hyperrealistischen Malerei« mit Namen wie Richard Estes, Robert Cottingham und Ralph Goings und zeitgleich in der Fotografie mit Bernd und Hilla Becher verbunden wird. Der modernen Urbanität amerikanischer Metropolen widmet sich Richard Estes. Seine Bildwerke übersteigern das Dokumentationsvermögen der Fotografie, da sie eine Farbigkeit wählen, die die natürlichen Filterungen durch Luftschichten unbeachtet lassen. In zumeist menschenleeren Straßenschluchten erscheint jeder Punkt des Bildes in gleicher Intensität, sodass eine geradezu surreale Wirkung entsteht. Hier wird paragonistisch der Wettkampf mit der Fotografie aufgenommen, indem die Fotorealisten unter Beweis stellen, dass nicht die Exaktheit der Wie-

supposed to symbolically reflect the solemnity, cultlike nature, and heroic muscularity of the National Socialist dictatorship. Kiefer utilized these propagandistic architectural photos for his paintings by converting the black-and-white tonality of the photos into yellow, white, and brown tones, and by selecting an overtly obvious impasto paint application. In the end, such painterly reworking thwarts the pathetic amplification of the original subject matter. Yet here, as measured by Kiefer's overall output, it's not about a critique of modernism but a questioning of fundamental themes concerning exaltedness, national identities, and cultural-anthropological patterns (ill. p. 72).

As early as the nineteen-sixties, Gerhard Richter practiced so-called photo painting. Beholden to Pop Art, Richter converted photographs (newspaper cutouts, personal photos, images from books) into painting with a reference to their banality, such that the distancing from the original is only discernable in the handicraft. Critical for the artist was emptying painting of meaning, which represented an act of liberation for him in the face of established contemporary art (Art Informel) and his experiences as an art student in Dresden. No worldview should be directly or indirectly reflected in the painted work, instead mundane societal or private daily life, independent of any theoretical overlay, should alone constitute the theme and content of the image. In his overall work, Richter thoroughly examines the fundamental character of the image in the field of painting; Ottersbach, on the other hand, examines how modernism loads the painted image with meaning.

The consolidation of various aspects of postmodern painting, featured in Ottersbach's creative output, also differentiates itself from that visual architectural concept, linked in so-called hyperrealist painting with names like Richard Estes, Robert Cottingham, and Ralph Goings and, at the same time, in photography with Bernd and Hilla Becher. Richard Estes dedicates himself to the modern urbanity of the American metropolis. His works exceed the documentary abilities of photography in employing col-

dergabe, sondern auch deren Überhöhung zum Leistungsspektrum der Malerei gehört. Unversehens schlägt das Bemühen um ein Übertreffen der Fotografie durch die Malerei ins Gegenteil um: Die hyperrealistische Wiedergabe lässt surreale Bildwelten entstehen.

Eine quellentreue Wiedergabe streben auch Bernd und Hilla Becher an, die über Jahrzehnte mit einem anderen Darstellungsmodus Industriearchitektur zu dokumentieren suchten und dabei einen Standard der Architekturfotografie definierten: Vermeidung von Schlagschatten, Auf- und Untersichten, strikte Frontalität und Zentrierung des Gebäudes im Bild. Jede Form von Stimmung und Atmosphäre im Bild wurde vermieden, allein das Äußerliche war Bildthema, sodass der Betrachter insgesamt einen mehr skulpturalen Eindruck von der Architektur erhält. So ging die Sachlichkeit im Aufnahmemodus mit der Fotografie als einer apparateorientierten Speichertechnik einher, ohne jedoch den Dokumentationsgrad tatsächlich zu erhöhen.

Bernd und Hilla Becher *Typologie Wassertürme WT 1* (Typology of Watertowers WT 1), 1999, Fotografie / photograph, 30 x 40 cm

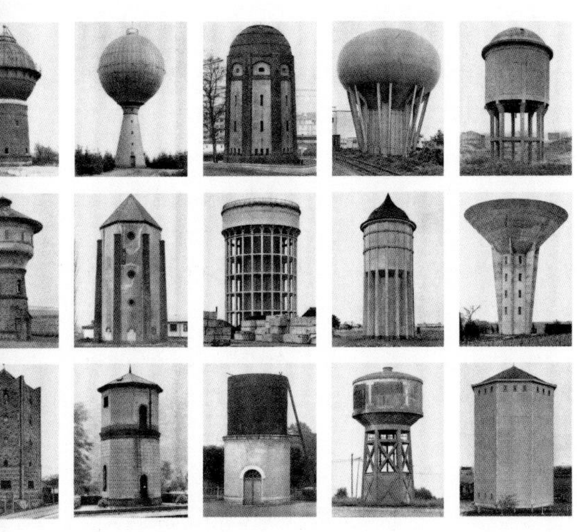

Späterhin ist es die gemeinhin als »Becherschule« bezeichnete Reihe von Künstlern wie Thomas Ruff, Thomas Struth, Candida Höfer und Andreas Gursky, die – ehemals Studenten der Becher-Klasse an der Düsseldorfer Kunsthochschule – die Aufnahmestandards ihrer Lehrer modifizierten. Sie legten das Gewicht nicht mehr auf das Dokumentarische, sondern auf das Mediale. Zwei prägnante Konzepte verfolgen Ruff und Gursky: Während der Erstgenannte sich experimentell den optischen Medien widmet, reflektiert der Letztgenannte den Bildbegriff insgesamt. So beschreibt Ruff am Beispiel seiner Architekturfotografie[7] einen immer wiederkehrenden Darstellungsmodus: Ein erhöhter Standpunkt der Aufnahme oder die nachträgliche Retusche von »störendem Beiwerk«, das den Blick auf das Objekt verstellt, gehören unter anderem dazu. Der Künstler bestätigt, dass er das Gebäude nicht mehr dokumentieren, sondern ein »exemplarisches Foto« entwickeln will. Ihm ist die »Authentizität der Fotografie« schlichtweg gleichgültig, entscheidend ist vielmehr das »Bildermachen«. Ist Ruff

oration untypical of natural light. In his mostly depopulated urban canyons, each point of the image appears equally intense, producing a decidedly surreal effect. Here the Photorealists address the competition with photography in an exemplary way by demonstrating that a sublimation of the reproduction, rather than its accuracy, belongs to the domain of painting. Suddenly, the effort to surpass photography through painting goes to the other extreme: the hyperrealistic reproduction gives rise to surreal visual worlds.

Bernd and Hilla Becher also strive for true-to-the-source reproduction. Over decades they sought to document industrial architecture, employing a different method of representation, and in the process they defined a standard for architectural photography: the shunning of hard shadows and over- and under-views, the use of strict frontal perspective, and the centering of the structure in the picture. To give the viewer a more sculptural overall impression of the architecture, all forms of mood or atmosphere were avoided in the image, the physicality of the structure was alone the visual theme. Thus objectivity in the recording process went hand in hand with photography as an apparatus-oriented registration technology, without, however, actually improving the quality of documentation.

Later, the group of artists commonly referred to as the "Becherschule" (Becher School), including Thomas Ruff, Thomas Struth, Candida Höfer, and Andreas Gursky—former students of the Bechers's at the Düsseldorf Kunstakademie—modified the registration standards of their teachers. They no longer placed the emphasis on the documentary, rather on the medial. Ruff and Gursky pursued two concise concepts: whereas the former dedicated himself experimentally to visual media, the latter reflected on the overall notion of image. Thus Ruff describes, with his architectural photography as an example,[7] an ever-recurring documentary method including, among other techniques, an elevated photographic perspective or the subsequent retouching of "distracting elements" obstructing the view of the object. The artist asserts he is no longer interested in the

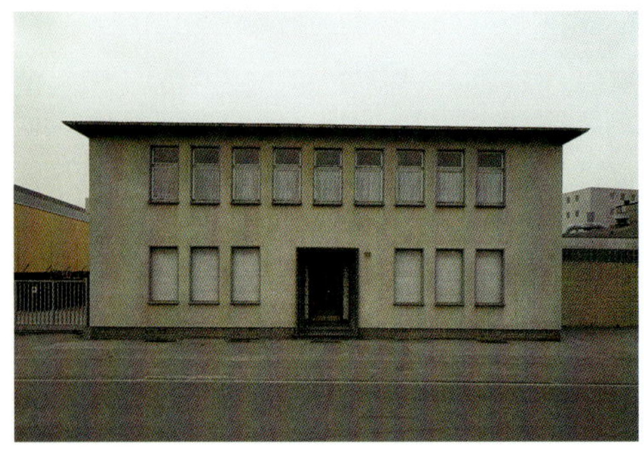

Thomas Ruff *Haus Nr. 12 III a* (House No. 12 III a), 1989, C-Print, 183 x 240 cm

an dem scheinbaren Dokumentationsverfahren, Fotografie, nicht interessiert, so ist seine Aussage »Freie Sicht auf die Dinge« nicht auf die (schein-)mimetische Wiedergabe gemünzt, sondern zielt vielmehr auf die Wahrnehmung und Ikonizität. Sein Ausgangspunkt ist nicht eine eindeutige Realität, das »Objekt«, das es optimal wiederzugeben gilt. Das Gewicht seiner künstlerischen Arbeit liegt vielmehr in einer Klärung der Wahrnehmung, eben der »Sicht«, die sich im Schaffensprozess abspielt und zu einem »Bild« führt, das schließlich eine Verlagerung und Fortsetzung dieser Dimension in die Betrachtung bedeutet. Die Bildsprache Gurskys folgt nicht selten einer ästhetischen Formalisierung, die sich in einfachen Rastern und Strukturen äußert. Die Reihung von Arbeitsplätzen in Großraumbüros, die Bündelung von Menschen bei Pferderennen und beim Skilaufen, die Verschachtelung von Hochhäusern in Großstädten, die Anordnung von Bäumen im Hochgebirge oder die Fassadenansicht von monumentalen Scheibenhochhäusern liefern auf den ersten Blick rein motivisch die Bildstrukturen wie Komposition, Farbverteilungen, Linien gegen Flächen oder Licht- und Schattenverteilungen. Offenkundig spitzt Gursky diese Aspekte im Prozess der Bildfindung zu, sodass sich die Formgebung neben den Inhalt, das Abgebildete, stellt. Gursky wie Ruff erörtern auf dem Felde der Fotografie die mediale Bedingtheit des Bildes und die prägenden Konditionierungen eines kollektiven Bildbegriffs. Beide Künstler setzen damit eine bild- und erkenntniskritische Tradition fort, die Joseph Kosuth 1965 als Concept-Art-Künstler mit seiner Installation *One and Three Chairs* begründet hat.[8]

documentation of buildings but seeks to develop an "exemplary photo." To him the "authenticity of photography" is utterly unimportant, much more critical is the "production of images." If Ruff is not interested in the ostensible documentary method—photography—then his declaration "*Freie Sicht auf die Dinge*" (a free view of things) is not aimed at (seemingly) mimetic reproduction, but focuses much more on perception and the creation of the iconic image. He doesn't start with a clear-cut reality—the "object"—to be faithfully reproduced. The emphasis of his artistic work lies much more in a clarification of perception, precisely the "view" that occurs in the creative process, and it leads to an "image" that ultimately signifies a displacement and continuation of this dimension in the viewing. Gursky's visual language frequently follows an aesthetic formalization that expresses itself in simple patterns and structures. The sequence of workstations in large offices, groupings of people at horse races and skiing competitions, the stacking of high-rises in large cities, the alignment of trees in mountainous regions, or views of monumental high-rise façades, present —on first view and in a purely formal way—visual structures like compositions, the apportionment of colors, lines against surfaces, or arrangements of light and shadows. Clearly Gursky brings these aspects together in the process of image-making so that the design is situated alongside the content, the portrayed. Gursky, like Ruff, debates, in the field of photography, the medial conditionality of the image and the formative conditioning of a collective visual perception. Both artists continue therefore an image- and perception-critical tradition, founded by conceptual artist Joseph Kosuth in 1965 with his installation *One and Three Chairs.*[8]

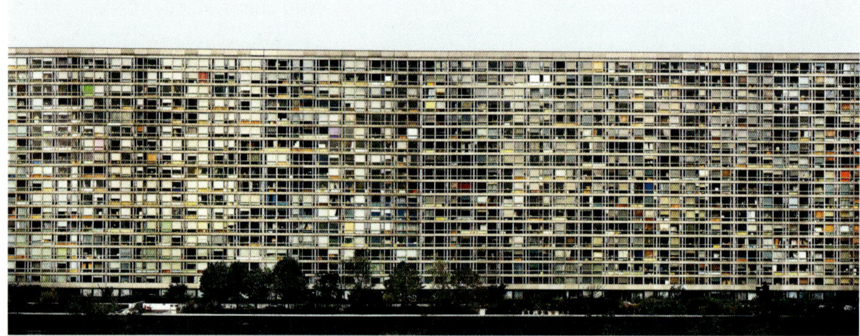

Andreas Gursky *Paris, Montparnasse,* 1993, C-Print, 187 x 427,8 cm

INTERPIKTURALITÄTEN

Die Wechselwirkungen zwischen Fotografie und Malerei gründen sich bei Heribert C. Ottersbach auf vorausgehenden Spurensicherungen: In zahlreichen Archivbesuchen ist der Künstler auf der Suche nach Dokumentationsmaterial, das jedoch nicht von schriftlicher, sondern visueller Art ist. Ottersbach fügt seine reproduzierten Bildmaterialien zusammen, um im Gegensatz zum herkömmlichen Wissenschaftler allein das Visuelle auf seine inhaltliche Substantialität zu überprüfen. Bereits hier zeigt sich ein gestalterischer Zugriff auf den bildlichen Rohstoff, indem Ottersbach vorhandene Figurationen erweitert, handkoloriert und mit schriftlichen Anmerkungen versieht. Um mit Roland Barthes zu sprechen, schalten sich im Augenblick der Bildbetrachtung das stille Einvernehmen von »Spectateur« und »Operateur«, das heißt des Beobachters und Fotografen, ein. Beide gehen stillschweigend von einem Konsens bei der Visualisierung von Ereignissen und Phänomenen aus, sodass beide Seiten in Unkenntnis voneinander (Fotograf und Publikum) eine unausgesprochene Verständigungsebene haben. Dabei beobachtet Barthes zweierlei Betrachterreaktionen: Das »Punctum« bezeichnet einen affektartigen Reflex, der durch das Dargestellte ohne Vorwissen ausgelöst wird. Unter »Studium« versteht Barthes eine distanzierte Rezeption, die von einem Wissen um das Dargestellte bestimmt wird. Ottersbach scheint mit diesen Rezeptionsformen quasi im Selbstversuch zu hantieren, folgt man der Auswahl der Motive, deren Bearbeitung und Kommentierung. Es sind besonders die Architekturfotografien, die das Pendel zwischen Punctum und Studium unentwegt ausschlagen lassen. Der Künstler geht auf Spurensuche, wenn er die ausgewählten Motive nach ihrer Aussagekraft befragt: Handelt es sich um rein dokumentarische Wiedergaben von architektonischen Szenerien, oder können die von Ottersbach als Vorlagen verwendeten Architekturfotos als Chiffren gelten, die eine fehlgeleitete Moderne-

INTER-IMAGININGS

The correlations between photography and painting in Heribert C. Ottersbach's case are based on a preparatory collecting of cultural signs: in numerous visits to archives, the artist searches for documentary material of a visual rather than textual kind. Ottersbach combines his reproduced visual material to examine, in contrast to a traditional scholar, the visual with respect to the substantiality of its content. Already here, a creative approach to the visual raw material presents itself in Ottersbach's augmenting and hand-coloring existing figurations and adding written notes. To use Roland Barthes's way of putting it, in the moment of visual perceiving, the silent understanding between "spectator" and "operator"—viewer and photographer—is activated. Both assume tacitly a consensus in the visualizing of events and phenomenon, so that both sides, unaware of one another (photographer and audience), have an unspoken level of understanding. Barthes observes two different types of viewer reactions: the "punctum" describes a spontaneous reflex that is triggered through the portrayed without prior knowledge of the image. By "studium," Barthes speaks about a distanced reception that is conditioned by knowledge of the portrayed. Ottersbach seems to engage with these forms of reception almost in a kind of self-experiment when one follows the choices of subjects, their handling and commentaries. In particular, the architectural photographs steadfastly deny the alternation between punctum and studium. The artist searches for cultural signs when he questions the selected motifs according to their force of expression: are they purely documentary reproductions of architectonic scenes or can the architectural photos that Ottersbach uses as templates count as codes that mirror a misguided modernist development? The artist becomes a seismographer who, as representative of all those concerned, verifies the substantiality of the subjects.

Such verification of cultural signs is known in the history of art (for example in Cubism, Dadaism, or New Realism),

Entwicklung spiegeln? Dabei wird der Künstler zu einem Seismografen, der stellvertretend für alle Betroffenen die Stichhaltigkeit der Motive überprüft.

Solche Spurensicherungen sind in der Geschichte der Kunst (zum Beispiel vom Kubismus, Dadaismus oder Neuen Realismus) bekannt, doch lassen sich durch Projekte wie etwa den *Atlas* von Gerhard Richter auch Ottersbachs Skizzenbücher einer konkreteren Deutung zuführen. Richter legte den sogenannten *Atlas der Fotos, Collagen und Skizzen* mit einem nüchternen Blick auf die visuelle Alltagskultur an. Dieses Kompendium aus Tafeln mit montierten Fotografien, Zeitungsausschnitten, Zeichnungen und Collagen wird bis zum heutigen Tag ergänzt, sodass der *Atlas* nunmehr etwa 650 Tafeln mit über 5000 Reproduktionen zählt. Im Gegensatz zu Ottersbach interpikturalen Forschungen zeigt sich bei Richter kein Eingriff, keine Deutung, die auf eine Schlussfolgerung zielen würde. Ottersbach hingegen reagiert in seinen Materialsammlungen offenbar impulsartig auf die Motive, wenn er sie mit Übermalungen von Figurationen versieht, vorhandene Lineaturen ohne konkrete Sinngebung erweitert und mehrere Motive koppelt. Hier wird die Selbstbehauptung des Individuums deutlich, das sich weder einer Bilderflut noch einer sich dahinter verbergenden Moderne, deren stete Technisierung diese Bilddistribution in diesem Umfange erst möglich macht, widerstandslos unterordnet. Die Rückkehr des Autors wird erkennbar, wie es die Postmoderne auf ihre Fahnen geschrieben hat.

Gerhard Richter *Atlas*, Tafel / plate V, Zeitungs- und Albumfotos / Newspaper photographs and snapshots, 1962–1966, 51,7 x 66,7 cm, Städtische Galerie im Lenbachhaus, München / Munich

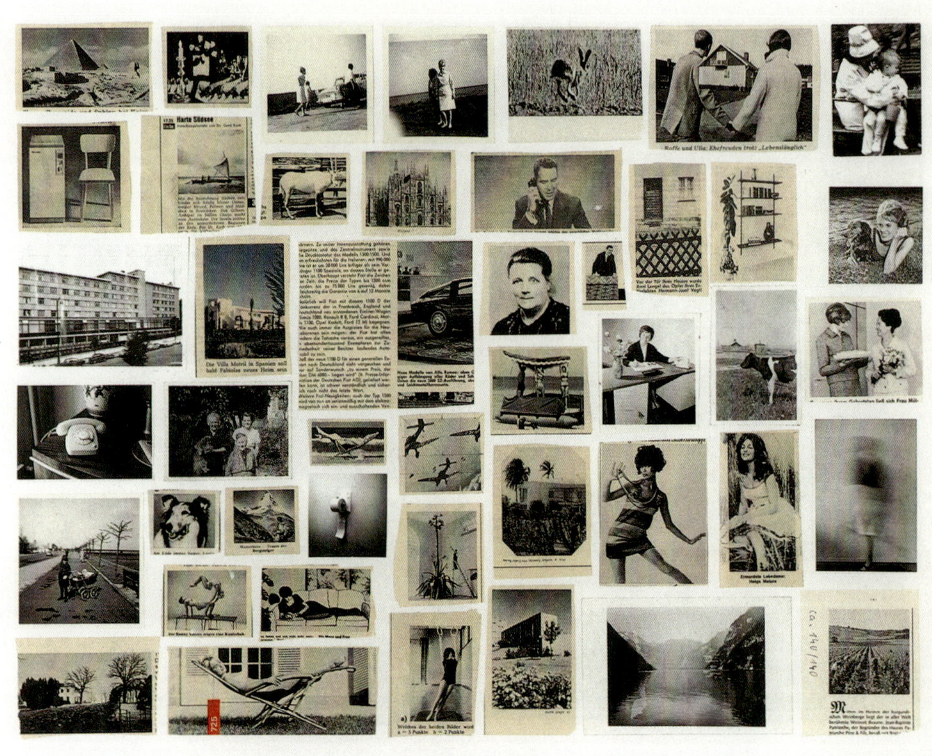

yet Ottersbach's sketchbooks, in a way similar to projects like Gerhard Richter's *Atlas*, allow a more tangible interpretation to be conveyed. Richter began the so-called *Atlas der Fotos, Collagen und Skizzen* (Atlas of Photos, Collages, and Sketches) with a sobering visual view of daily culture. Still added to today, this compendium of plates with assembled photographs, newspaper cutouts, drawings, and collages now includes approximately 650 plates of over 5,000 reproductions. In contrast to Ottersbach's inter-pictorial research, Richter shows no engagement, no interpretation that would lead to any conclusion. Ottersbach, on the other hand, reacts apparently impulsively to the motifs from his collection of materials when enduing them with over-paintings of figurations, augmenting existing lines without precise interpretation, and lumping multiple themes together. Here the self-proclamation of the individual becomes obvious, subordinating itself neither to the flood of images nor to a concealed modernity whose continual mechanization first makes the complexity of this visual distribution possible. The return of the author becomes as recognizable as postmodernism proclaimed.

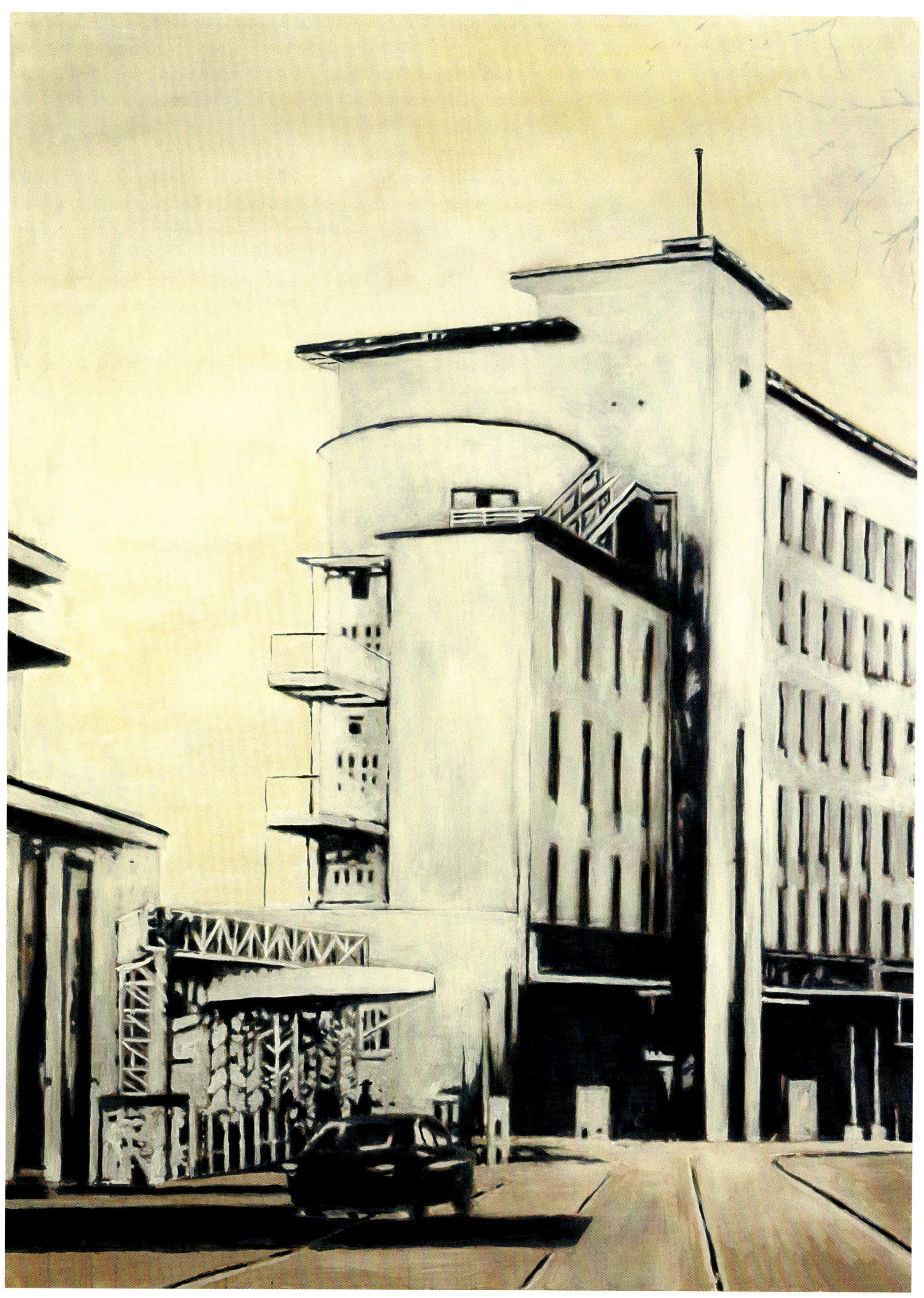

Der therapeutische Block [The Therapeutic Block] 2006

POSTMODERNE UND KEIN ENDE: EIN EPILOG

Im Vergleich zu den medialen Spurensicherungen eines Gerhard Richter analysiert Ottersbach die Aussagekraft der Bilder: In seiner skeptischen Haltung pendelt der Künstler zwischen einer nominalistischen und essentialistischen Position.[9]

So liegt dem nominalistischen Realitätsverständnis die schlichte Erkenntnis zugrunde, dass der Vielfalt der Erscheinungen in der Realität nur mit einer Vielzahl von Zeichen, die sie repräsentieren sollen, begegnet werden kann. Dagegen strebt die essentialistische Perspektive auf die Definition einer kulturellen Matrix, die sich in einem Zeichen bündeln lässt.[10] Ottersbach scheint in seiner postmodernen Haltung beiden Sichtweisen Referenz zu erweisen. Seine Untersuchungen, die massenmediale Aufnahmen, das gemalte Bild oder die Wechselwirkung von optischen Medien und bildender Kunst zum Gegenstand haben, streben das verbindliche Zeichen, die ultimative Deutung unserer Gegenwartskultur auf dem Felde der Kunst an. Doch ist es das prozessuale Programm, das zwar von einem Idealismus getragen, jedoch seiner Erfüllung stets entgegenstreben muss. Der Kunst von Ottersbach ist eine Vorläufigkeit konzeptionell eingeschrieben. Sie berührt damit eine Kernaussage postmoderner Kultur. In aller Konsequenz ist das dauerhaft Prozessuale, Vorläufige und Konsensuelle, wie es im künstlerischen Schaffen von Ottersbach eine programmatische Dimension besitzt, ein Merkmal postmoderner Haltung. So ist es nur konsequent, wenn seine Bildwerke zu Veduten des Gegenutopischen erwachsen, die das Unmögliche zur Anschauung bringen: die Verortung der Nicht-Orte im Bild. In diesem Sinne ist Ottersbach ein Künstler der Postmoderne, auch wenn er erklärtermaßen eine Überwindung dieser Phase anstrebt.

POSTMODERNISM AND NO END: AN EPILOGUE

In comparison to Gerhard Richter's medial collecting of cultural signs, Ottersbach analyses the expressive strength of the images: in his skeptical attitude, the artist alternates between a nominal and an essential position.[9]

At the root of the nominal understanding of reality lies the simple perception that the variety of phenomena in reality can only be encountered with a variety of signs that are intended to represent them. By contrast the essentialist perspective seeks to define a cultural matrix that can be grouped together as a sign.[10] Ottersbach appears in his postmodern stance to make reference to both perceptions. His investigations of mass-media photos, the painted image, or the correlations between visual media and fine art seek the connecting sign, the ultimate interpretation of our contemporary culture in the field of art. Still, it's the process-based approach, borne by an idealism, against which its fulfillment must always strive. There is a temporariness conceptually inscribed in Ottersbach's art that touches upon a core feature of postmodern culture. In its consistency, the permanent process, temporary and consensual—in the way it occupies a programmatic dimension in Ottersbach's artistic output—is a characteristic trait of postmodern behavior. Thus it's only logical that his visual works develop into views of the counter-utopian, making the impossible visible: that is, the situating of the non-location in the image. In this sense, Ottersbach is an artist of postmodernism, even if he declaredly strives to overcome this phase.

1 Heribert C. Ottersbach, »Die Malerei entlässt ihre Patienten. Das Scheitern der Moderne und die unerwartete neue Freiheit«, in: *Kommune. Forum für Politik, Ökonomie, Kultur,* 3, 2007, S. 70–81, hier S. 80. Dank sei Ralf Beil, Carola Kemme und Heribert C. Ottersbach für die anregenden Diskussionen ausgesprochen. Carola Kemme für die unermüdliche Unterstützung.

2 Vgl. Heinz-Norbert Jocks, »Jenseits der Stadt oder Versuch über die Landschaftsmalerei«, in: *Kunstforum International,* 130, Mai–Juli, 1995, S. 224–271, bes. Kap. 6, S. 250–254: »Über Michael Bach, der die Malerei entfotografiert«.

3 Kai-Uwe Hemken, »Bilder nach Bildern. Mischa Kuballs Antwort auf die russische Avantgarde«, in: *Mischa Kuball. Utopie / Black Square 2001ff,* Ausst.-Kat. Kunstsammlungen der Ruhr-Universität Bochum, Frankfurt am Main 2004, S. 16–23.

4 Die von Hubertus Gaßner konzipierte und realisierte Ausstellung fand 1992 in der Schirn Kunsthalle in Frankfurt am Main statt. Vgl. *Die große Utopie. Die russische Avantgarde 1915–1932,* Ausst.-Kat. Schirn Kunsthalle Frankfurt, Frankfurt am Main 1992.

5 Hinzu kommt eine Videoprojektion, die den Künstler während eines Squash-Matches zeigt. Die abgefilmten Feldbegrenzungen erinnern in ihrer formalen Gestaltung an die Bildsprache des Suprematismus.

6 Zugleich gehen Kuballs Quadrate mit den benachbarten Kunstwerken eine irritierende Wechselwirkung ein, die Skepsis an dem Autonomieanspruch der Kunst von Richard Serra, Joseph Beuys oder Robert Mangold anmelden und die Moderne in der Kunst als Mythos entlarven. Vgl. auch Gerhard Plumpe, »Avantgarde. Notizen zum historischen Ort ihrer Programme«, in: *Aufbruch ins 20. Jahrhundert. Über Avantgarden (Text und Kritik,* Sonderband IX/01), hrsg. von Heinz Ludwig Arnold, München 2001, S. 7–16.

7 Gemeint ist das Gebäude der Ricola-Fabrik, die von den Schweizer Architekten Herzog & de Meuron gebaut wurde.

8 Vgl. *Joseph Kosuth. (Eine grammatikalische Bemerkung) (A Grammatical Remark),* Ausst.-Kat. Württembergischer Kunstverein Stuttgart, Stuttgart 1993.

9 Wolfgang Ullrich, »Digitaler Nominalismus. Zum Status der Computerfotografie«, in: *Fotogeschichte. Beiträge zur Geschichte und Ästhetik der Fotografie,* 17, 64, 1997, S. 63–73.

10 Vgl. auch Bettina Baumgärtel, »Was tun mit der Moderne? – Denkprozesse im Werk von Heribert C. Ottersbach«, in: *Heribert C. Ottersbach. Modernebilder 1995–1999,* Ausst.-Kat. Kunstmuseum Düsseldorf im Ehrenhof, Köln 1999, sowie die Beiträge in: *In Erwartung der Ereignisse. Heribert C. Ottersbach. Werke / Works 1995–2006,* Ausst.-Kat. Kunsthalle Tübingen, Ostfildern 2007.

1 Heribert C. Ottersbach, "Die Malerei entlässt ihre Patienten. Das Scheitern der Moderne und die unerwartete neue Freiheit," in *Kommune. Forum für Politik, Ökonomie, Kultur* 3 (2007), pp. 70–81, here p. 80. Special thanks to Ralf Beil, Carola Kemme, and Heribert C. Ottersbach for the lively discussions, and to Carola Kemme for her tireless support.

2 Cf. Heinz-Norbert Jocks, "Jenseits der Stadt oder Versuch über die Landschaftsmalerei," in *Kunstforum International* 130 (May–July, 1995), pp. 224–71, chap. 6, pp. 250–54: on Michael Bach, who un-photographs painting.

3 Kai-Uwe Hemken, "Bilder nach Bildern. Mischa Kuballs Antwort auf die russische Avantgarde," in *Mischa Kuball. Utopie / Black Square 2001ff,* exh. cat. Kunstsammlungen der Ruhr-Universität Bochum (Frankfurt am Main, 2004), pp. 16–23.

4 The exhibition, conceived and realized by Hubertus Gaßner, took place in 1992 at the Schirn Kunsthalle in Frankfurt am Main. Cf. *Die große Utopie. Die russische Avantgarde 1915–1932,* exh. cat. Schirn Kunsthalle (Frankfurt am Main, 1992).

5 A video projection showing the artist during a squash match is added. In the film the lines demarcating the court recall in their formal design the visual language of Suprematism.

6 At the same time Kuballs's squares suggest an irritating reciprocity with neighboring artworks, declare skepticism toward the claims of autonomy of the art of Richard Serra, Joseph Beuys, or Robert Mangold, and debunk modernism in art as a myth. Cf. also Gerhard Plumpe, "Avantgarde. Notizen zum historischen Ort ihrer Programme," in *Aufbruch ins 20. Jahrhundert. Über Avantgarden (Text und Kritik,* special volume IX/01), ed. by Heinz Ludwig Arnold (Munich, 2001), pp. 7–16.

7 As an example he uses the Ricola factory building, constructed by the Swiss architects Herzog & de Meuron.

8 Cf. *Joseph Kosuth. (A Grammatical Remark),* exh. cat. Württembergischer Kunstverein (Stuttgart, 1993).

9 Wolfgang Ullrich, "Digitaler Nominalismus. Zum Status der Computerfotografie," in *Fotogeschichte. Beiträge zur Geschichte und Ästhetik der Fotografie* 17 (1997), 64, pp. 63–73.

10 Cf. also Bettina Baumgärtel, "Was tun mit der Moderne?—Denkprozesse im Werk von Heribert C. Ottersbach," in *Heribert C. Ottersbach. Modernebilder 1995–1999,* exh. cat. Kunstmuseum Düsseldorf im Ehrenhof (Köln, 1999), as well as contributions in *In Erwartung der Ereignisse. Heribert C. Ottersbach. Werke / Works 1995–2006,* exh. cat. Kunsthalle Tübingen (Ostfildern, 2007).

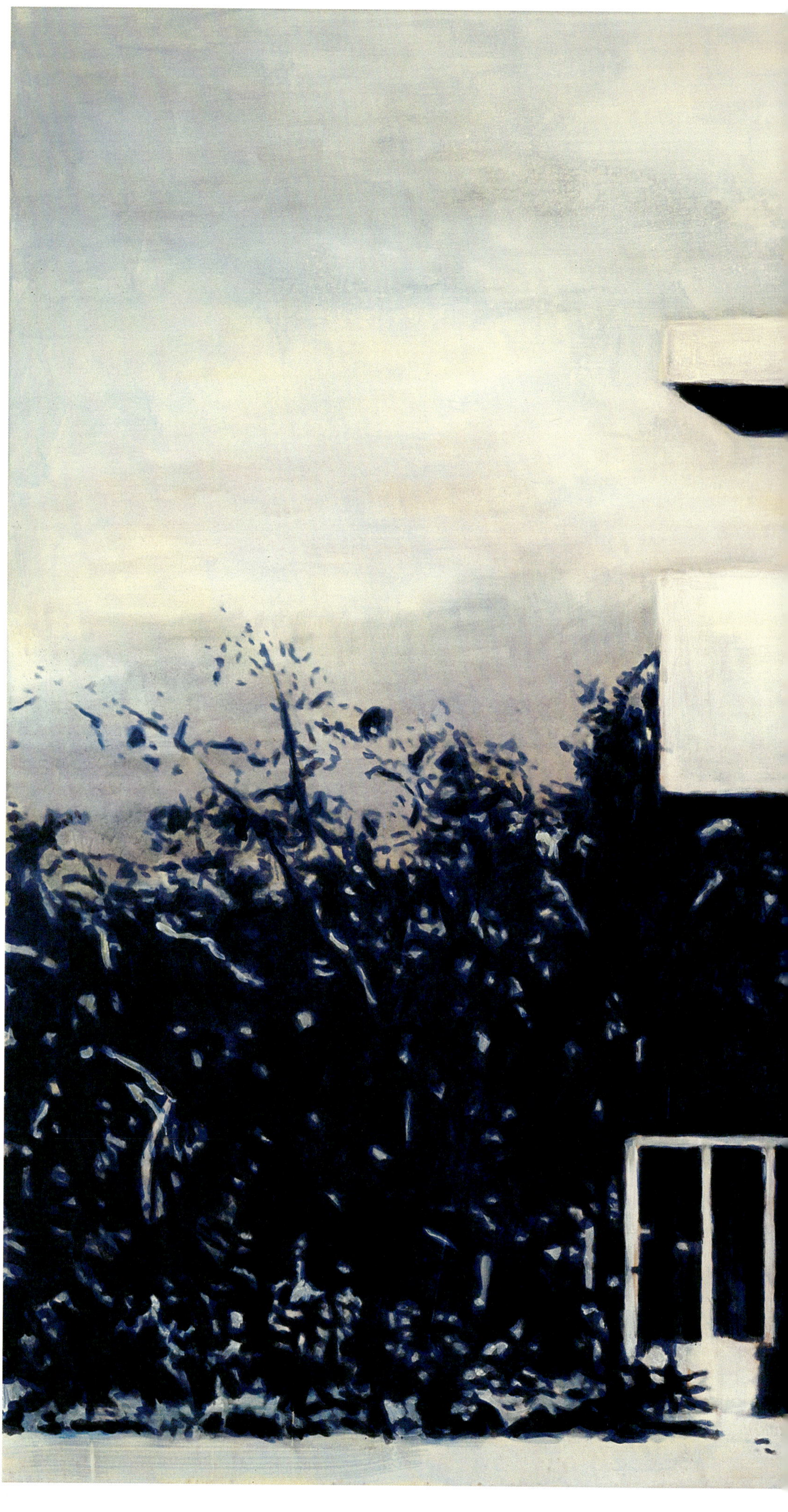

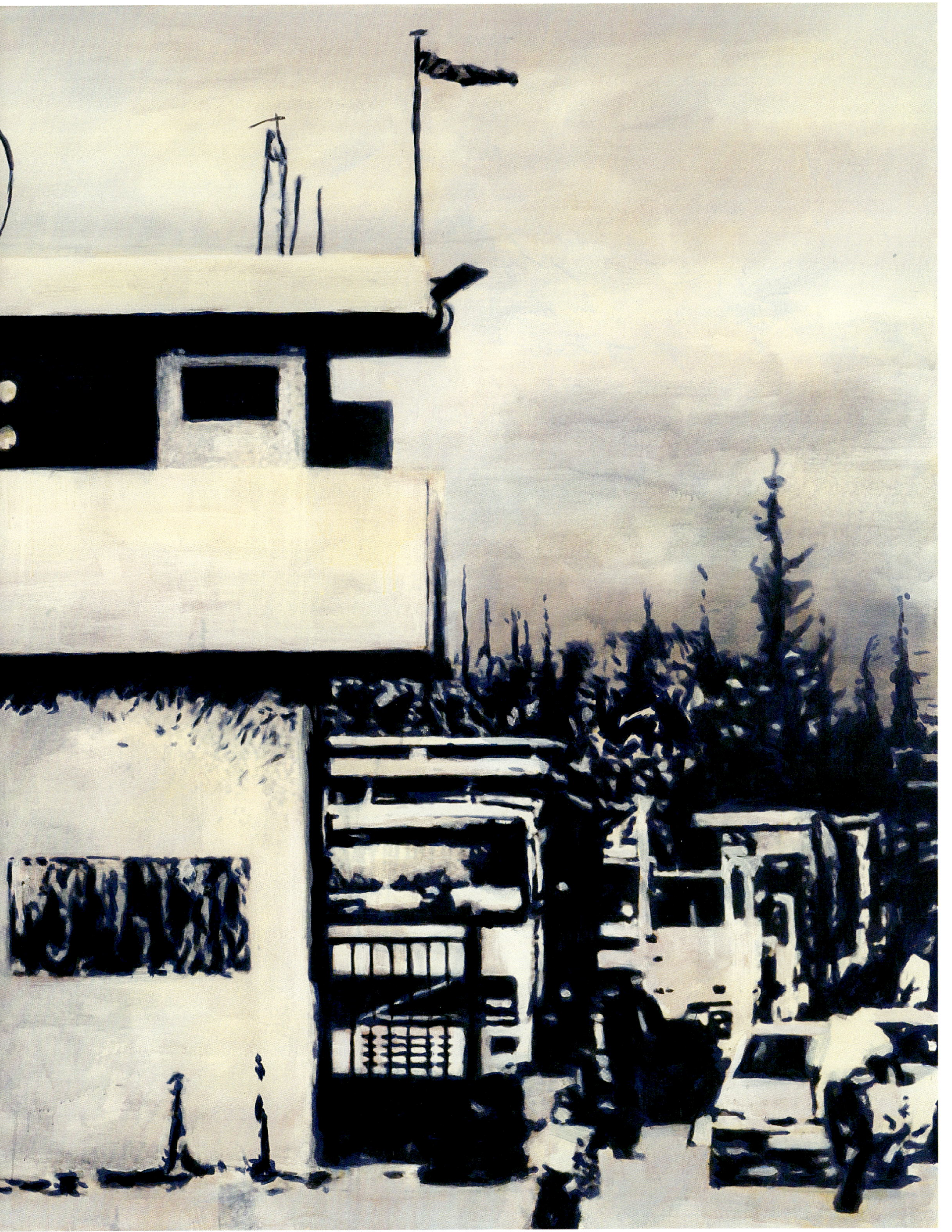

Aufbruch ins Gelobte Land [Departure for the Promised Land] 2007

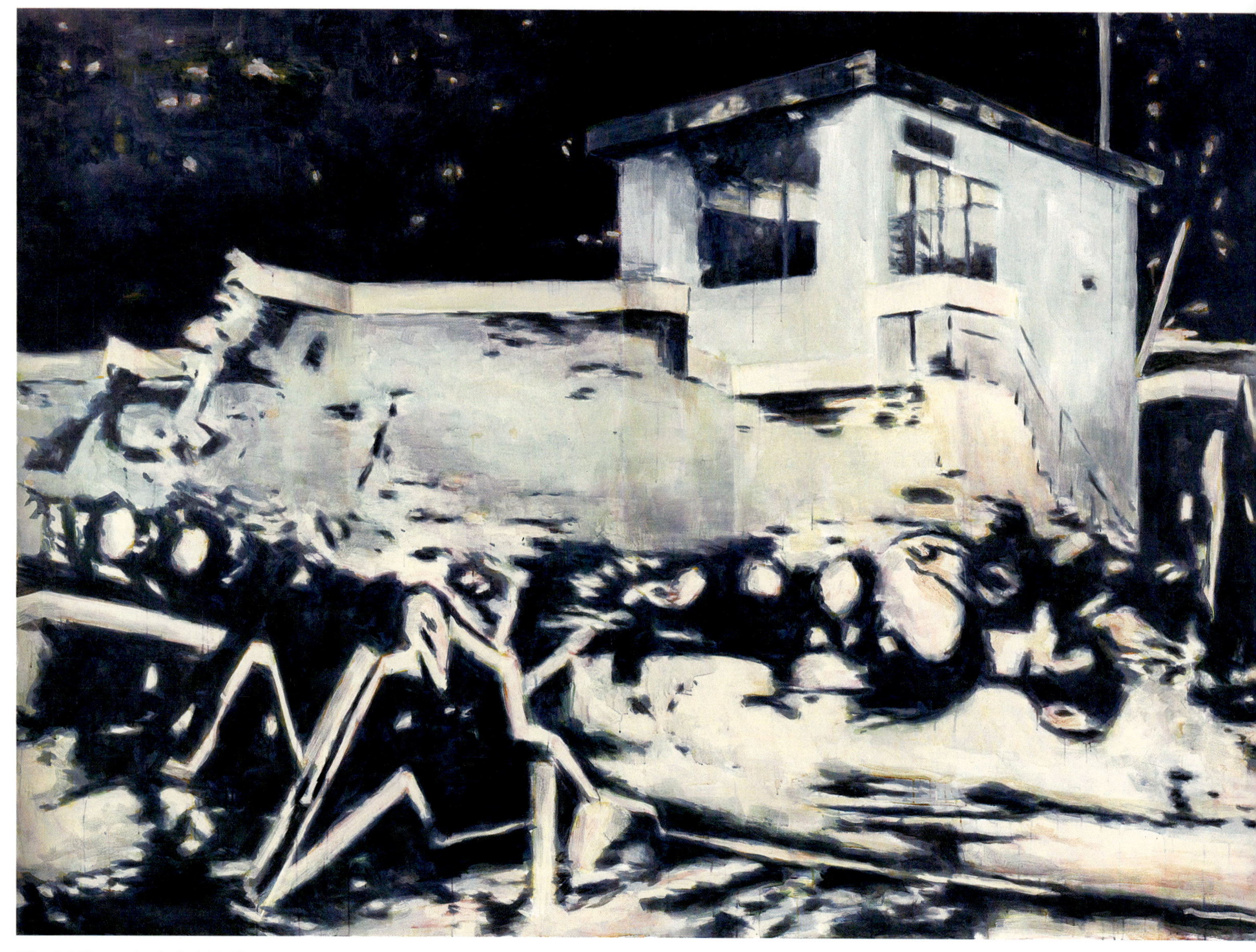

Attentat [Assassination] 2004/05

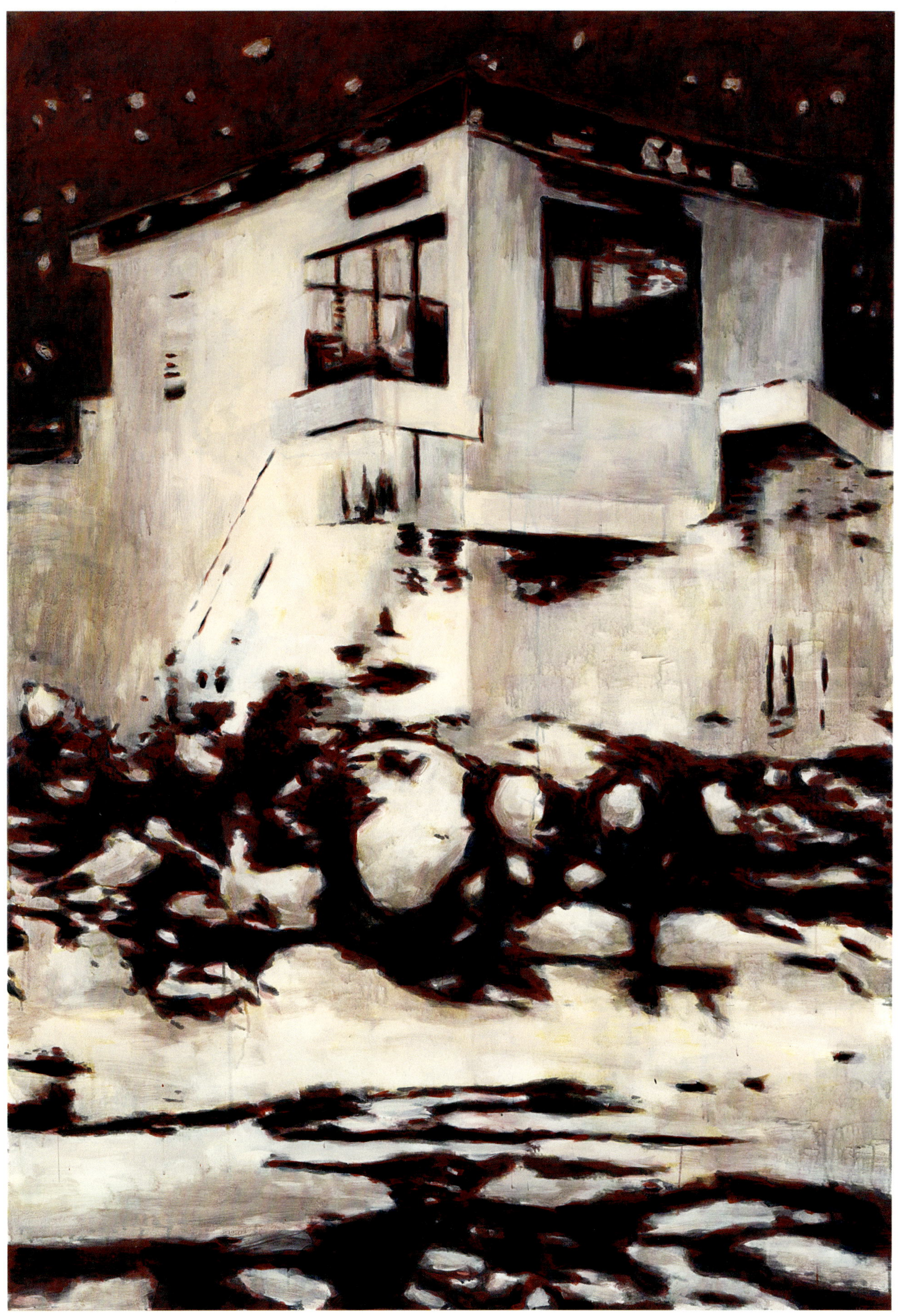

Attentat (II) [Assassination (II)] 2005

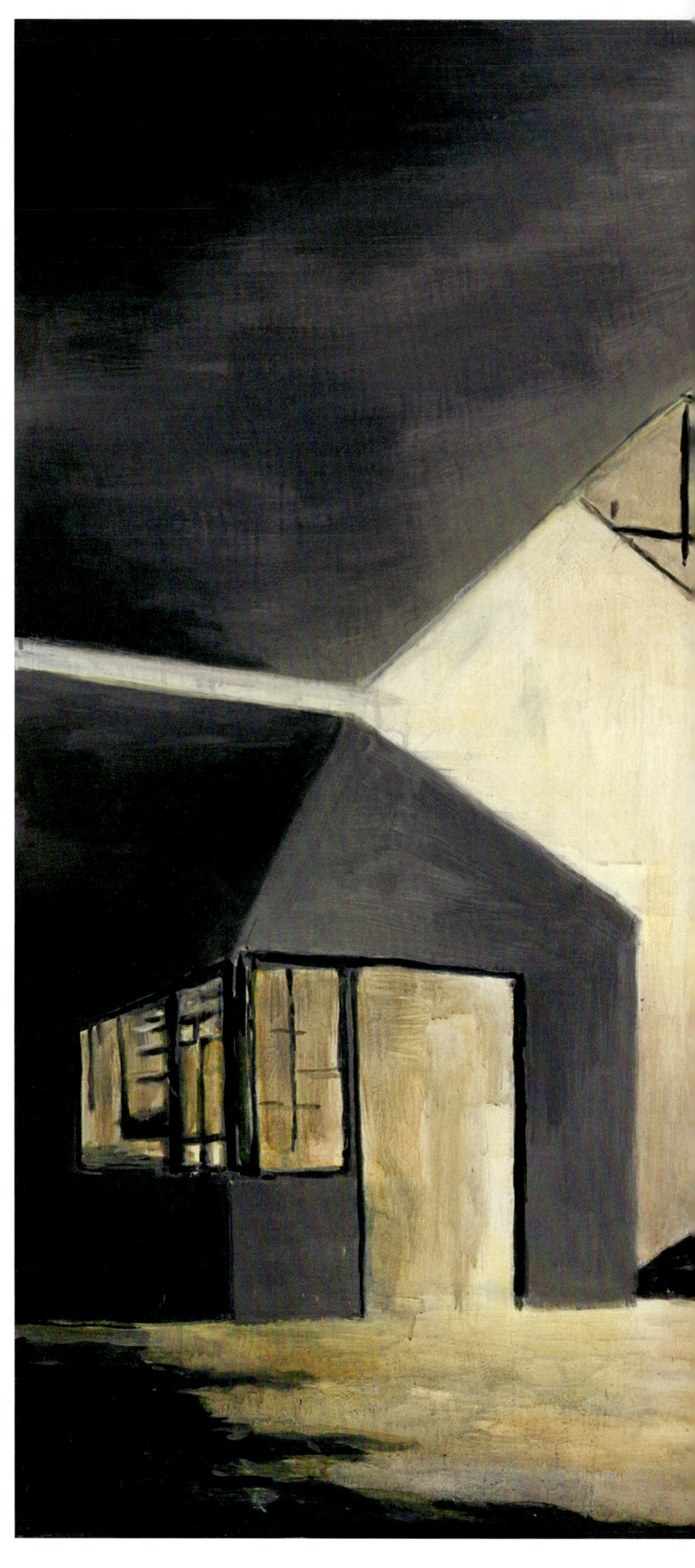

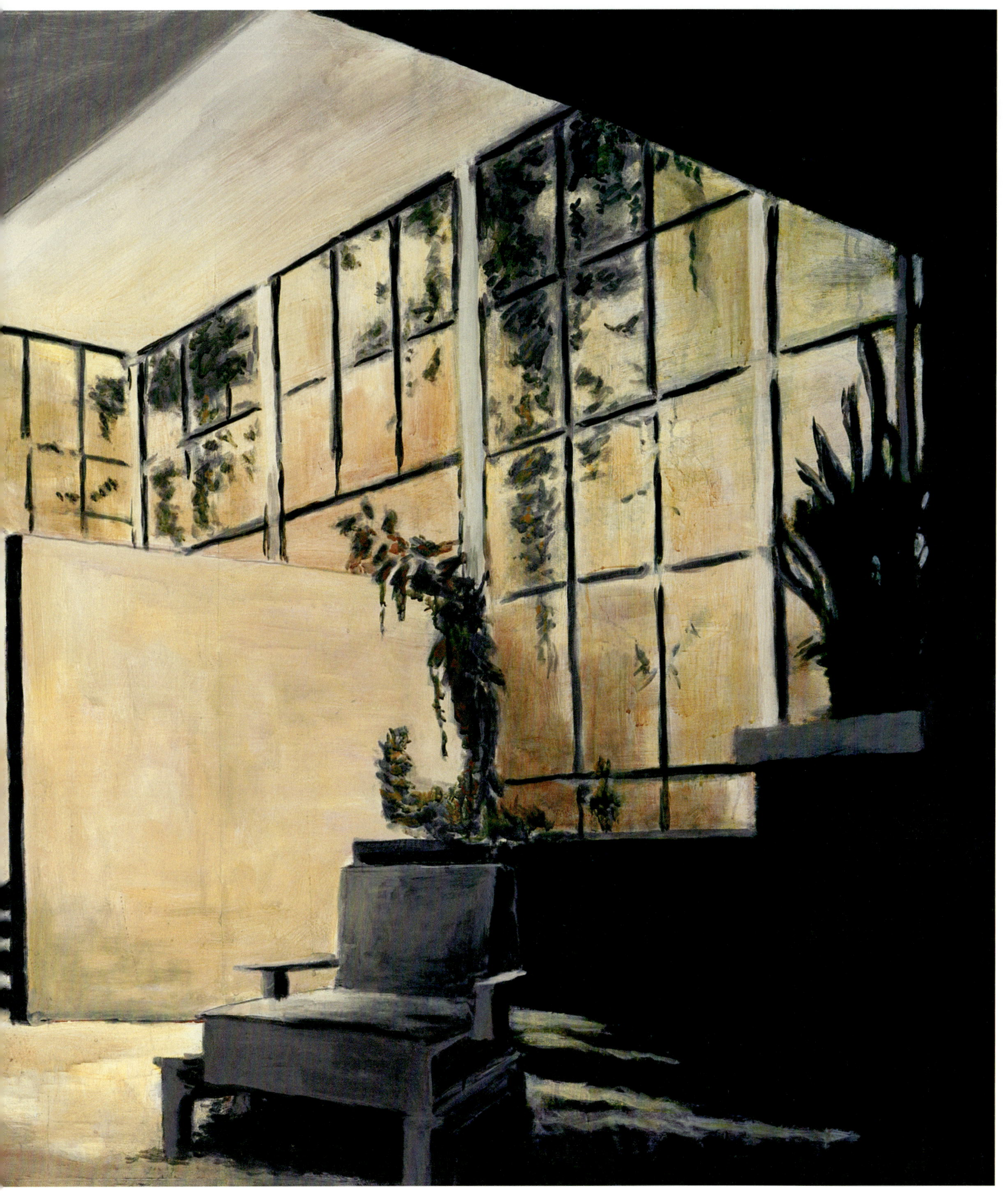

Der unentwegte Wunsch nach der Moderne [The Unwavering Desire for Modernism] 2002

Der Stein ist mehr Stein als früher

Wir verstehen im Allgemeinen Architektur nicht mehr, wenigstens lange nicht in der Weise, wie wir Musik verstehen; Wir sind aus der Symbolik der Linien und Figuren herausgewachsen, wie wir der Klangwirkungen der Rhetorik entwöhnt sind, und haben diese Art von Muttermilch der Bildung nicht mehr vom ersten Augenblick unseres Lebens an eingesogen. An einem griechischen oder christlichen Gebäude bedeutete ursprünglich Alles Etwas, und zwar in Hinsicht auf eine höhere Ordnung der Dinge: diese Stimmung einer unausschöpflichen Bedeutsamkeit lag um das Gebäude gleich einem zauberhaften Schleier. Schönheit kam nur nebenbei in das System hinein, ohne die Grundempfindung des Unheimlich-Erhabenen, des durch Götternähe und Magie Geweihten, wesentlich zu beeinträchtigen; Schönheit milderte höchstens das Grauen, – aber dieses Grauen war überall die Voraussetzung. – Was ist uns jetzt die Schönheit eines Gebäudes? Das Selbe wie das schöne Gesicht einer geistlosen Frau: etwas Maskenhaftes.

Friedrich Nietzsche, »Viertes Hauptstück. Aus der Seele der Künstler und Schriftsteller, 218: Der Stein ist mehr Stein als früher«, in: ders., *Menschliches, Allzumenschliches I*, Kritische Studienausgabe, hrsg. von Giorgio Colli und Mazzino Montinari, München 1999, S. 178/179.

Stone Is More Stony Than It Used to Be

In general we no longer understand architecture; at least we do not do so nearly as well as we understand music. We have grown out of the symbolism of lines and figures, just as we have weaned ourselves from the sound-effects of rhetoric, and no longer imbibe this kind of cultural mother's milk from the first moment of our lives. Everything in a Greek or Christian building originally signified something, and indeed something of a higher order of things: this feeling of inexhaustible significance lay about the building like a magical veil. Beauty entered this system only incidentally, without essentially encroaching upon the fundamental sense of the uncanny and exalted, of consecration by magic and the proximity of the divine; at most beauty *mitigated* the *dread*—but this dread was everywhere the presupposition. What is the beauty of a building to us today? The same thing as the beautiful face of a mindless woman: something mask-like.

Friedrich Nietzsche, "The Souls of Artists and Writers," in *Human, All Too Human, a Book for Free Spirits,* translated by R. J. Hollingdale (Cambridge, 1986), book IV, from section 218 ("Stone Is More Stony Than It Used to Be"), p. 101.

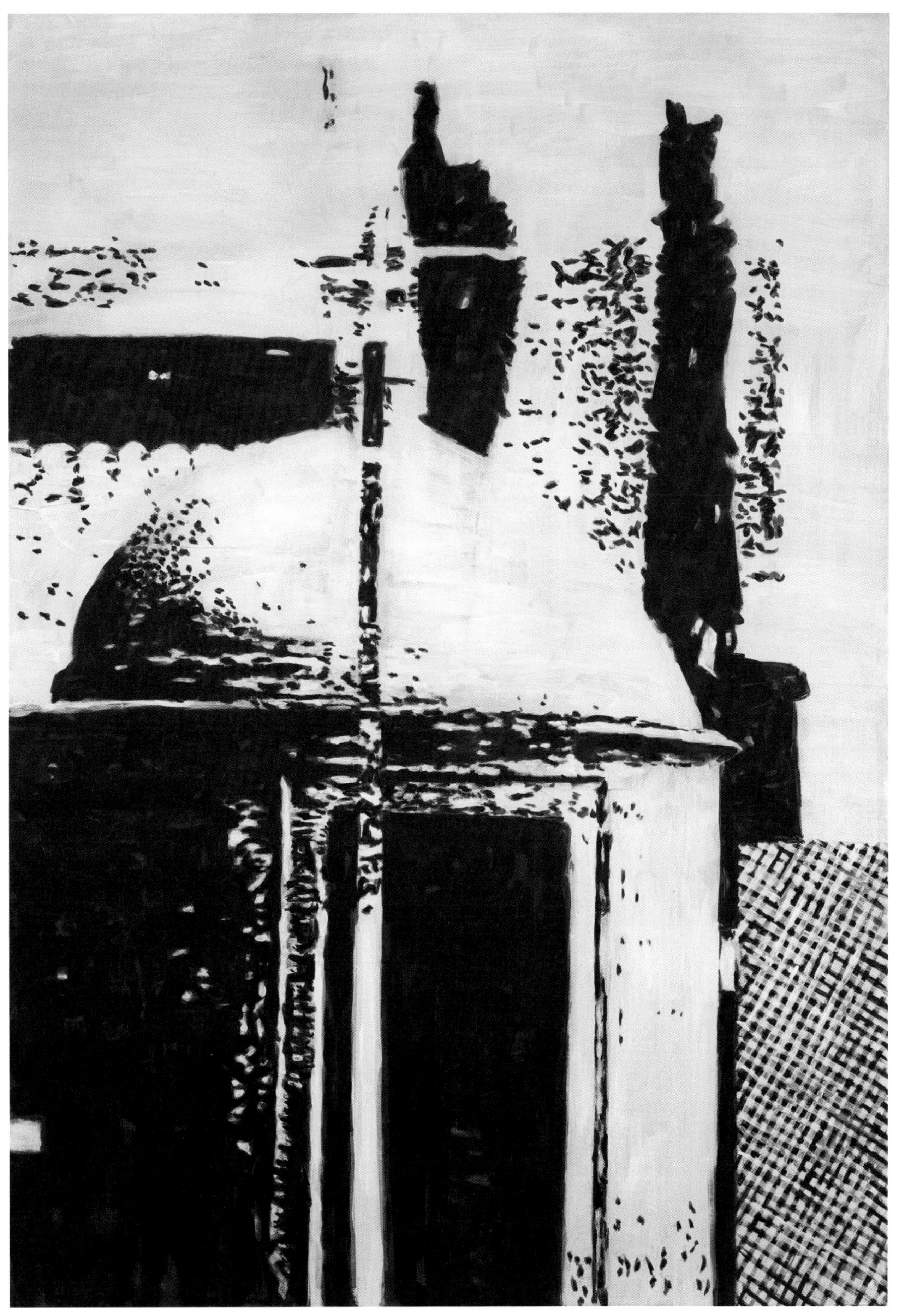

O. T. [Untitled] 2000

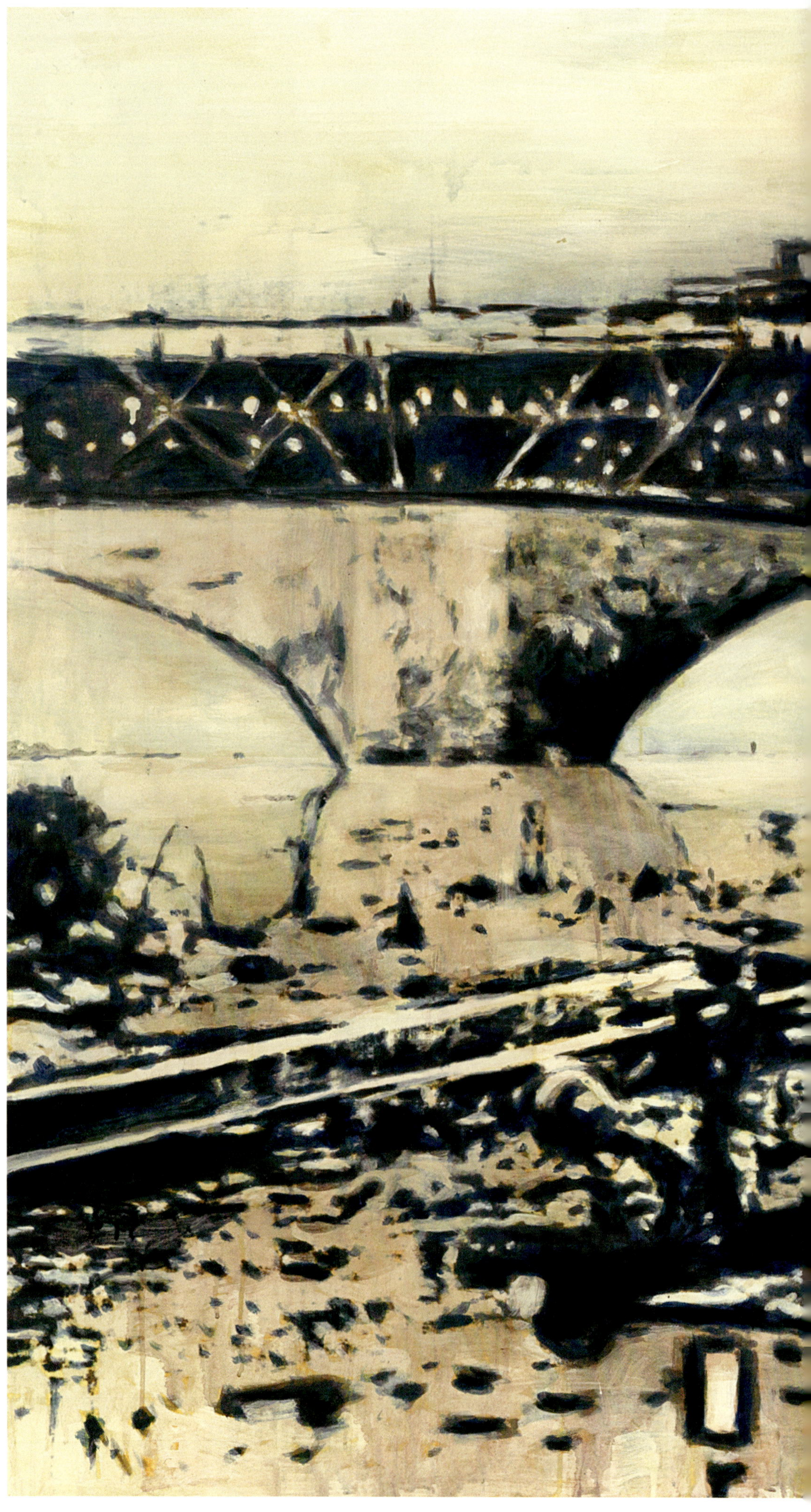

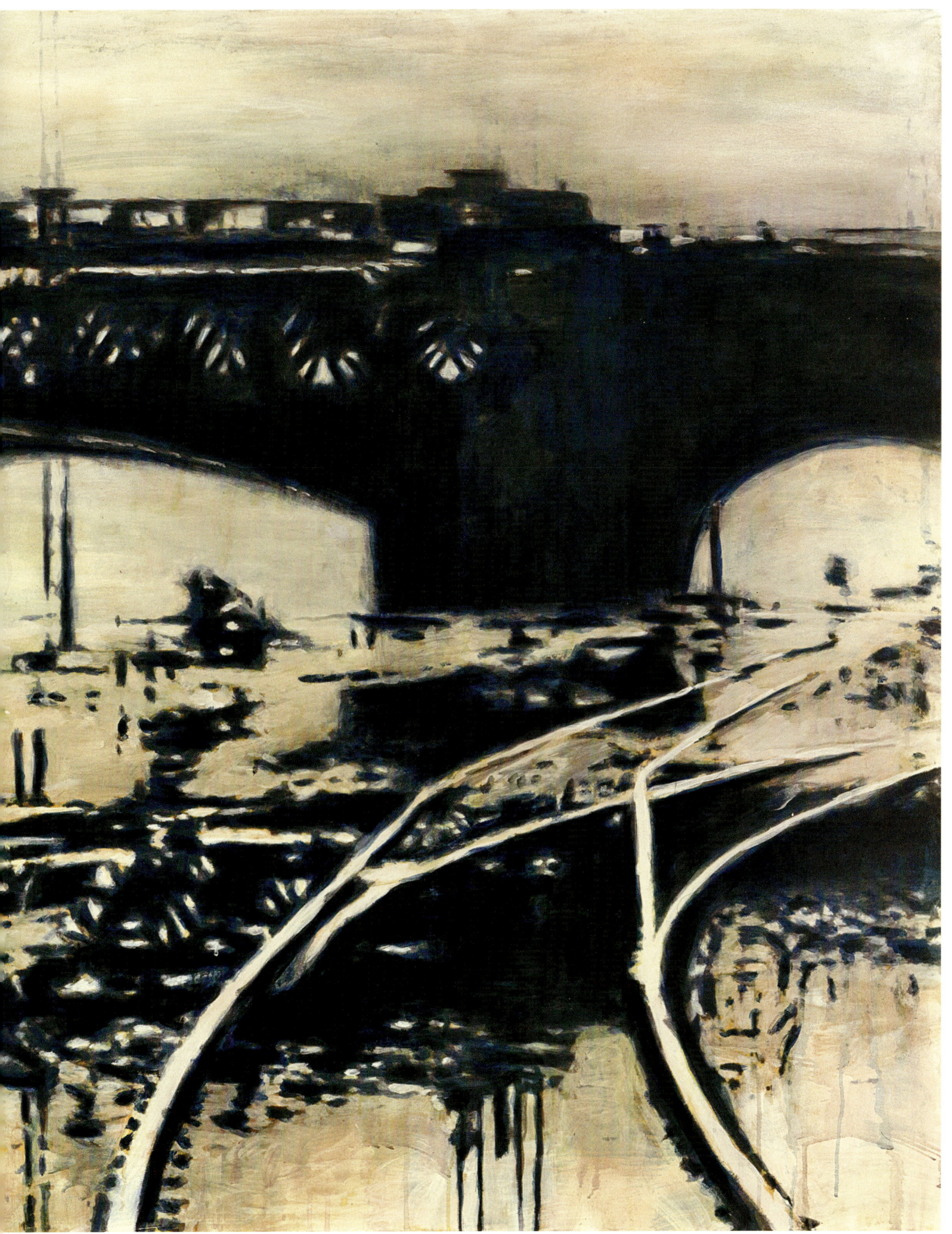

Fahrt in die Zone (Stalker) [Journey to the Zone (Stalker)] 2004

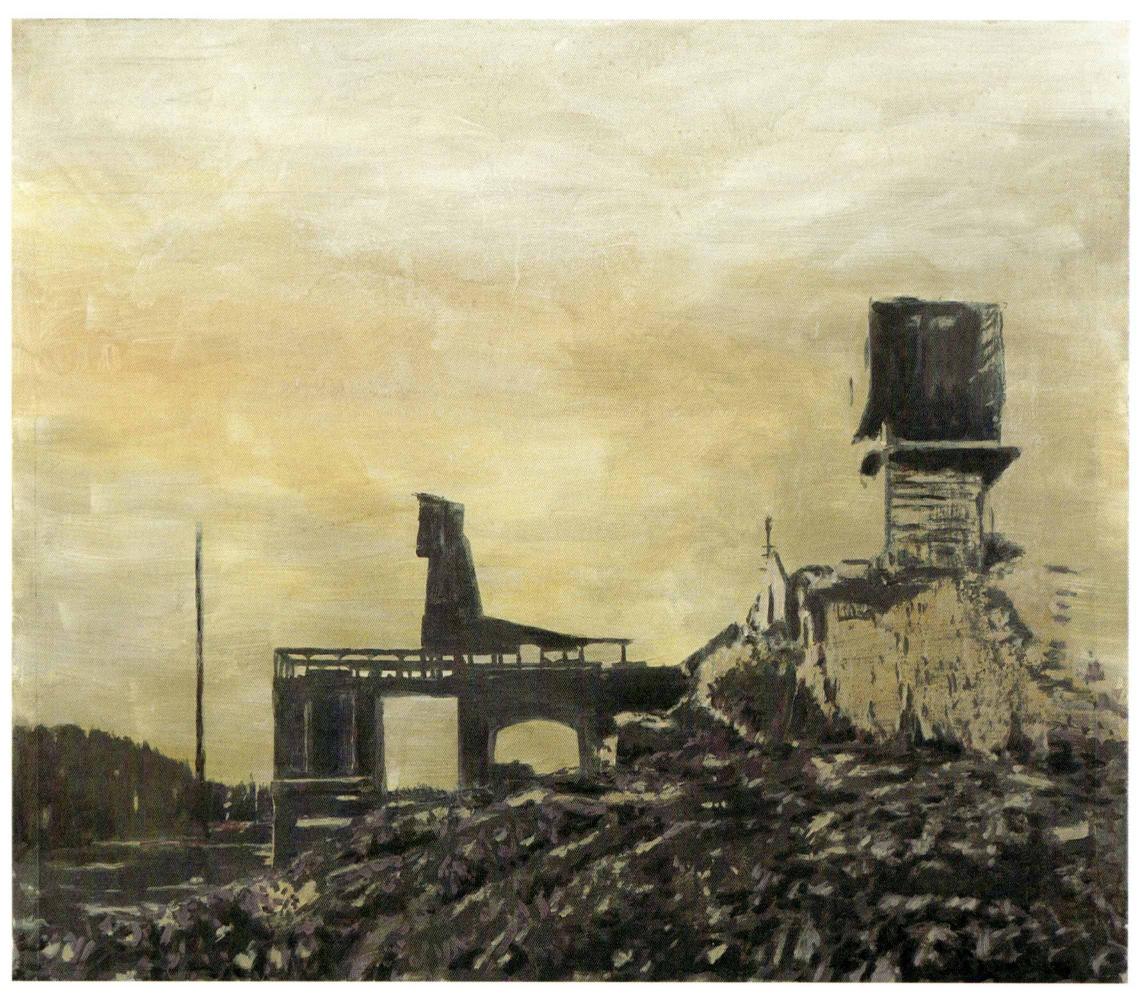

O. T. (S. D. 2) [Untitled (S. D. 2)] 2003

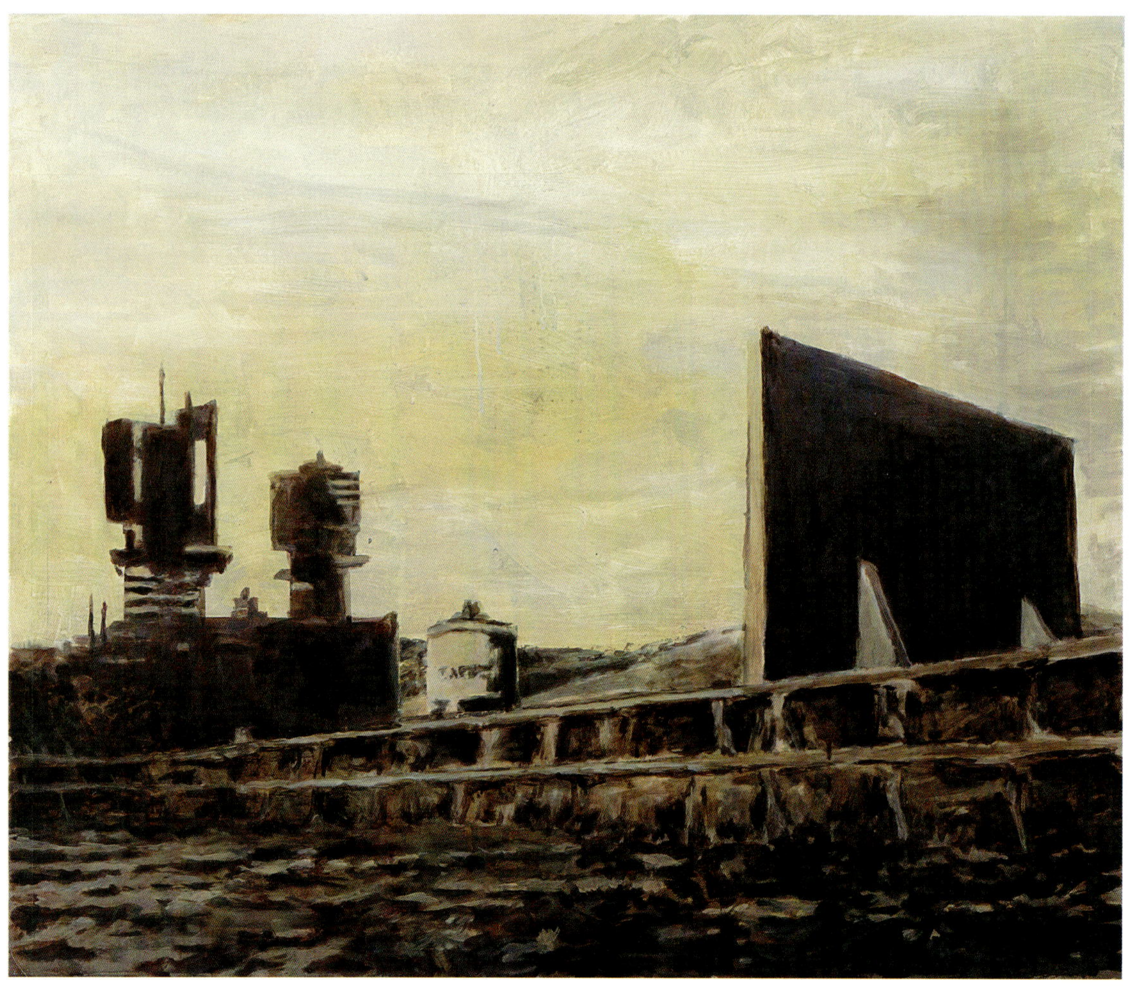

O. T. (S. D. 3) [Untitled (S. D. 3)] 2003

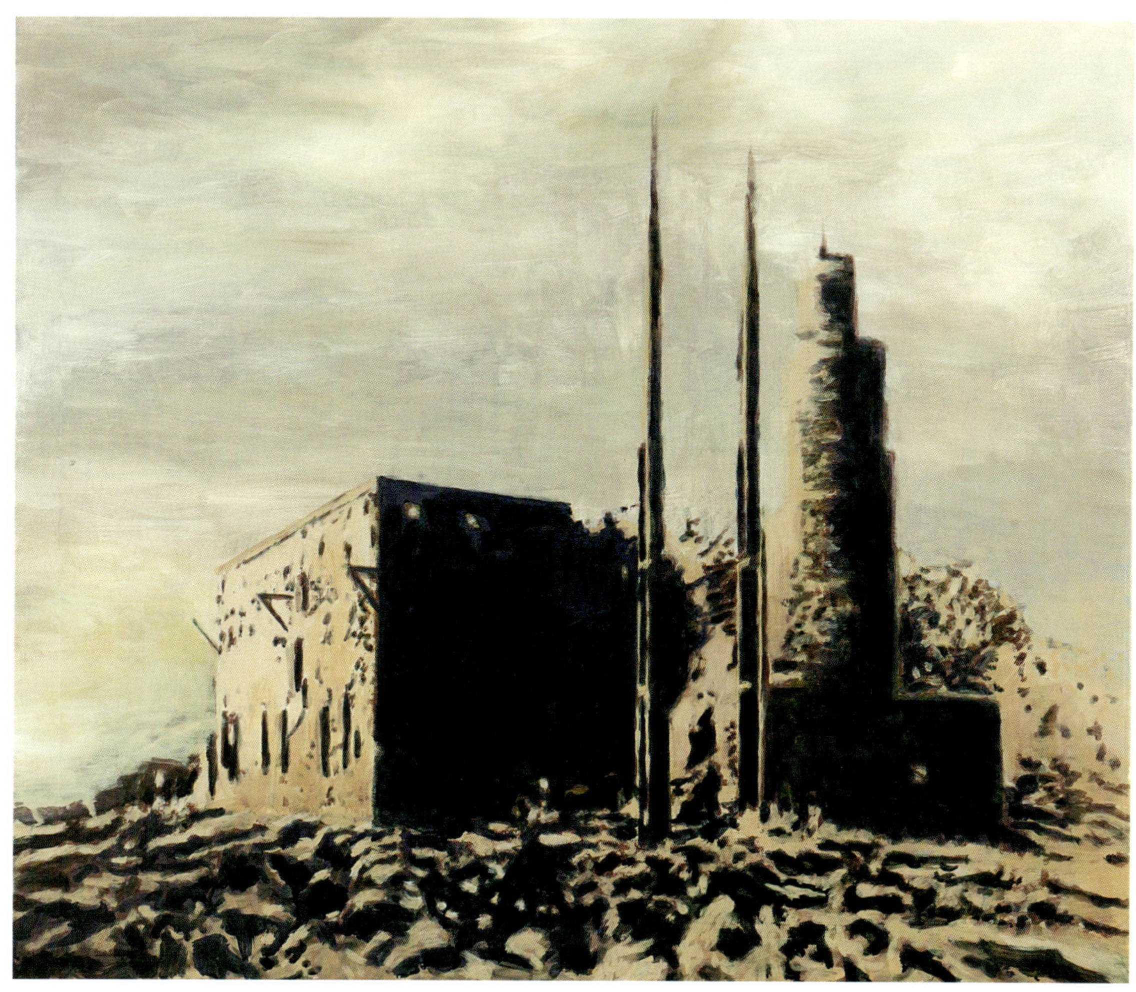

O. T. (S. D. 1) [Untitled (S. D. 1)] 2003

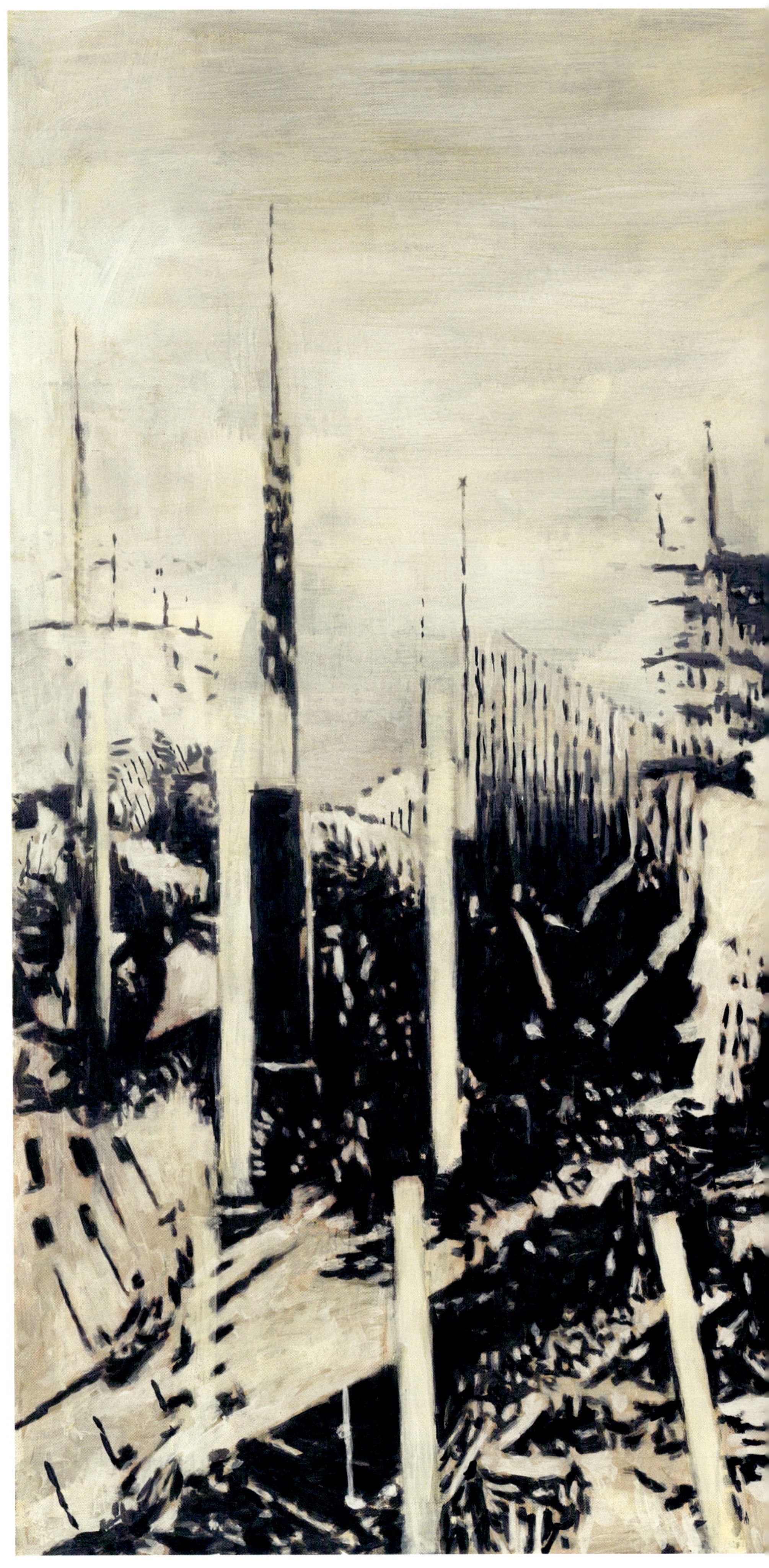

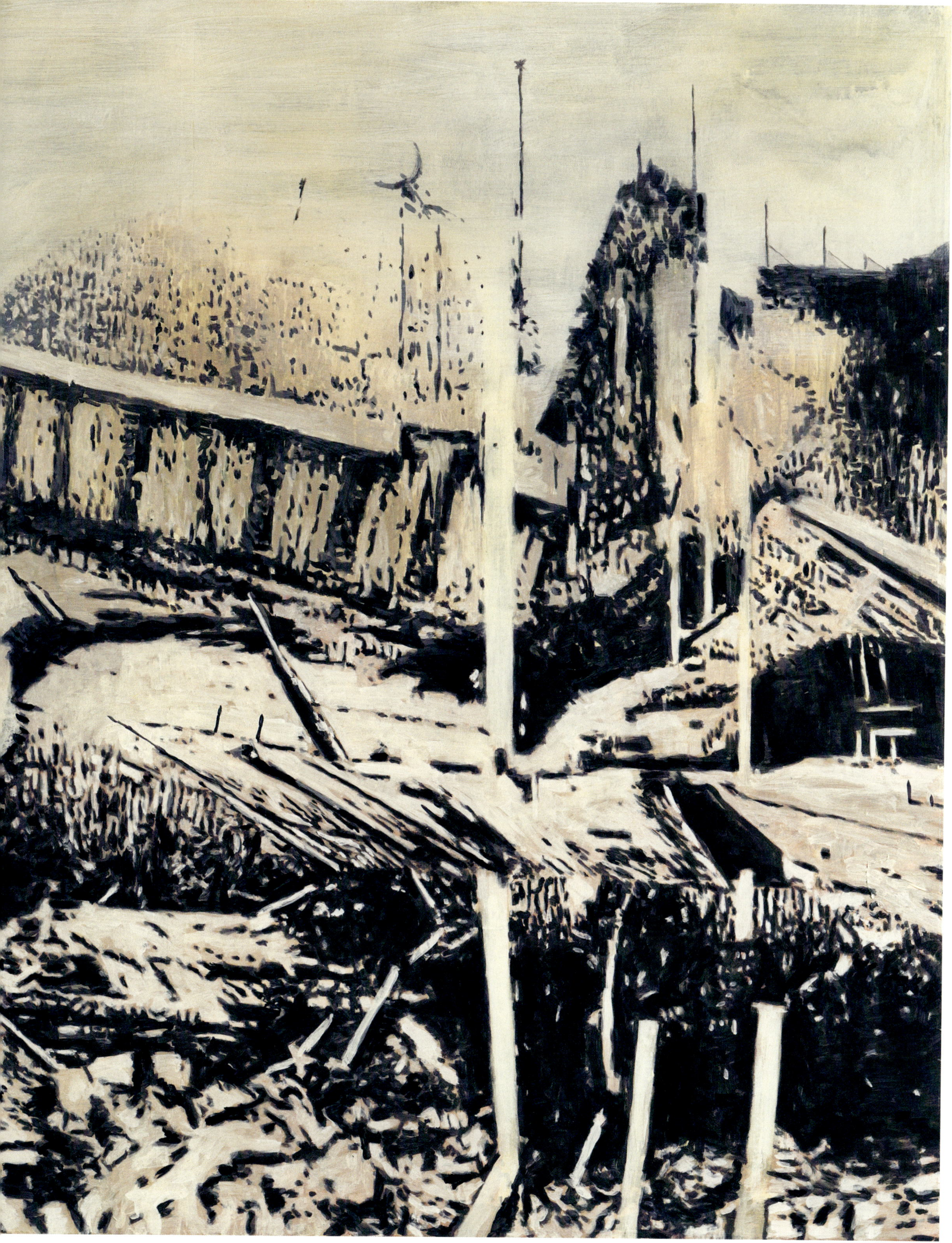

Alltagsbild [Everyday Picture] 2002

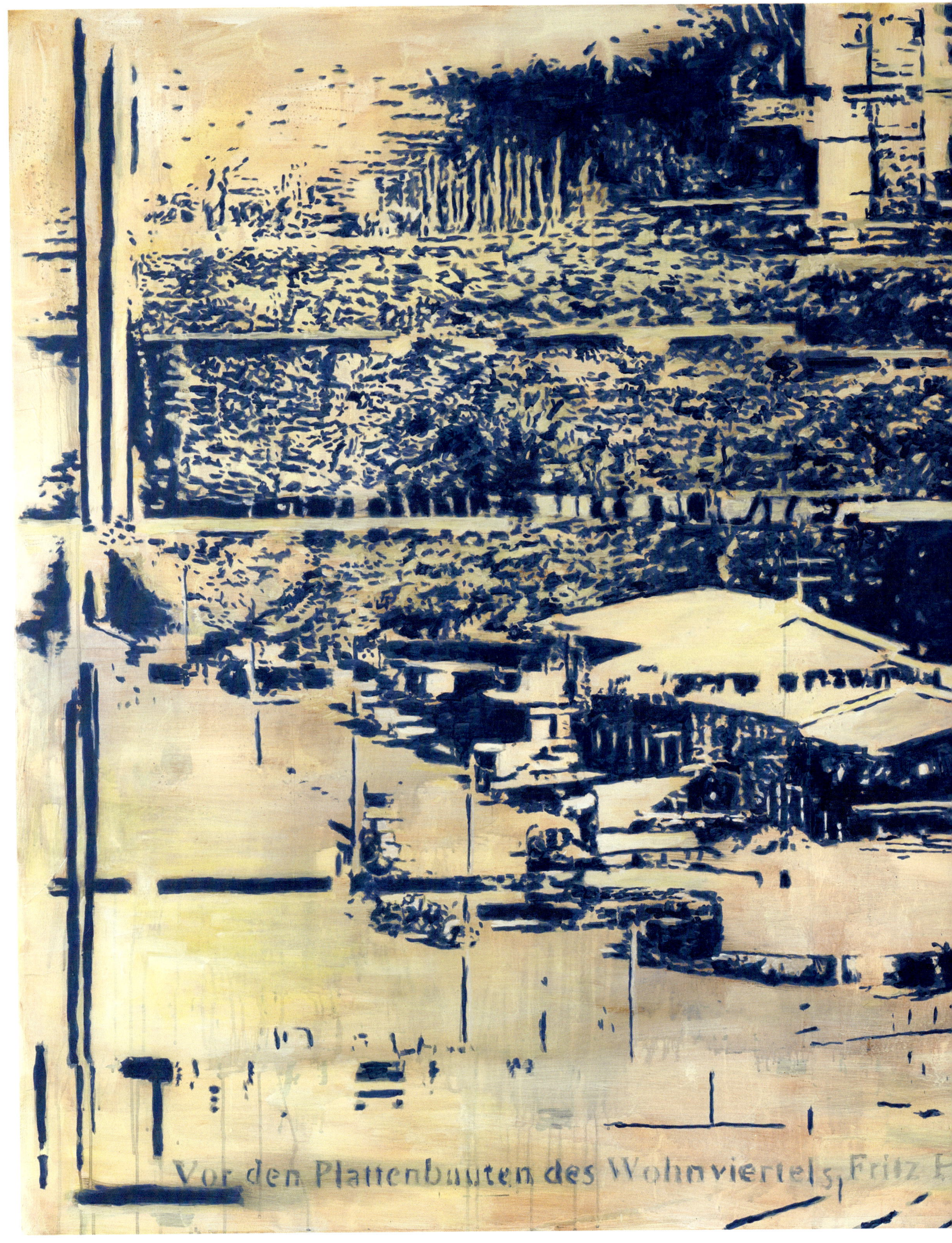

Vor den Plattenbauten (Bunkermentalität) [In Front of the Prefabs (Bunker Mentality)] 2002

im frühen

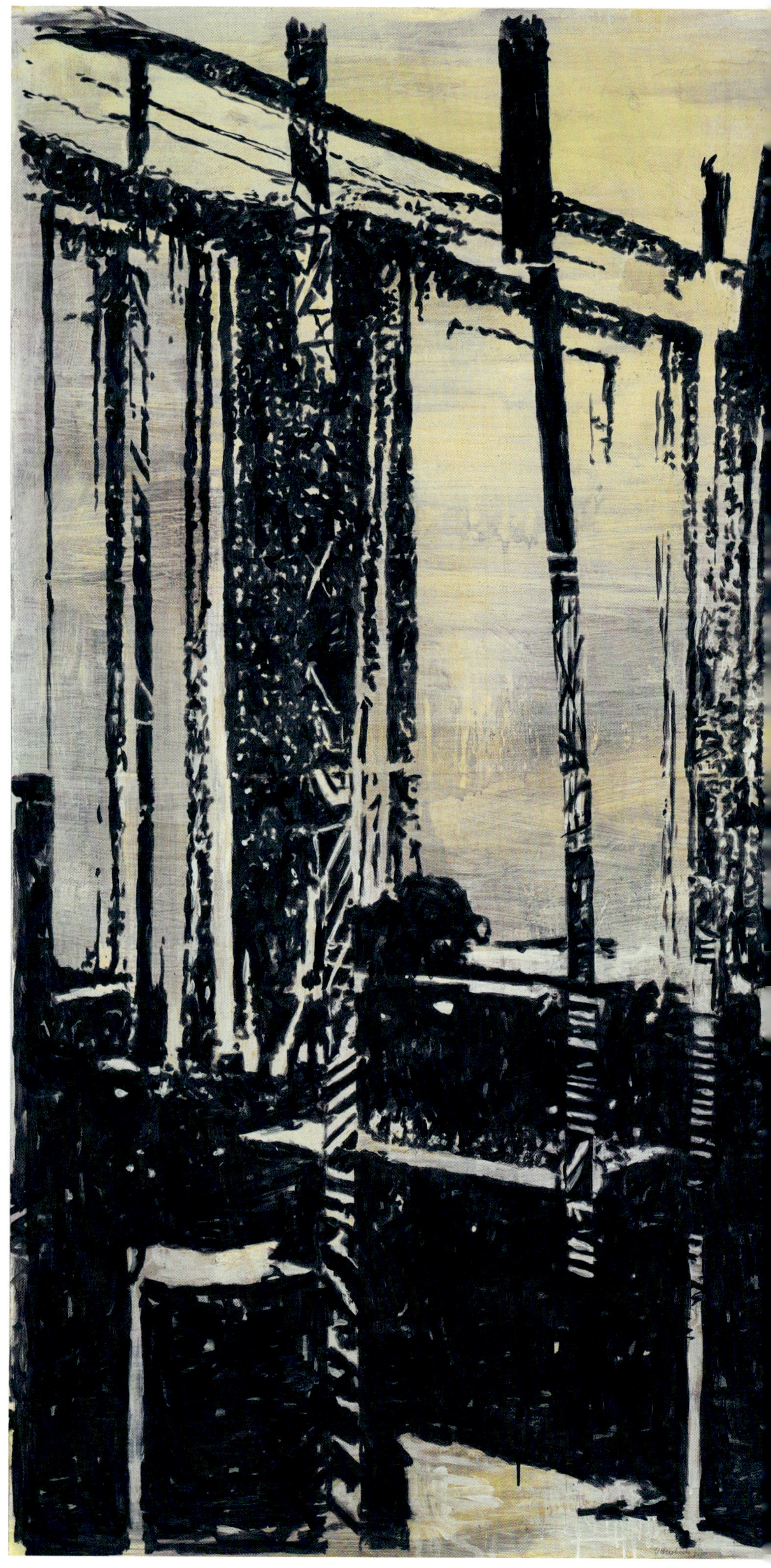

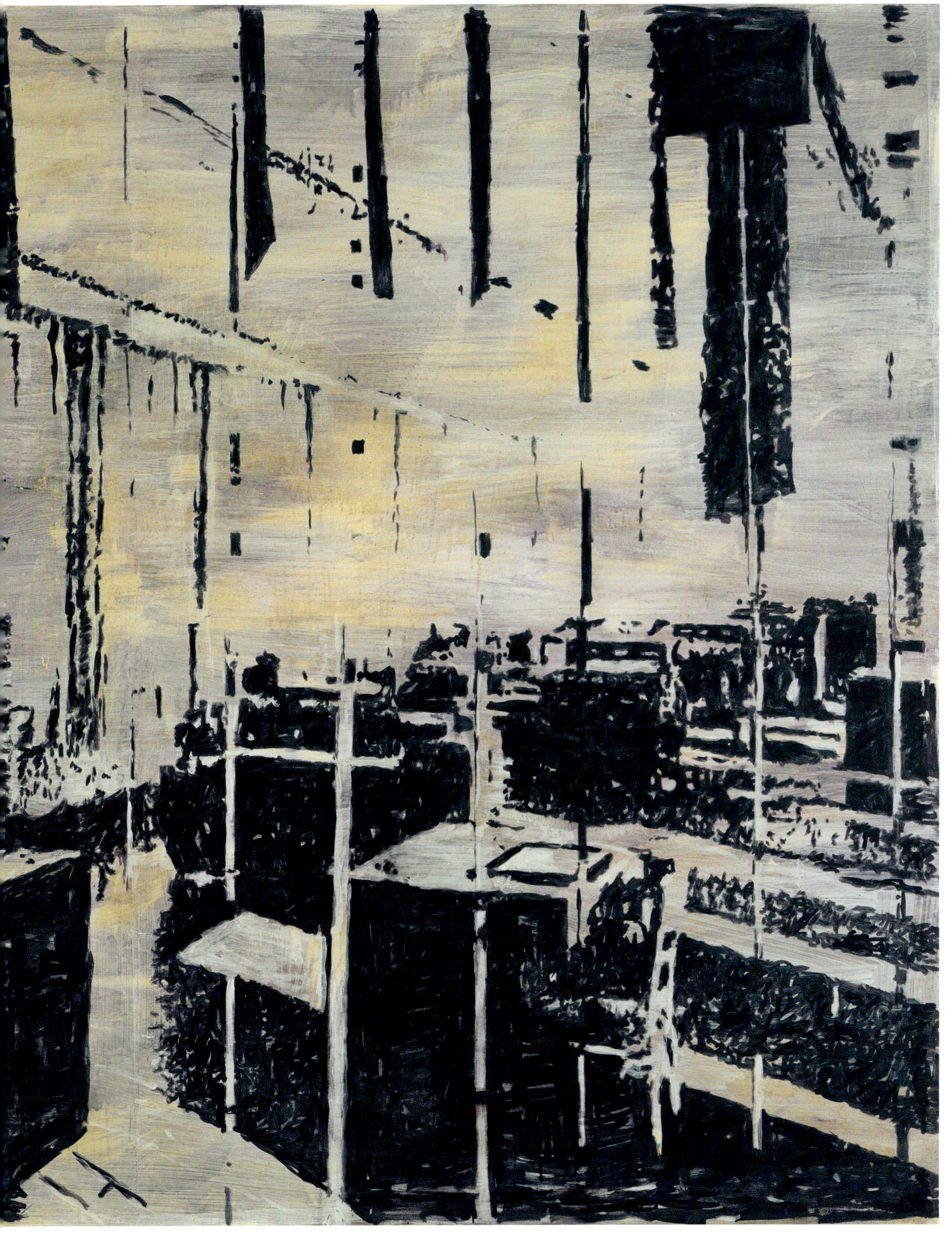

Künstlers Atelier – Archiv [Artist's Studio–Archive] 2000

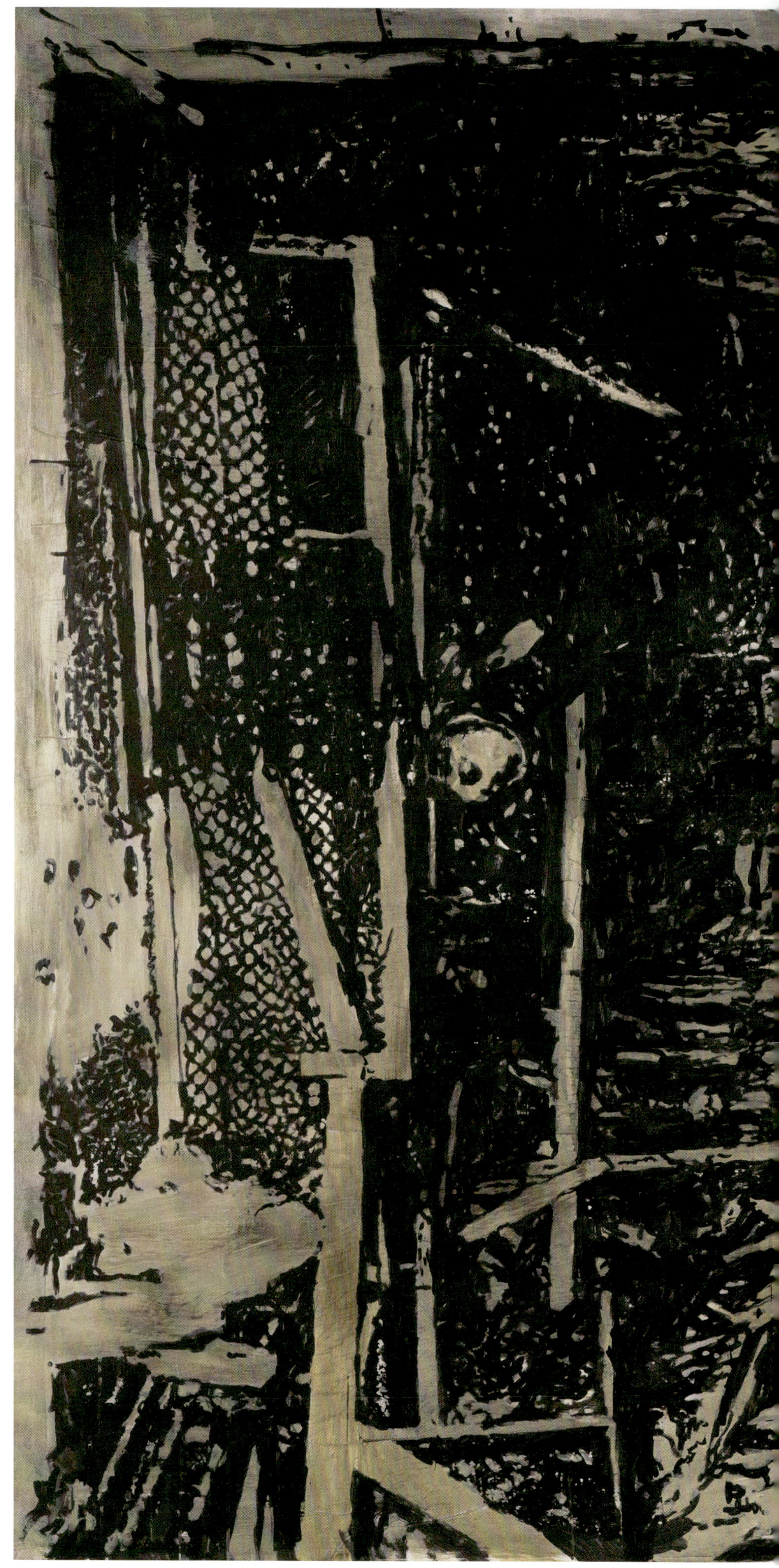

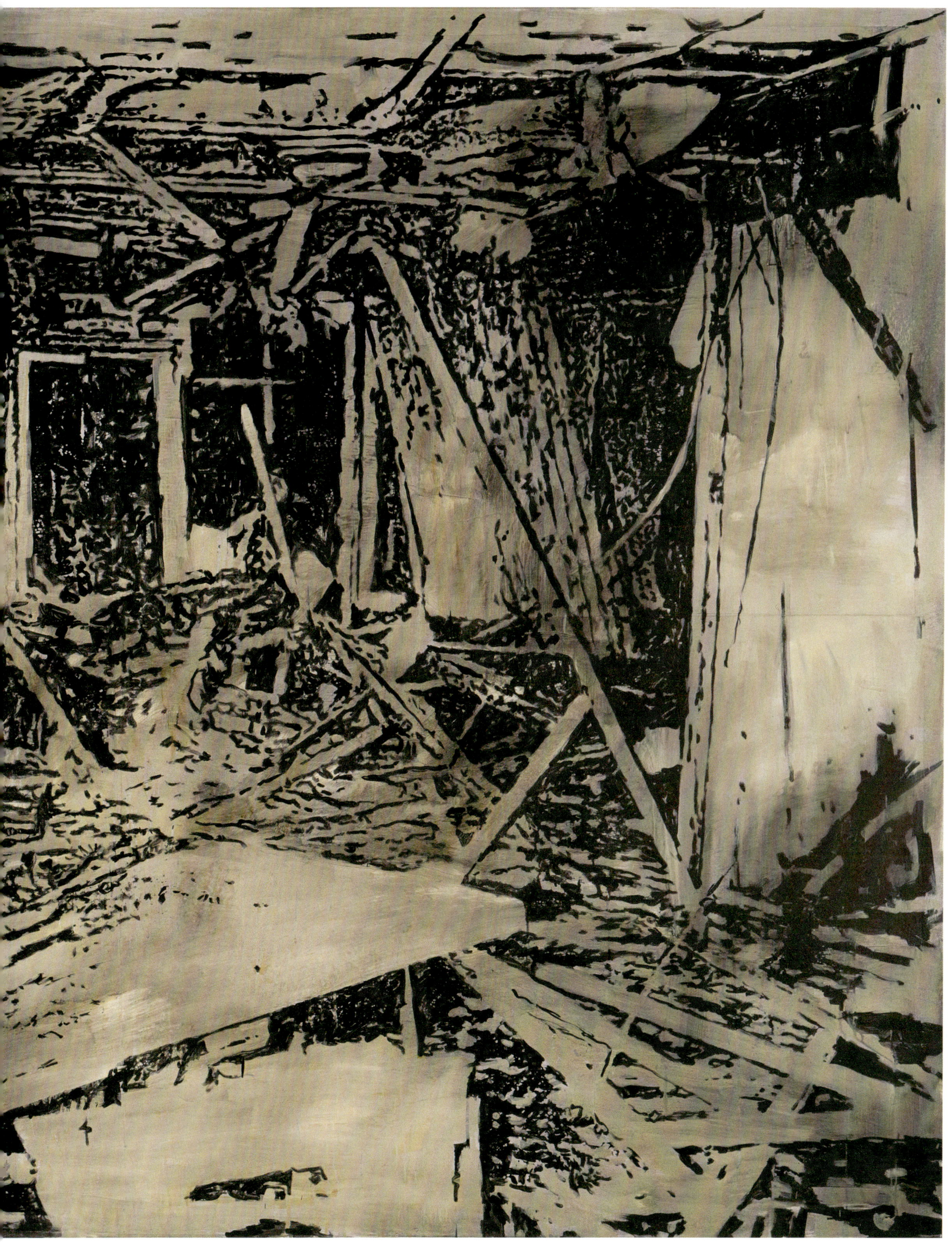

Der Beginn des Dekonstruktivismus [The Beginning of Deconstructionism] 1998

Carola Kemme

AUF DEN TRÜMMERN DER GESCHICHTE

DEKONSTRUKTION ALS SCHÖPFERISCHER PROZESS

UPON THE RUINS OF HISTORY

DECONSTRUCTION AS CREATIVE PROCESS

1999 eröffnet die Kunsthalle Düsseldorf die Ausstellung *Metaformen – Dekonstruktivistische Positionen in Architektur und Kunst.* Neben Architekturmodellen und Zeichnungen der Architekturbüros Coop Himmelb(l)au, Peter Eisenman, Frank O. Gehry und Zaha Hadid zeigt die Ausstellung Skulpturen und Rauminstallationen von Rudolf Herz, Wasa Marjanov, Olaf Metzel und Stefan Sous sowie sechs Gemälde von Heribert C. Ottersbach. Der Maler präsentiert seine zum Bildzyklus der *Modernebilder* gehörenden Werke der letzten zwei Jahre. Sie demonstrieren sein bildnerisches Nachdenken über die Verflechtungen von Postmoderne, Geschichte und Ästhetik. Dabei passen die zwei Kompositionen *Der Beginn des Dekonstruktivismus* (Abb. S. 100/101, 108) **nicht nur aufgrund ihres Titels ausdrücklich ins Ausstellungskonzept, sondern weil sie – so wie Ottersbachs Werk insgesamt – in bildästhetischer Hinsicht der postmodernen, genauer poststrukturalistischen Denkschule von Jean-François Lyotard, Jacques Derrida und Michel Foucault nahestehen. Beide Varianten gehen auf eine Schwarz-Weiß-Fotografie von Hitlers Wolfsschanze zurück, die die Zerstörungen des gescheiterten Putschversuchs vom 20. Juli 1944 festhält. Warum sollte ausgerechnet hier der Dekonstruktivismus dem Titel entsprechend seinen Anfang genommen haben? Auch ohne das Wissen um die historische Bedeutung des Ortes irritiert der Blick in das zerbombte und abbruchreife Interieur. Sollte ein Neubeginn nicht euphorischer oder zumindest hoffnungsvoller sein? Warum ist der Anblick dieser Trümmerlandschaften so reizvoll? Dass Ottersbach mit ihnen ins militärische Lagezentrum der größten Katastrophe des 20. Jahrhunderts vorstößt und spekulative Bezüge zwischen historisch konträren Denk- und Politiksystemen stiftet, ist seinem Verständnis von Malerei, die Denkräume eröffnen will und auf erinnerte »uneigentliche Bilder«[1] setzt, nur zuträglich.**

In 1999, the Kunsthalle Düsseldorf opened the exhibition *Metaformen: Dekonstruktivistische Positionen in Architektur und Kunst* (Metaforms: Deconstructionist Positions in Architecture and Art). Alongside architectural models and drawings from the architectural offices of Coop Himmelb(l)au, Peter Eisenman, Frank O. Gehry, and Zaha Hadid, the exhibition showed sculptures and room installations by Rudolf Herz, Wasa Marjanov, Olaf Metzel, and Stefan Sous as well as six paintings by Heribert C. Ottersbach. The painter presented works belonging to his series *Modernebilder* from the previous two years. They demonstrated his pictorial thinking about the interdependences of postmodernism, history, and aesthetics. The two compositions, *Der Beginn des Dekonstruktivismus* (The Beginning of Deconstructionism) (ills. pp. 100/101, 108), expressly fitted the exhibition concept not only by virtue of their title, but also because they—like Ottersbach's work in general—are close to the postmodern or more precisely post-structural schools of thought of Jean-François Lyotard, Jacques Derrida, and Michel Foucault, particularly in regard to pictorial aesthetics. Both variations reference a black-and-white photograph of Hitler's Wolfsschanze (the Führer's headquarters located in Poland), which records the destruction of the failed coup attempt on July 20, 1944. Why exactly, according to the title, should deconstructionism have started here? Even without knowledge of the location's historical significance, the view inside the bombed and ramshackle interior frustrates. Should a new beginning not be more euphoric or at least more hopeful? Why is the sight of these ruinous landscapes so interesting? That Ottersbach ventures with them into the military command center of the twentieth century's greatest catastrophe, creating speculative ties between historically contradictory systems of belief and politics, only reflects his understanding of painting, which desires to open up contemplative spaces, beginning with evocative "improper images."[1]

BRUCHLINIEN INNERHALB DES 20. JAHRHUNDERTS

»Bei aller Unterschiedlichkeit der Ansätze [der Architektur, d. V.] und ihrer bildhaften Umschreibungen fällt indessen auf, wie ähnlich die stilistischen oder besser baulichen Mittel beschrieben werden, die zum Einsatz kommen: das Verkanten, Ineinanderschieben und Verschachteln der Räume, die Fragmentierung der Flächen, die Vervielfachung der Perspektiven, die Collagetechnik, der Verzicht auf ein einheitliches Gesamtbild und auf eine einzige Mitte, die Vieldimensionalität und Dezentrierung also.«[2] Ottersbachs Malerei, die zwar stilistisch den anderen Ausstellungsobjekten in der Kunsthalle Düsseldorf nahekommt, ist auf den ersten Blick nicht dekonstruktivistisch. Zwischen Architektur, Skulptur und Malerei einer Dekade scheinen mindestens so viele Ähnlichkeiten wie Widersprüche auf. Was für die Architektur der 1990er-Jahre als neuartiges Gestaltungscharakteristikum verhandelt wird,[3] ist für die bildende Kunst von geringerem Neuigkeitswert. Seit über hundert Jahren ist die Malerei- und Skulpturengeschichte von formalen Innovationen dieser Art durchzogen: Polyperspektivität, Fragmentierung der Flächen, Zersplitterung der Formen, Relativierung eines einheitlichen Raum-Zeit-Kontinuums und – neben anderen modernen Techniken zur Bildimagination – Collage und Montage. Picassos Gemälde *Les Demoiselles d'Avignon* (1907) ist nur ein markanter Höhepunkt für diesen seit Erfindung der Fotografie im 19. Jahrhundert in der Malerei sich vollziehenden Abstraktionsprozess. Formelhaft wird er noch heute mit der Wendung »vom Abbild zum Bild« beschrieben, obwohl dieses Narrativ in seiner Linearität eine unter vielen Legenden innerhalb des von Heribert C. Ottersbach so bezeichneten »Mythos Moderne« darstellt. Unterliegt die Architektur dem Zwang, funktionierende Raumabfolgen unter Einhaltung der aus konkreten Bauaufgaben resultierenden Anforderungen in einem optisch ansprechenden Gewand zu kreieren, so hat sich auf Seiten der Kunst längst Skepsis gegenüber dem Verlangen nach Inno-

FAULT LINES WITHIN THE TWENTIETH CENTURY

"For all the diversity of approaches (in architecture) and their pictorial paraphrasing, it is nonetheless striking to see how stylistic and constructional methods are similarly described: the twisting, interpenetration, and nesting of rooms, the fragmentation of surfaces, the multiplication of perspectives, collage technique, the renunciation of an overall unifying image and of a single center—in short, multidimensionality and decentration."[2] Ottersbach's paintings, which did come stylistically close to the other exhibition objects in the Kunsthalle Dusseldorf show, are not deconstructionist on first view. Between the architecture, sculpture, and painting of a decade there are as many similarities as there are contradictions. What the architecture of the nineteen-nineties treats as a new design characteristic[3] is hardly new in the visual arts. For over a hundred years, innovations of this type have cut across the history of painting and sculpture: poly-perspectivity, surface fragmentation, shattering of forms, the relativizing of a unified space-time continuum, and—among other modern techniques of pictorial creativity—collage and montage. Pablo Picasso's painting *Les Demoiselles d'Avignon* (1907) represents only a prominent highpoint for this process of abstraction taking place within painting since the invention of photography in the nineteenth century. Today the phrase "*vom Abbild zum Bild*" (loosely, "from image to abstraction") still formulaically describes this process, though in its linearity this art-historical cliché represents one of the many legends within the ideological construct that Ottersbach calls the "myth of modernity." Characteristic for architecture is the need to create a functioning flow of space within a visually attractive container, while still complying with the concrete requirements of building construction. On the side of art, however, skepticism with respect to the desire for innovation and the new took over long ago. For the art historian and media philosopher Boris Groys, the new is only a nec-

vation und Neuem ausgebreitet. Das Neue ist für den Kunstwissenschaftler und Medienphilosophen Boris Groys nur eine notwendige Fiktionalisierung, die dem Wunsch nach Distinktion Ausdruck verleiht. »Zunächst ist das Neue etwas ganz Altes. Es gibt nichts Traditionelleres als die Orientierung am Neuen. Um unsere Zeit und uns selbst von den vorangegangenen Generationen und Zeiten zu unterscheiden, brauchen wir das Neue. Und selbst wenn die Postmoderne behauptet, es gebe nichts Neues mehr, bleibt sie ex negativo noch der modernistischen Tradition unserer Kultur verhaftet. Auf der anderen Seite ist das Neue eine Konvention. Besonders deutlich wird das in der Mode, in der altbekannte Elemente neu kombiniert werden, verschiedene Rocklängen mit verschiedenen Mustern und Farben zum Beispiel.«[4] Für Heribert C. Ottersbach ist das Neue, die Innovation, der Fortschritt insofern von Interesse, als er diesen Kategorien und ihren Heilsversprechungen wie Boris Groys misstraut und dies in seinen Tableaus mit den Mitteln der Malerei verhandelt. »Nicht mehr das Neue, sondern das Andere, die Relativierung, der formulierte Zweifel, nicht die Analyse, sondern die Synthese interessieren mich.«[5] Sein malerisches Denken in Bildzyklen ist Ausdruck dieser tief greifenden Skepsis gegenüber dem ultimativen Bild. Schließlich habe »eine bestimmte Spielart der Moderne in ihrem Anspruch auf Lösung, Erlösung und Endlösung ausgedient«.[6]

Seine Arbeitsweise findet folgerichtig darin eine das Werk und seine distanzierte Künstlerhaltung bestimmende Logik: Seit 1989/90 bedient sich Ottersbach auf der Suche nach geeigneten Bildvorlagen analoger sowie digitaler Bildarchive, wählt Fotodokumente nach künstlerischem Interesse aus, ergänzt, fotokopiert, vergrößert, be- und überarbeitet sie mithilfe des Computers oder der freien Hand, extrahiert Bildfragmente und montiert fiktive Kompositionen. Noch bis Mitte der 1990er-Jahre wurden diese Motive mit Papier auf Leinwand kaschiert. Heute arbeitet Ottersbach mit am Computer generierten grau-weißen Motiven, die direkt auf die Leinwand gedruckt werden und Ausgangspunkt sei-

essary fictionalization, giving expression to the desire for distinction. "First of all the new is something that is really old. There is nothing more traditional than the orientation toward the new. In order to distinguish our time and ourselves from previous generations and eras we need the new. And even when postmodernism declares there is nothing new anymore, it still remains attached *ex negativo* to the modernistic tradition of our culture. On the other side, the new is a convention. This becomes especially clear in fashion, in the new combinations of older known elements, in various skirt lengths with different patterns and colors for example."[4] For Heribert C. Ottersbach, categories such as newness, innovation, and progress are only of interest inasmuch as he, like Boris Groys, is suspicious of them and their promises of salvation, and he uses his paintings as a means to debate them. "No longer the new, but the other, the relative, the formulated doubt, not the analyses but the syntheses interest me."[5] His inclination toward painting in series is the expression of this deeply seated skepticism in relation to the ultimate picture. After all "the kind of modernism that demands answers, redemptions, and final solutions is now obsolete."[6]

Consequently his manner of working possesses a logic that is at once specific to the work and to his distanced artistic demeanor: since 1989–90, Ottersbach has made use of analogue and digital image archives to search out suitable source material, selecting the photographic documentation according to his artistic interests, supplementing, photocopying, enlarging, editing, and reworking the images with the help of a computer or by hand, extracting fragments and assembling fictitious compositions. Through the mid-nineties, these compositions were applied to paper and mounted on canvas. These days Ottersbach works with grey-white computer-generated compositions that are printed directly on canvas and serve as the point of departure for his painting. Only at this point does the appropriation of the image begin. It makes use of "photogenic painting" as Michel Foucault describes it, which entails "the

ner Malerei sind. Erst jetzt beginnt eine leiblich zu verstehende Form der Bildaneignung. Sie macht sich den Vorzug einer »photogenen Malerei« zunutze, wie sie von Michel Foucault beschrieben wurde, und die »auf ein[em] Photo-Ereignis ein Gemälde-Ereignis« sichtbar werden lässt.[7] »Mit dem wieder gefundenen Gebrauch der Photographie wird nicht ein Star, ein Moped, ein Kaufhaus oder die Gestaltung eines Reifens wiedergegeben, sondern es wird deren Bild wiedergegeben und in einem Gemälde als Bild geltend gemacht.«[8] Eine Wiederaufnahme der Komposition in Zeichnungen und Gemälden ist für den Werkprozess nicht ausgeschlossen. Häufig entstehen Tuschezeichnungen gerade erst nach einer motivischen Umsetzung in Malerei. Jede malerische Komposition muss sich hingegen in ihrer Bildästhetik als schlüssig erweisen, das heißt vor allem die Anschauung, wie es Ottersbach ausdrückt, und das vexierbildartige Sehen im Fluss halten. Konsequenterweise haben seine Bildwelten weniger die historischen Fotodokumente im Auge als den in mehrfachen Schritten destillierten Blick auf bereits bestehende und noch kommende Bilder. Der Prämisse folgend, dass Wirklichkeit immer schon, noch bevor wir sie beschreibend für uns dingfest machen können, medial vermittelt und Erfahrung zumeist virtuell ist, spricht er von seinen Bildern als »recycled images«. Der Utopieversprechen früherer Avantgardisten müde, lautet sein künstlerisches Credo weder einmalige Aufklärung noch endgültige Erklärung, sondern vorläufige Klärung der eigenen Themen mit dem Mittel der synthetischen Malerei. Für diese fordert er: »Sie muss sich zunächst ihren Kanon wieder neu erstellen, um ihre Atomisierung, ihre Selbstzertrümmerung, Selbstzerstückelung auch infolge der Konkurrenz zu den reproduktiven Medien zu überwinden.«[9] Ottersbachs Malerei strebt dabei keine Synthese aus Wahrnehmungs- und Vorstellungswelt an, wie sie von dem Symbolisten Paul Gauguin und der Nabis-Gruppe zur nachhaltigen Nobilitierung von Farb- und Formwerten in ihrer Malerei vorgetragen wurden. Auch Bettina Baumgärtel hat im Zusammenhang der *Modernebilder* darauf hingewiesen, dass Ottersbach

visualization of a painting event out of a photographic event."[7] "With the rediscovered use of photography, a star, a motorbike, a department store, or the pattern of a tire isn't reproduced, rather its image is reproduced and passed off in a painting as an image."[8] The composition may be further revisited in the working process through drawings and paintings. Frequently India ink drawings are produced after a painting is already finished. Every painted composition, however, must remain consistent within its own aesthetic, or as Ottersbach describes it, it needs to suspend perception and keep its ambiguity afloat. As a consequence, his world of images focuses less on historical photo-documentation as on the view, distilled over multiple steps, of the already existing images and those that are yet to come. Following the premise that reality, before we are able to describe it for ourselves concretely, is always medially conveyed and the experience of it mostly virtual, he speaks about his pictures as "recycled images." Tired of the utopian promises of earlier avantgardists, he embraces an artistic credo that can neither be called one-time enlightenment nor ultimate declaration, but the provisional clarification of his own subject matter with the synthetic medium of painting. For this he demands: "First (painting) has to remake its canon in order to overcome its atomization, its self-destruction, self-evisceration as a consequence of the competition with reproducible media."[9] Ottersbach's painting doesn't strive, though, to synthesize perceptual and conceptual worlds, as promoted by symbolist Paul Gauguin and the Nabis group in an attempt to elevate the values of form and color. Bettina Baumgärtel, in the *Modernebilder* catalogue, also pointed out that Ottersbach neither develops the notion of synthetic painting in the historical sense of the *Gesamtkunstwerk* (total work of art), nor plays it as a wrongly understood postmodern arbitrariness, but enhances his painting through the absorption of artistic means thrown overboard in the twentieth century. Synthetic painting serves him to temporarily mark a position within the process of his visual constructions and reconstructions. "Exact memory doesn't

den Begriff der synthetischen Malerei weder im Sinne der historischen Idee des Gesamtkunstwerks entwickelt, noch einer die Postmoderne falsch verstehenden Beliebigkeit in die Hände spiele, sondern seine Malerei durch die Aufnahme von im 20. Jahrhundert über Bord geworfenen künstlerischen Mitteln wieder anreichere. Die synthetische Malerei dient ihm zur temporären Positionsbestimmung im Prozess seiner visuellen Konstruktionen und Rekonstruktionen. »Exaktes Erinnern aber meint nicht die historisch getreue Rekonstruktion des Einzelfalls, sondern das synthetisierende Erinnern, um prinzipielle (Bild)-Strukturen aufzudecken.«[10] Um »die Geschichte der Moderne bildfest« zu machen, wie die Autorin formuliert, kann es für das Werkdenken von Heribert C. Ottersbach »nur um eine Ästhetik der Dissonanz gehen«.[11] Mit diesem Hinweis bezieht sich Baumgärtel auf Nietzsches Konzeption des Dionysischen. Dieser formuliert in *Die Geburt der Tragödie:* »In welchem Sinne uns gerade der tragische Mythus zu überzeugen hat, dass selbst das Hässliche und Disharmonische ein künstlerisches Spiel ist, welches der Wille, in der ewigen Fülle seiner Lust, mit sich selbst spielt. Dieses schwer zu fassende Urphänomen der dionysischen Kunst wird aber auf directem Wege einzig verständlich und unmittelbar erfasst in der wunderbaren Bedeutung der musikalischen Dissonanz. [...] Jenes Streben in's Unendliche, der Flügelschlag der Sehnsucht, bei der höchsten Lust an der deutlich percipirten Wirklichkeit, erinnern daran, dass wir in beiden Zuständen ein dionysisches Phänomen zu erkennen haben, das uns immer von Neuem wieder das spielende Aufbauen und Zertrümmern der Individualwelt als den Ausfluss einer Urlust offenbart, in einer ähnlichen Weise wie wenn von Heraklit dem Dunklen die weltbildende Kraft einem Kinde verglichen wird, das spielend Steine hin und her setzt und Sandhaufen aufbaut und wieder einwirft.«[12] So sind für Baumgärtel die Stationen in Ottersbachs Werkprozess pars pro toto durch ein synthetisierendes Erinnern mittels jener Ästhetik der Dissonanz bestimmt. Gerade sein nicht wissenschaftlich-systematisches Umschichten, Umbauen und

mean the historically true reconstruction of a particular case, it means the synthetic memory in revealing principle (image) structures."[10] To "fix modern history in images," as the author states, can only be, for Heribert C. Ottersbach's way of thinking, "about the aesthetic of dissonance."[11] With this, Baumgärtel refers to Nietzsche's conception of the Dionysian. In *The Birth of Tragedy,* Nietzsche states: "The tragic myth has to convince us that even ugliness and discord are an artistic game which the will, in the eternal abundance of its pleasure, plays with itself. But this primal and difficult phenomenon of Dionysiac art is only intelligible and can only be immediately grasped through the wonderful significance of *musical dissonance*. . . The striving for infinity, the wingbeat of longing, that accompanies the supreme delight of clearly perceived reality, reminds us that both states are aspects of a Dionysiac phenomenon: over and over again it shows us the spirit that playfully builds and destroys the world of individuals as the product of primal pleasure: similarly, dark Heraclitus compares the force that builds worlds to a child placing stones here and there, and building sandcastles and knocking them down again."[12] Thus for Baumgärtel the stations in Ottersbach's working process are defined *pars pro toto* by a synthetic memory via this aesthetic of dissonance. It's precisely his non-scientific, systematic shifting, rebuilding, and reshaping of fragmented and fictive compositions that correspond to that image of a lustful and at the same time destructive creative drive, like Nietzsche's transference onto Heraclitus's image of the child at play. It's an image that can be regarded simultaneously as a metaphor for the deconstructive nature of the pictorial process in Heribert C. Ottersbach's work. How is this "aesthetic of dissonance" communicated when viewing the work?

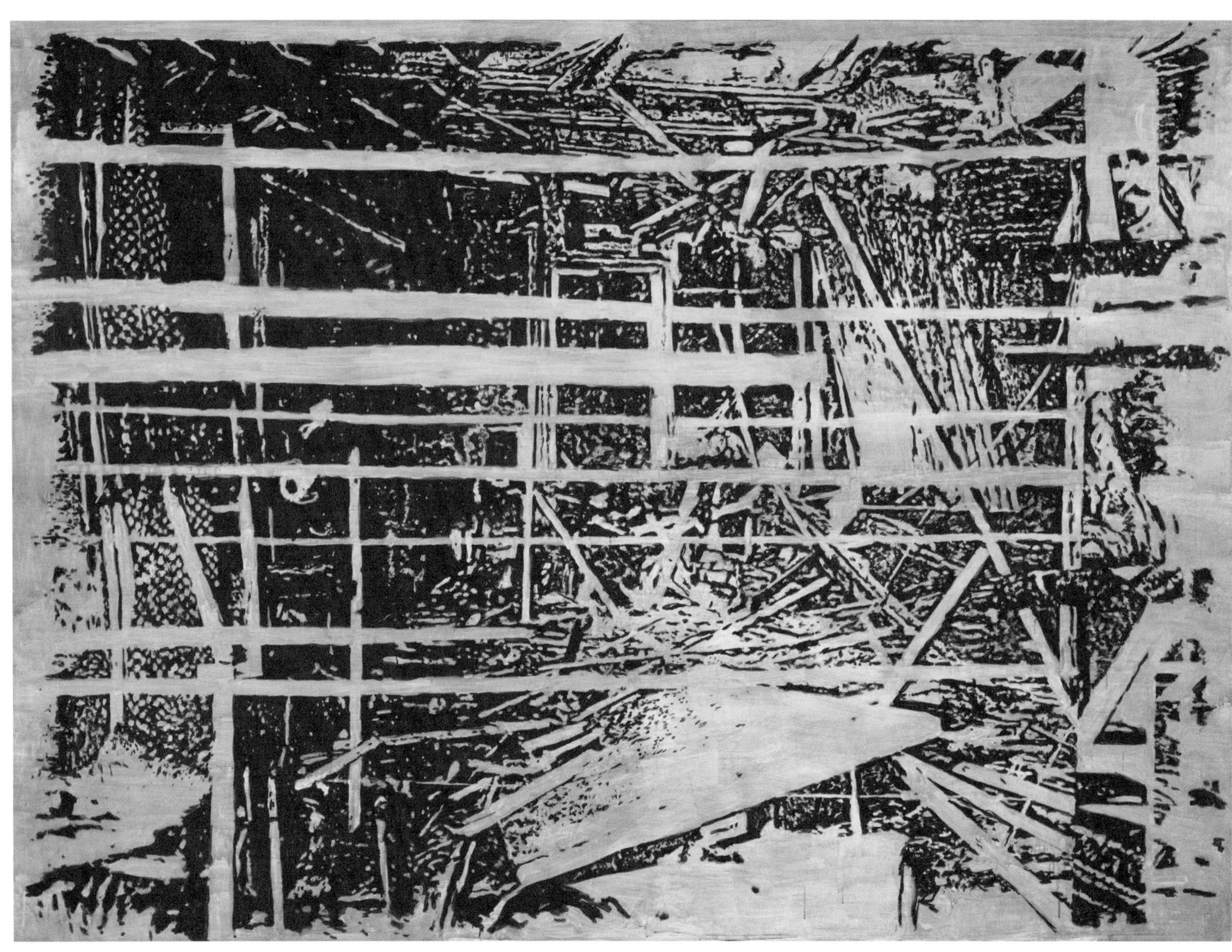

Der Beginn des Dekonstruktivismus II [The Beginning of Deconstructionism II] 1999

Umbilden fragmentarisierter und fiktiver Kompositionen entspricht jener Vorstellung eines lustvollen und zugleich zerstörerischen Schöpfungstriebs, wie sie Nietzsche mit Heraklit ins Bild des spielenden Kindes transferierte. Eine Vorstellung, die zugleich als Metapher für das Dekonstruktivistische der bildnerischen Prozesse im Werk von Heribert C. Ottersbach angesehen werden kann. Wie vermittelt sich diese »Ästhetik der Dissonanz« in der Anschauung?

VOM AUFRUFEN UND UNTERGEHEN DER BILDER

Im Kolorit sowie der Gesamtanlage unterschiedlich, wiederholen die zwei Kompositionen gleichen Titels *Der Beginn des Dekonstruktivismus* in ihrem kontrastreichen Hell-Dunkel das Motiv eines in Stücke zerfetzten Interieurs. Niedergestürzte Holzleisten, herunterhängende Deckenvertäfelungen, ein am linken Bildrand offen stehendes Fenster, auf dessen unterer Rahmenleiste der Vorhang von außen nach innen durch die zerbrochene Scheibe fällt, sowie die in der rechten Bildhälfte in die Mitte weisenden, nicht bestimmbaren kleinteiligen Objekt- und Materialsplitter bilden ein Gerüst aus chaotisch angeordneten Linien und Flächen (Abb. S. 100/101)**. Im Vordergrund wird durch die helle, sich verjüngende Fläche der Blick in die Tiefe des Bildraumes gezogen. Das Auge strandet auf dem Trümmerhaufen, der weder in seinen Ausmaßen noch durch seine Materialität bestimmbar ist. Von dort aus weisen schmale Linien mit unterschiedlicher Reichweite und Dominanz in alle Richtungen und lenken den Blick zurück. Die in der linken Bildhälfte dominierenden, nur durch wenige helle Partien charakterisierten Farbflächen evozieren den Eindruck von Verschattungen im Innenraum. Folgt man der Idee, sich mithilfe von Licht- und Schattenpartien räumlich zu verorten, so wird der Blick abermals in der Flächigkeit einzelner Bildpartien absorbiert. Denn weder die dunklen noch die helleren Zonen lassen sich mit**

THE RETRIEVAL AND DISAPPEARANCE OF IMAGES

Varying in palette as well as overall layout, the two like-titled compositions, *Der Beginn des Dekonstruktivismus,* echo the motif of an interior torn to pieces in their contrast-rich lights and darks. Fallen-down wood moldings, low-hanging ceiling panels, on the left edge of the picture an open window with a curtain that falls on its bottom edge through the broken pane from outside, and on the right half of the image, indeterminate fragments and debris pointing toward the center, all create a framework out of chaotically ordered lines and surfaces (ill. pp. 100/101). In the foreground a bright, tapered surface pulls the gaze into the depths of pictorial space. The eye maroons on the pile of rubble, neither the material nor the scale of which can be determined. From there slender lines with differing lengths and strengths point in all directions and channel the gaze back. The colored surfaces dominating the left half of the image, characterized by only a few bright sections, evoke the impression of shadows within the interior space. If one tries to orient oneself spatially with the aid of light and shadow areas, the flatness of particular sections of the image once again absorbs the gaze: neither dark nor bright zones are illuminated by a comprehensible source or direction of light. The shifting game of conflicting lines and surfaces blurs the viewing process between the actual two-dimensionality and the perception of three-dimensional depth. Things and objects, colors and shapes dissolve into amorphous and vibrating dots and surfaces. And if, when contemplating all pictorial information, the overall composition is recognized again as a destroyed interior, the enigmatic nature of the composition stands out by means of painterly abstractions and the theme of destruction. The vision is trapped between reading the subject matter and experiencing the autonomy of the image: a new self-stabilizing pictorial space opens whose matrix is no longer bound to external references. Everything appears to taper toward the center of the ruinous landscape without

einer nachvollziehbaren Lichtquelle oder -regie erklären. Das wechselhafte Spiel widerstreitender Linien- und Flächenwirkungen verschleift den Sehprozess zwischen der konkreten Zwei- und einer fiktiven Dreidimensionalität. Ding- und Objekthaftes, Farb- und Formwerte lösen sich im Flächigen, Punktuellen, Amorphen und Vibrierenden auf. Auch wenn das Betrachten aller Bildinformationen die Gesamtkomposition motivisch wieder als zerstörtes Interieur identifiziert, wird das Vexierbildhafte der Komposition mittels malerischer Abstraktion und motivischer Destruktion betont. Zwischen Gegenstandssehen und Bildautonomie wechselt der Blick: Ein Kippbild entsteht und eröffnet einen sich selbst ebenso stabilisierenden anderen Bildraum, dessen Matrix keiner außerbildlichen Referenz mehr zwingend bedarf. Alles scheint auf das Zentrum der Trümmerlandschaft zuzulaufen, ohne dass der Blick im Detail Halt findet. Das dazugehörige Skizzenblatt verdeutlicht für diese in Sepia gehaltene Gemäldevariante alle wesentlichen formalen Bildelemente der fotografischen Vorlage wie Diagonalen und Flächen.

Der parallele Eindruck von Bildautonomie und Motivauflösung ist in der ein Jahr später entstandenen Fassung intensiviert (Abb. S. 108). **Im Kolorit das Schwarz-Weiß der fotografischen Bildvorlage reproduzierend, durchziehen acht helle unregelmäßige Streifen die Komposition der Trümmerszene. Sie verspannen das zu den Bildkanten ausfransende Motiv hinter einer dominierenden Linienstruktur. Wie eine von der linken Bildkante ausgehende Bildstörung drängen sie sich in unterschiedlicher Breite über die Leinwand. Formalästhetisch bestätigen sie die Verteilung von groß- und kleinteilig gestalteten Farbzonen im Bildhintergrund und verlieren sich in der Tiefe eines kaum noch zu differenzierenden Bildraumes. Was sich in der Horizontalen achtfach über die**

Heribert C. Ottersbach Auszug aus dem Skizzenbuch / Excerpt from the sketchbook

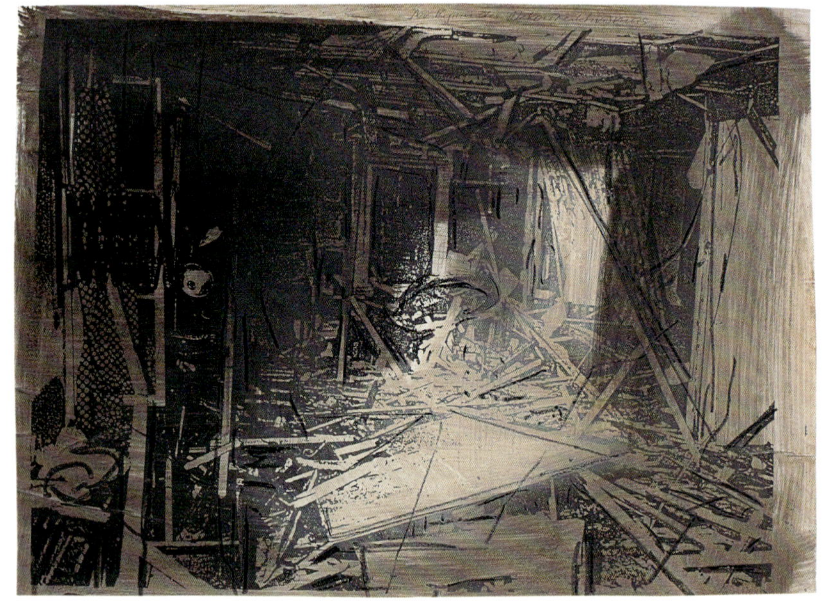

the gaze getting caught up in the details. The corresponding sketch to the sepia version of the painting emphasizes all essential formal pictorial elements of the photographic source image such as diagonals and surfaces.

The parallel effect of image autonomy and dissolution of subject matter intensifies in the version produced a year later (ill. p. 108). Reproducing the black-and-white palette of the photographic source image, eight uneven stripes cut across the composition of the wreckage scene. They brace the motif, frayed to the corners of the picture, behind a dominating structure of lines. Like a pictorial disruption originating in the left edge of the picture, they thrust themselves in varying thicknesses across the canvas. Formally and aesthetically, they affirm the division of the background of the picture into organized large and small color zones and lose themselves in the depths of a barely distinguishable pictorial space. What cuts across the wreckage scene eight times, simultaneously providing and denying insight into the pictorial space, echoes on the right side of the picture in the verticals created via the angular orientation of individual surfaces, the internal structure of which, in turn, disintegrates. In the process, the directional movement is inverted: the orthogonally oriented, highly contrast-rich color fields shift themselves this time from right to left and make

Trümmerszene erstreckt, den Einblick in den Bildraum anlockt und zugleich verwehrt, wird in der Vertikalen durch Geometrisierung einzelner Flächen an der rechten Bildkante, deren Binnenstruktur wiederum zerfällt, beantwortet. Dabei ist die Bewegungsrichtung invertiert: Die orthogonal angeordneten, äußerst kontrastreichen Farbfelder schieben sich diesmal von rechts nach links und verunmöglichen ihrerseits jedwede Form von Gegenstandssehen. Der Eindruck von perspektivisch korrekter Räumlichkeit und Gegenständlichkeit wird zunehmend torpediert und konsequent zerstört. Das Motiv der fotografischen Bildvorlage öffnet sich der Malerei, wie es Foucault für die »photogene Malerei« ausgeführt hat. »Bilder, die der Betrachter nicht sieht, kommen aus der Tiefe des Raumes, und angetrieben von einer dunklen Kraft gelingt es ihnen, einem einzigen Photo zu entspringen, um in verschiedene Gemälde auseinander zu streben, von denen jedes seinerseits der Anlass zu einer neuen Serie, einer neuen Verstreuung von Ereignissen sein könnte. Tiefe der Photographie, der die Malerei unbekannte Geheimnisse entreißt? Nein, das nicht, sondern eine Öffnung der Photographie durch die Malerei, die durch sie unbegrenzte Bilder aufruft und vorüberziehen lässt.«[13]

VERGANGENE VISIONEN

Neben der Arbeit mit Versatzstücken, Bildmontagen und Übermalungen geben besonders Ottersbachs Architektur- und Interieurszenen Anlass, dem postmodernen Hang des Künstlers zur Moderne unter der ästhetischen Kategorie der Ruine und des Ruinenhaften nachzugehen. Dabei hat die Ruinenästhetik kunst- und geistesgeschichtlich eine tradierte Bedeutung: »Beides [der skizzenhafte Charakter und das Absichtsvoll-Fragmentarische, d. V.] zusammen ergeben Reiz und ›Ideologie‹ des Unvollständigen, Momentanen, wie wir es im Fortleben frag-

it impossible to read any subject matter. The impression of correct spatial perspective and of concrete objectivity is increasingly undermined and forcefully destroyed. The motif of the photographic source image opens itself up to painting, in the way Foucault explained "photogenic painting": "Images, which the observer doesn't see, come from the depths of the space, and, propelled by a darker strength, manage to spring from a single photograph to emerge separately in various paintings, each one of which could give rise to another series, a new distribution of events. Painting wrests unknown secrets from the depths of photography? No, not exactly, rather it's the opening up of photography through painting that elicits and conveys unlimited images."[13]

DEPARTED VISIONS

Next to the use of movable pieces, image montages, and over-paintings, Ottersbach's architectural and interior scenes provide special cause to explore the postmodern propensity of the artist toward modernity under the aesthetic category of the ruin and the ruin-esque. The ruin-aesthetic, in art-historical and socio-historical terms, has a traditional meaning: "Together both [that is, the sketchy character and the intentionally fragmentary character] produce excitement and an 'ideology' of the incomplete, the momentary, as we know from the continued existence of fragmentary forms and ideas from antiquity to the Renaissance, from Rodin to Picasso and de Chirico, from van Dyck's and Rubens's oil sketches, from Tiepolo's ceiling paintings and Delacroix's paintings, the Nonfiniti, and the constructed ruins of the Baroque. They are informants for our understanding of similar appearances in modern art."[14] For Walter Benjamin, author of *The Arcades Project,* a work he left unfinished

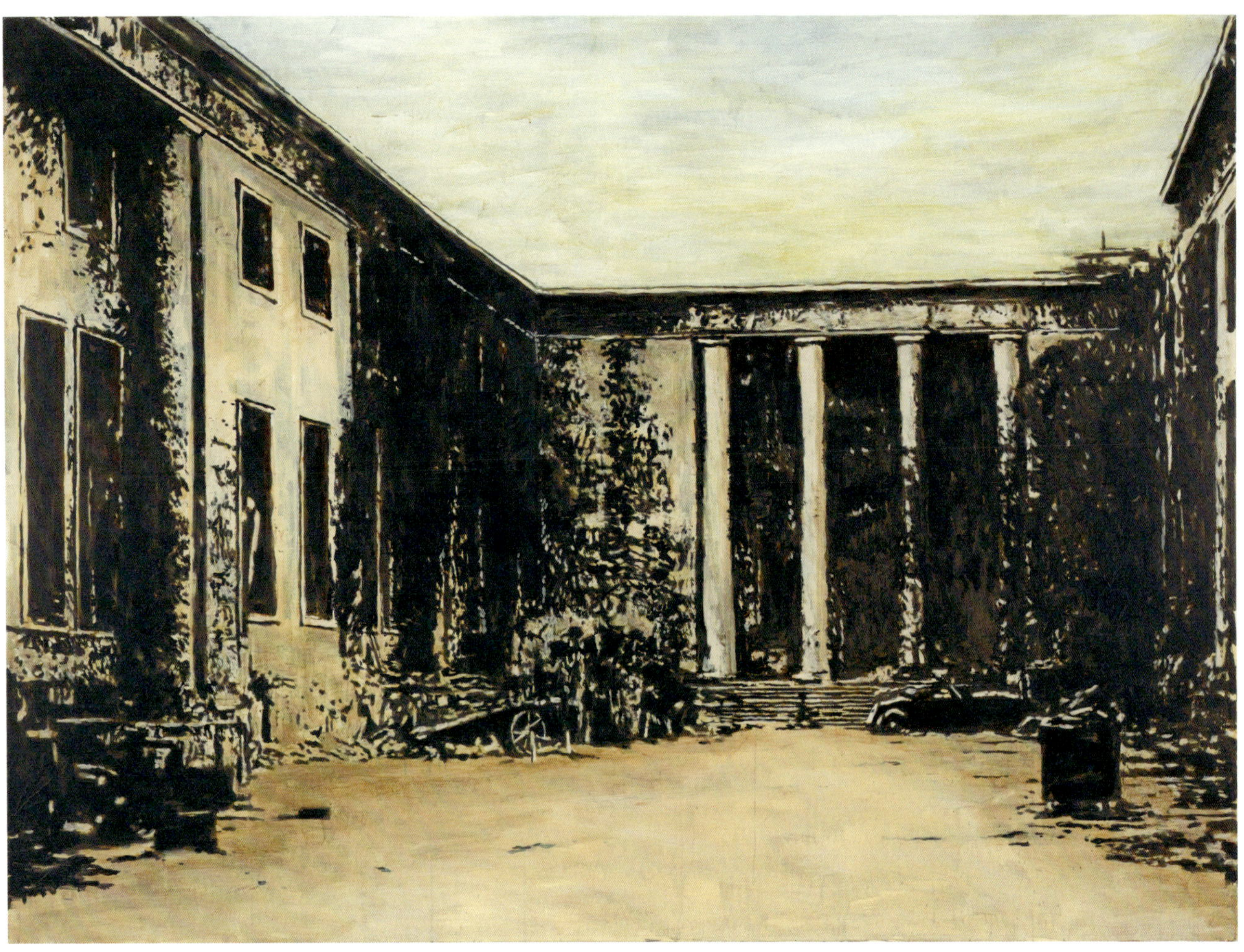

Die Zone (I) Ankunft [The Zone (I) Arrival] 2003

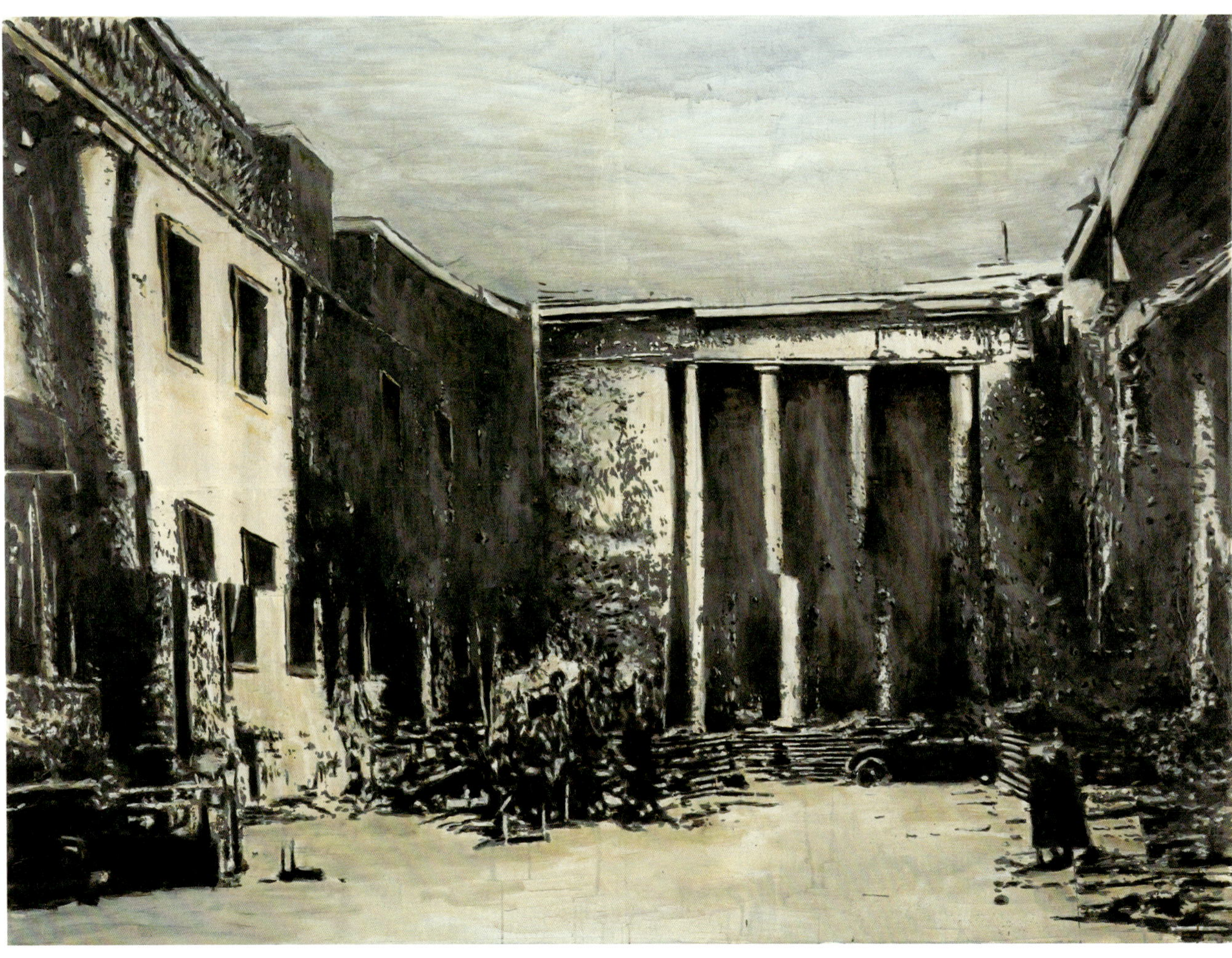

Die Zone (II) Abfahrt [The Zone (II) Departure] 2003

mentarischer Formen und Ideen von der Antike über die Renaissance und Rodin bis hin zu Picasso und de Chirico kennen, von van Dyck und Rubens Ölskizzen, von Tiepolos Deckengemälden und Delacroix-Bildern, den Nonfiniti, den gebauten Ruinen des Barocks. Sie sind Informanten für unser Verständnis für ähnliche Erscheinungen in der modernen Kunst.«[14] Für Walter Benjamin, dem Autor des zu Lebzeiten unvollendeten und aus einer Sammlung von Fragmenten bestehenden *Passagen-Werks* ist die Ruine ein zentraler Zugang zur Barockkultur: »Was da in Trümmern (ruines) abgeschlagen liegt, das hochbedeutende Fragment, das Bruchstück: es ist die edelste Materie der barocken Schöpfung.«[15] Ottersbachs Architekturbilder gehen nicht auf eine teleologisch überhöhte Ruinen- und Fragmentfaszination zurück, wie sie sich seit der Renaissance, der Emblemkunst und den Vanitasmotiven des Barocks stets unterschiedlich akzentuiert präsentiert hat. Seine architektonischen Sujets, die die heute bereits wieder denkmalwürdigen Baukonzepte des 20. Jahrhunderts aufgreifen, die gleichzeitig die Uneinholbarkeit von im Alltag gescheiterten Zukunftsvisionen präsentieren und als Reste einer arbeitsteiligen Fortschritts- und Industriekultur figurieren, zeugen von einer bildlichen Reflexionsfähigkeit, wie sie den Ruinenbildern in der Moderne eigen ist.[16] Es ist der reflexive Blick, der die Ruinen zum ästhetischen Gegenstand bei gleichzeitiger Freistellung des Motivs erhebt. Für Hartmut Böhme sind Ruinenbilder seit der Romantik aus ihrer Bindung an das Bildmotiv gelöst und in eine Theorie des Fragments und somit in das Innere eines poetischen Verfahrens gestellt. Er sieht in ihnen nicht mehr nur eine »Chiffre des Verfalls«, sondern die Struktur einer bildlichen Reflexion des Verhältnisses von Naturgeschichte und Zivilisation. Am Ende des 19. Jahrhunderts erodieren durch religiösen Sinnverlust und misslungene Säkularisierung alle früheren Ruinendiskurse und sorgen dafür, dass »in die verlassenen Ruinen des Sinns der Wahn, die delirierende Erlösungssehnsucht und das Dämonische einziehen«.[17] Eine »zunehmende Rationalisierung der Einzel-

during his lifetime and consisting of a collection of fragments, the ruin provides central ingress to Baroque culture: "That which lies here in ruins, the highly significant fragment, the remnant, is, in fact, the finest material in Baroque creation."[15] Ottersbach's architectural paintings don't trace back to a teleologically sublimed fascination for ruins and fragments, as has been presented in ever-varied, differently accentuated ways since the Renaissance and Baroque-style emblem-art or vanitas motifs. His architectonic subjects take up the building concepts of the twentieth century (themselves already monument-worthy today) and present the unattainable nature of architectural future visions that have failed in daily life; at the same time, they appear as the relics of a labor-divided industrial culture fueled on the idea of progress. As such, they are evidence of an aptitude for pictorial reflection, as is particular to images of ruins in the modern age.[16] It is the reflexive gaze that ennobles the ruins as an aesthetic object by simultaneously letting go of the motif. For Hartmut Böhme, images of ruins since Romanticism are loosened from their connection to the image motif and positioned within a theory of the fragment and thus inside a poetic process. He no longer sees in them only a "cipher of decay," rather the structure of a pictorial reflection of the relationships between natural history and civilization. By 1900, all earlier discourse on ruins is eroded through a loss of religious meaning and failed secularization, ensuring that "madness and the delirious desire for redemption and the demonic move into the forsaken ruins of meaning."[17] An "increasing rationalization of the individual moment with (at the same time) the rising irrationality of the whole" allows "numbness, ruins, strangeness, and mortified things to take hold of the subject in an overwhelmingly powerful way"[18] in enlightened modernity. "Every thing is already trash, every house a ruin, every industrial complex a graveyard of technology, every mastery of nature its destruction, every creation of meaning a place of ruin, every beauty a *facies hippocratica,* every production a destruction, every thought a fragment."[19]

momente bei steigender Irrationalität des Ganzen« lässt »die Starre, die Ruine, die Fremdheit, die mortifizierten Dinge eine so überwältigende Macht über die Subjekte«[18] in der aufgeklärten Moderne erlangen. »Jedes Ding ist immer schon Müll, jedes Haus eine Ruine, jede Industrieanlage ein Friedhof der Technik, jede Naturbeherrschung deren Zerstörung, jeder Sinnentwurf ein Trümmerplatz, jede Schönheit eine facies hippocratica, jede Produktion eine Destruktion, jeder Gedanke ein Bruchstück.«[19]

Bereits in ihrer zuerst 1944 im amerikanischen Exil veröffentlichten Schrift *Dialektik der Aufklärung* widmeten sich Max Horkheimer und Theodor W. Adorno dem – letztlich in totalitären Systemen pervertierten – Rationalitätsglauben, der sich als instrumentelle Vernunft ins Gegenteil verkehrt habe.[20] Auch der polnische Soziologe Zygmunt Bauman verweist auf diesen Zusammenhang, wenn er schreibt: »Erst die rational bestimmte Welt der modernen Zivilisation macht den Holocaust möglich.«[21] Bezieht man daher Hartmut Böhmes Eintrag zur Rationalität beziehungsweise Irrationalität auf die Arbeit *Der Beginn des Dekonstruktivismus,* so deutet sich spekulativ eine Antwort auf die zu Beginn gestellte Frage an, warum Heribert C. Ottersbach den Dekonstruktivismus in Hitlers Wolfschanze beginnen lässt. Eine zur Kenntlichkeit entstellte Rationalität, die nicht nur die perfektionierte Massenvernichtung und das Dritte Reich in seiner Perversion nicht verhindern konnte, sondern sie sogar ermöglichte, ist grundlegende Erfahrung, Motivation und Untersuchungsfeld postmodernen Denkens. Insofern Ottersbach den Ursprung der Postmoderne beziehungsweise des Dekonstruktivismus in die Wolfschanze verlegt, legt er bildästhetisch Spuren zur Interpretation komplexer geistesgeschichtlicher und politischer Interpendenzen. Dabei zieht seine Malerei ihren besonderen Reiz aus der Tatsache, dass sie Denkräume stiftet und eine wissenschaftliche Überprüfung dieser Bezüge nicht gewährleisten muss.

As early as 1944 in their *Dialectic of Enlightenment,* first published while in exile in the United States, Max Horkheimer and Theodor W. Adorno dealt with the belief in rationality—ultimately perverted in totalitarian systems—which in the form of instrumental reason had inverted itself into its opposite.[20] Even the Polish sociologist Zygmunt Bauman referred to this connection when he wrote: "It was the rational world of modern civilization that made the Holocaust thinkable."[21] Thus, in referencing Hartmut Böhme's input on rationality or irrationality in the work *Der Beginn des Dekonstruktivismus,* an answer is suggested speculatively to the question posed at the beginning, why Heribert C. Ottersbach locates the beginning of deconstructionism in Hitler's Wolfschanze. A rationality disfigured beyond recognition, which not only could not prevent the perfected Holocaust and the perversion of the Third Reich from happening but in fact made it possible, is simultaneously fundamental experience, motivation, and area for the examination of postmodern thinking. Insofar as Ottersbach projects the origin of postmodernism or deconstructionism in the Wolfschanze, he lays down pictorial-aesthetic clues for interpreting complex socio-historical and political interdependences. In the process his paintings extract their particular appeal from the fact that they create spaces for contemplation without having to guarantee scholarly verification of these references.

1 Heribert C. Ottersbach, zit. nach Bettina Baumgärtel, »Des Künstlers Blick auf die Moderne«, in: Lothar Romain und Detlef Bluemler (Hrsg.), *Künstler – Kritisches Lexikon für Gegenwartskunst,* München 2001, S. 3–6, hier S. 6.

2 Marie Luise Syring, »Dekonstruktivismus. Eine in Bewegung geratene Moderne«, in: *Metaformen. Dekonstruktivistische Positionen in Architektur und Kunst,* Ausst.-Kat. Kunsthalle Düsseldorf, Düsseldorf 1999, S. 3–9, hier S. 3.

3 Einen guten Überblick zum interdisziplinären Architekturdiskurs der 1990er-Jahre gibt die Publikation *Anything,* hrsg. von Cynthia C. Davidson, New York 2001. Zum gescheiterten Dialog zwischen Peter Eisenman und Jacques Derrida: Ullrich Schwarz, »Ist der Architektur noch zu helfen?«, in: *Die Zeit,* 50, 2001, o. S.

4 »Boris Groys im Gespräch. Im Wettbewerb mit den Toten«, in: *Freitag. Die Ost-West-Wochenzeitung,* 1, 2005. Vgl. auch ders., *Über das Neue. Versuch einer Kulturökonomie,* München 1992.

5 »Heribert C. Ottersbach im Gespräch mit Eckhard Gillen. Blickwechsel – Des Künstlers Blick auf die Moderne«, in: *Heribert C. Ottersbach. Modernebilder 1995–1999,* hrsg. von Bettina Baumgärtel, Ausst.-Kat. Kunstmuseum Düsseldorf im Ehrenhof, Köln 1999, S. 15–38, hier S. 28.

6 Heribert C. Ottersbach, in: Ausst.-Kat. Düsseldorf 1999 (wie Anm. 2), S. 52.

7 Michel Foucault, »Die photogene Malerei (Präsentation)«, in: ders., *Schriften in vier Bänden – Dits et Ecrits,* Bd. II, 1970–1975, hrsg. von Daniel Defert und François Ewald, Frankfurt am Main 2002, S. 871–882, hier S. 877.

8 Ebd., S. 876.

9 Heribert C. Ottersbach, »Die Moderne entlässt Ihre Patienten. Das Scheitern der Moderne und die unerwartete neue Freiheit«, in: *Kommune. Forum für Politik, Ökonomie, Kultur,* 3, 2007, S. 70–81, hier S. 79.

10 Bettina Baumgärtel, »Was tun mit der Moderne? – Denkprozesse im Werk von Heribert C. Ottersbach«, in: Ausst.-Kat. Düsseldorf 1999 (wie Anm. 5), S. 46–63, hier S. 56.

11 Ebd., S. 54.

12 Friedrich Nietzsche, »Die Geburt der Tragödie«, in: ders., *Die Geburt der Tragödie. Unzeitgemäße Betrachtungen I–IV,* Nachgelassene Schriften 1870–1873, kritische Studienausgabe, hrsg. von Giorgio Colli und Mazzino Montinari, München 1999, S. 152/153.

13 Foucault 1970–1975 (wie Anm. 7), S. 879/880.

14 Heinz Althöfer, »Fragment und Ruine«, in: *Kunstforum International,* 19, 1,1977, S. 57–169, hier S. 69.

15 Walter Benjamin, *Ursprung des deutschen Trauerspiels,* Gesammelte Schriften, I, 1, Frankfurt am Main 1980, S. 354.

16 Hartmut Böhme, »Die Ästhetik der Ruinen«, in: Dieter Kamper und Christoph Wulf (Hrsg.), *Der Schein des Schönen,* Göttingen 1989, S. 287–304.

17 Ebd., S. 298.

18 Ebd.

19 Ebd.

20 Max Horkheimer und Theodor W. Adorno, *Dialektik der Aufklärung. Philosophische Fragmente,* Frankfurt am Main 2006.

21 Zygmunt Bauman, *Dialektik der Ordnung: die Moderne und der Holocaust,* Hamburg 2002, S. 27.

1 Heribert C. Ottersbach, quoted by Bettina Baumgärtel, "Des Künstlers Blick auf die Moderne," in Lothar Romain and Detlef Bluemler, ed., *Künstler: Kritisches Lexikon für Gegenwartskunst* (Munich, 2001), pp. 3–6, here p. 6.

2 Marie Luise Syring, "Dekonstruktivismus. Eine in Bewegung geratene Moderne," in *Metaformen: Dekonstruktivistische Positionen in Architektur und Kunst,* exh. cat. Kunsthalle Düsseldorf (Düsseldorf, 1999), pp. 3–9, here p. 3.

3 The publication *Anything,* ed. by Cynthia C. Davidson (New York, 2001), offers a good overview on the interdisciplinary architectural discourse of the nineteen-nineties. On the aborted dialogue between Peter Eisenman and Jacques Derrida, see Ullrich Schwarz, "Ist der Architektur noch zu helfen?," in *Die Zeit,* 50, 2001, et seq.

4 "Boris Groys im Gespräch. Im Wettbewerb mit den Toten," in *Freitag. Die Ost-West-Wochenzeitung,* 1, 2005. Cf. also Boris Groys, *Über das Neue. Versuch einer Kulturökonomie* (Munich, 1992).

5 "Heribert C. Ottersbach im Gespräch mit Eckhard Gillen. Blickwechsel: Des Künstlers Blick auf die Moderne," in *Heribert C. Ottersbach. Modernebilder 1995–1999,* ed. by Bettina Baumgärtel, exh. cat. Kunstmuseum Düsseldorf im Ehrenhof (Cologne, 1999), pp. 15–38, here p. 28.

6 Heribert C. Ottersbach, in exh. cat. Düsseldorf 1999 (see note 2), p. 52.

7 Michel Foucault, "La peinture photogénique (Présentation)," in Michel Foucault, *Dits et Ecrits: 1954–1988,* vol. II, 1970–75, ed. by Daniel Defert and François Ewald (Paris, 1994), p. 712.

8 Ibid., p. 711.

9 Heribert C. Ottersbach, "Die Moderne entlässt Ihre Patienten. Das Scheitern der Moderne und die unerwartete neue Freiheit," in *Kommune. Forum für Politik, Ökonomie, Kultur,* 3, 2007, pp. 70–81, here p. 79.

10 Bettina Baumgärtel, "Was tun mit der Moderne? Denkprozesse im Werk von Heribert C. Ottersbach," in exh. cat. Cologne 1999 (see note 5), pp. 46–63, here p. 56.

11 Ibid., p. 54.

12 Friedrich Nietzsche, *The Birth of Tragedy Out of the Spirit of Music,* ed. by Michael Tanner, trans. by Shaun Whiteside (London, 1993), p. 115.

13 Foucault 1970–1975 (see note 7), p. 714.

14 Heinz Althöfer, "Fragment und Ruine," in *Kunstforum International,* 19, 1, 1977, pp. 57–169, here p. 69.

15 Walter Benjamin, *The Origin of German Tragic Drama,* trans. by John Osborne (London, 1977), p. 178.

16 See Hartmut Böhme, "Die Ästhetik der Ruinen," in Dieter Kamper and Christoph Wulf, ed., *Der Schein des Schönen* (Göttingen, 1989), pp. 287–304.

17 Ibid., p. 298.

18 Ibid.

19 Ibid.

20 Max Horkheimer and Theodor W. Adorno, *Dialectic of Enlightenment: Philosophical Fragments,* ed. by Gunzelin Schmid Noerr, trans. by Edmund Jephcott (Stanford, 2002).

21 Zygmunt Bauman, *Modernity and the Holocaust* (Cambridge, 1989), p. 13.

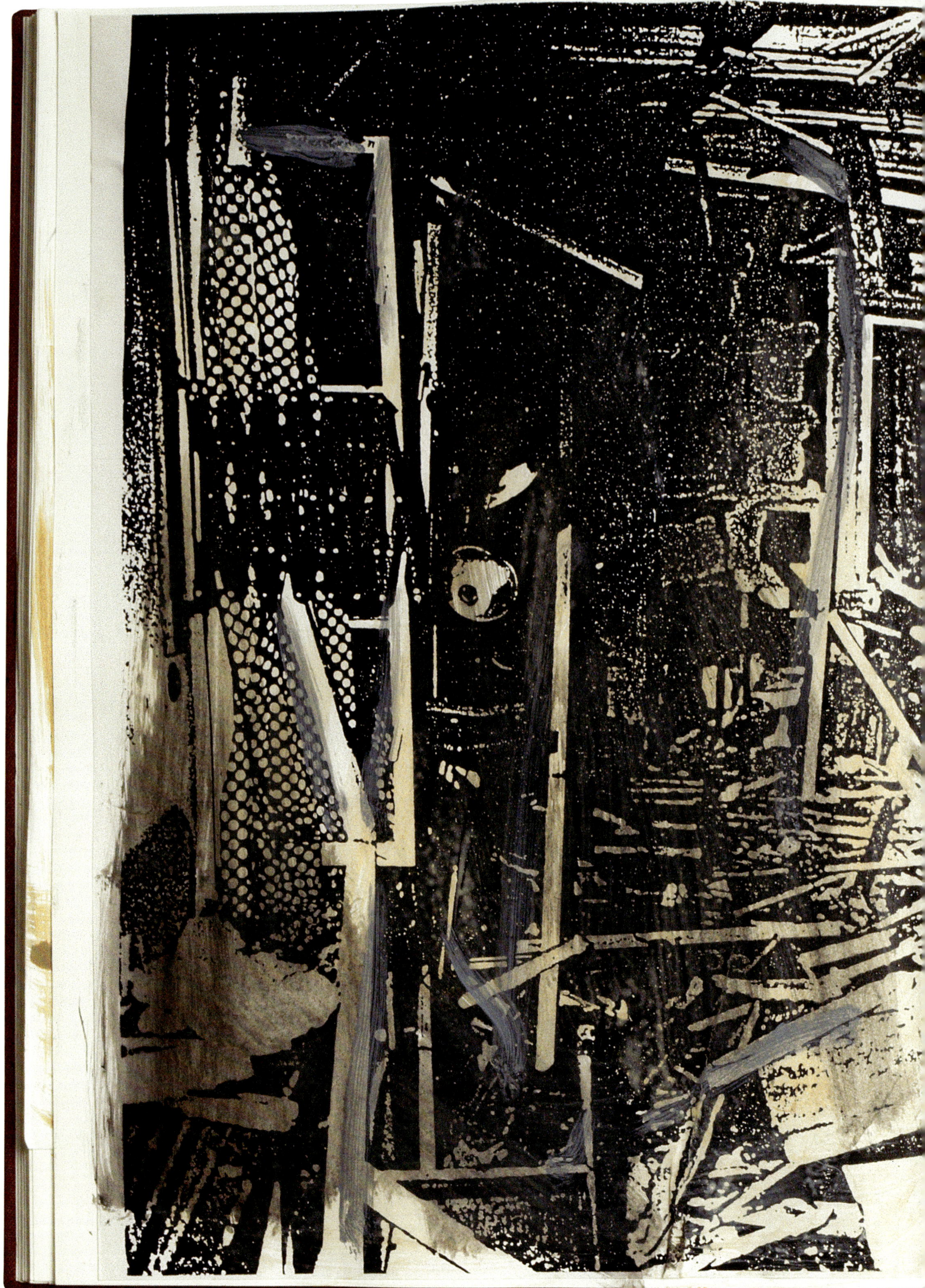

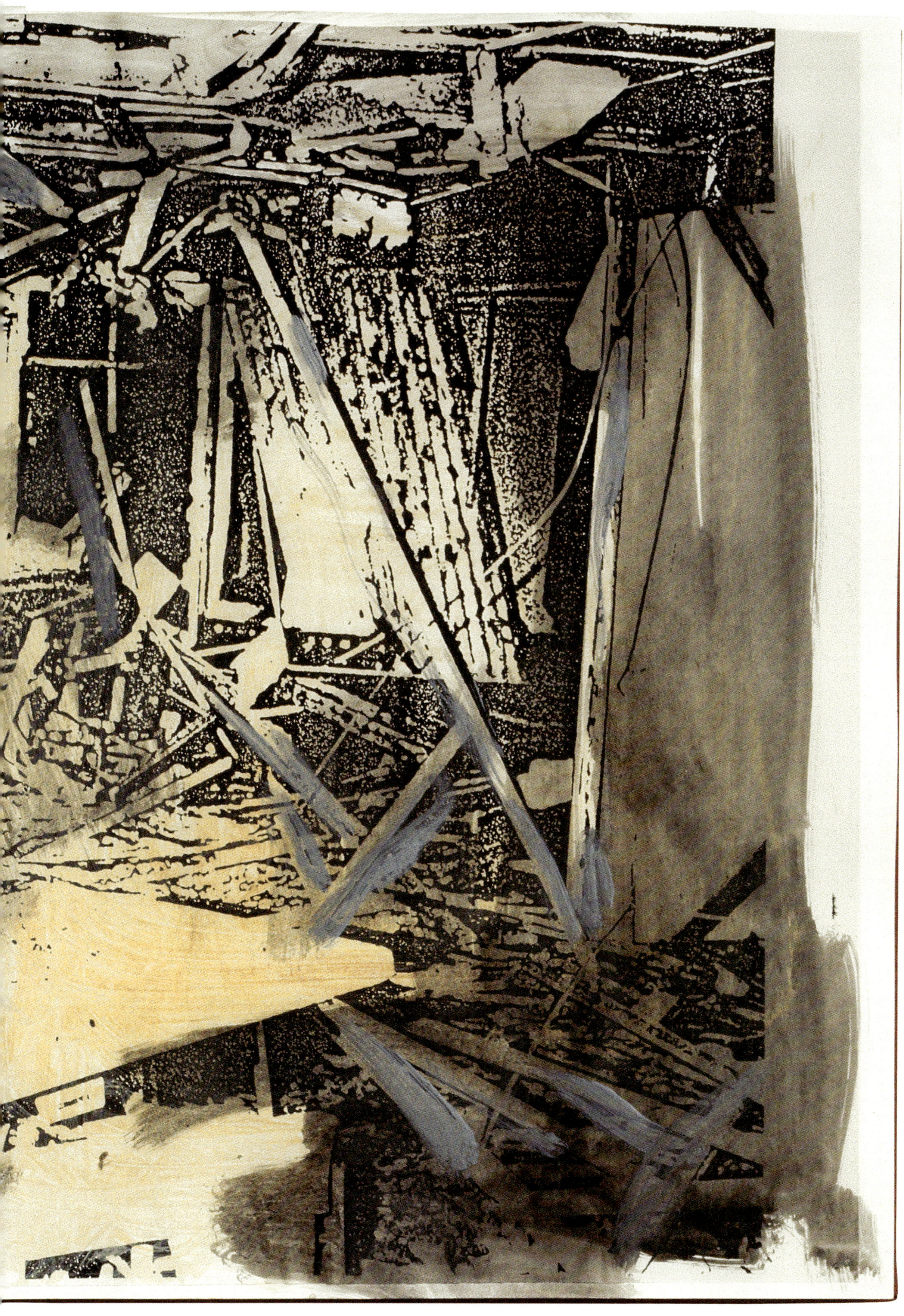

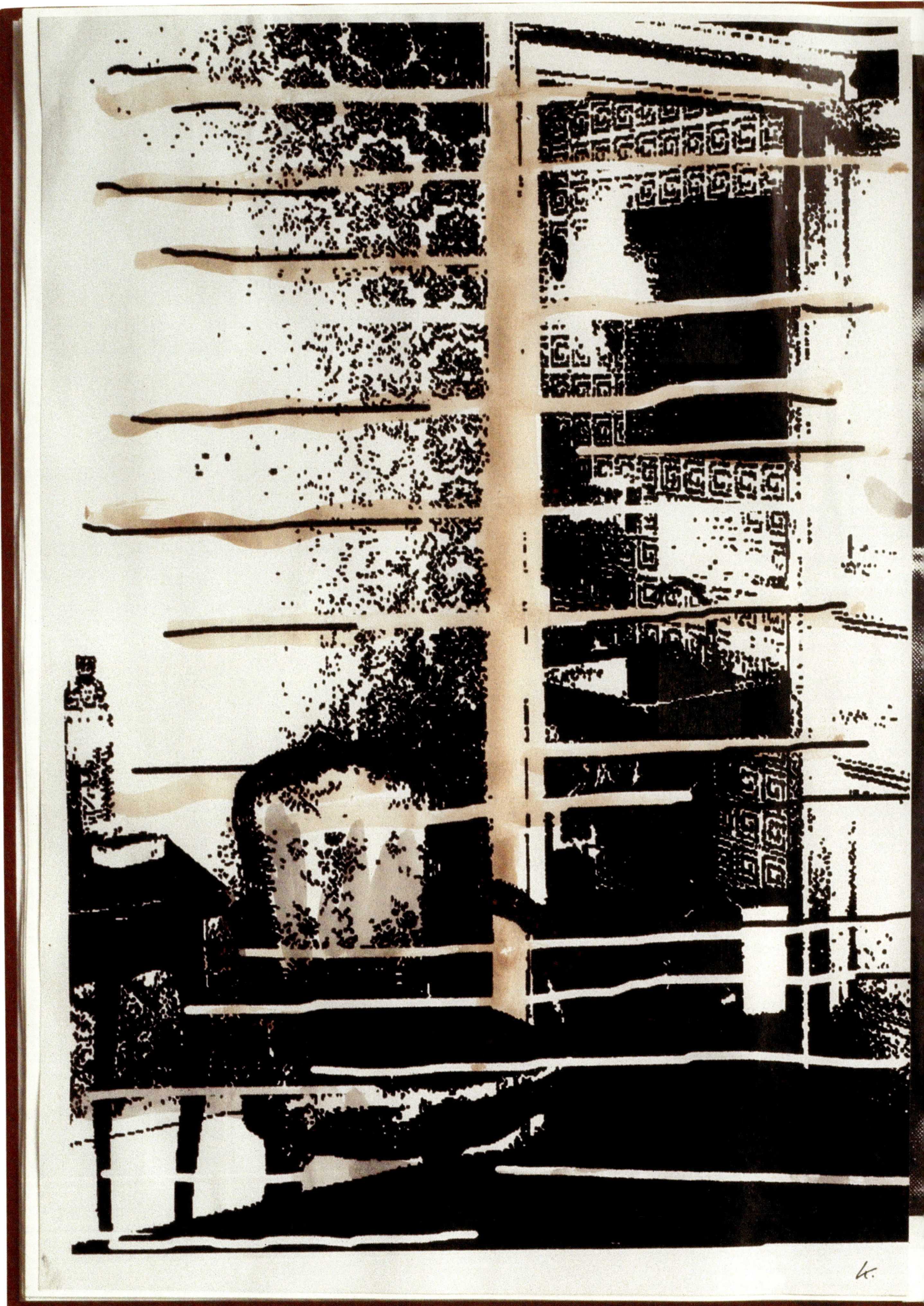

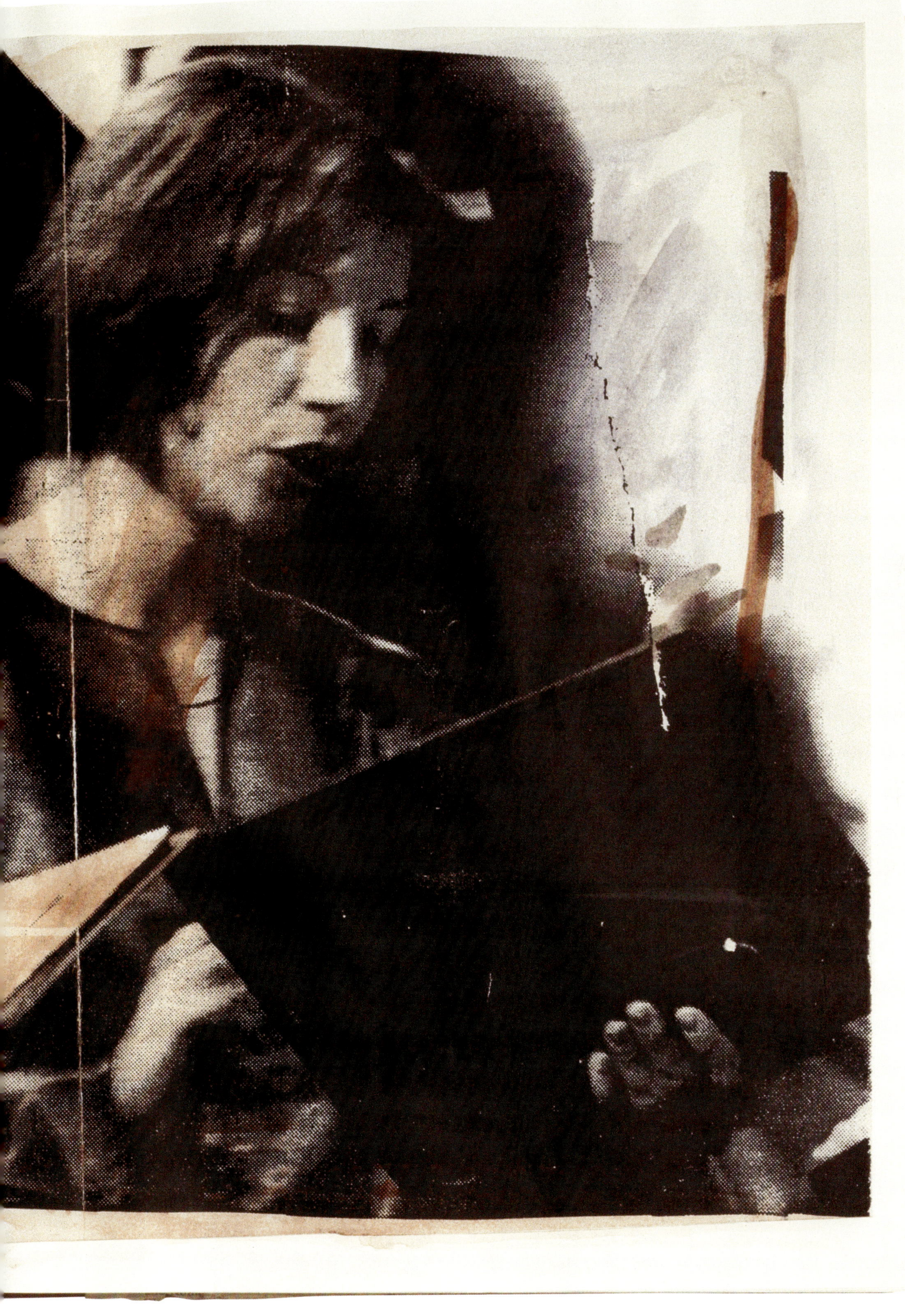

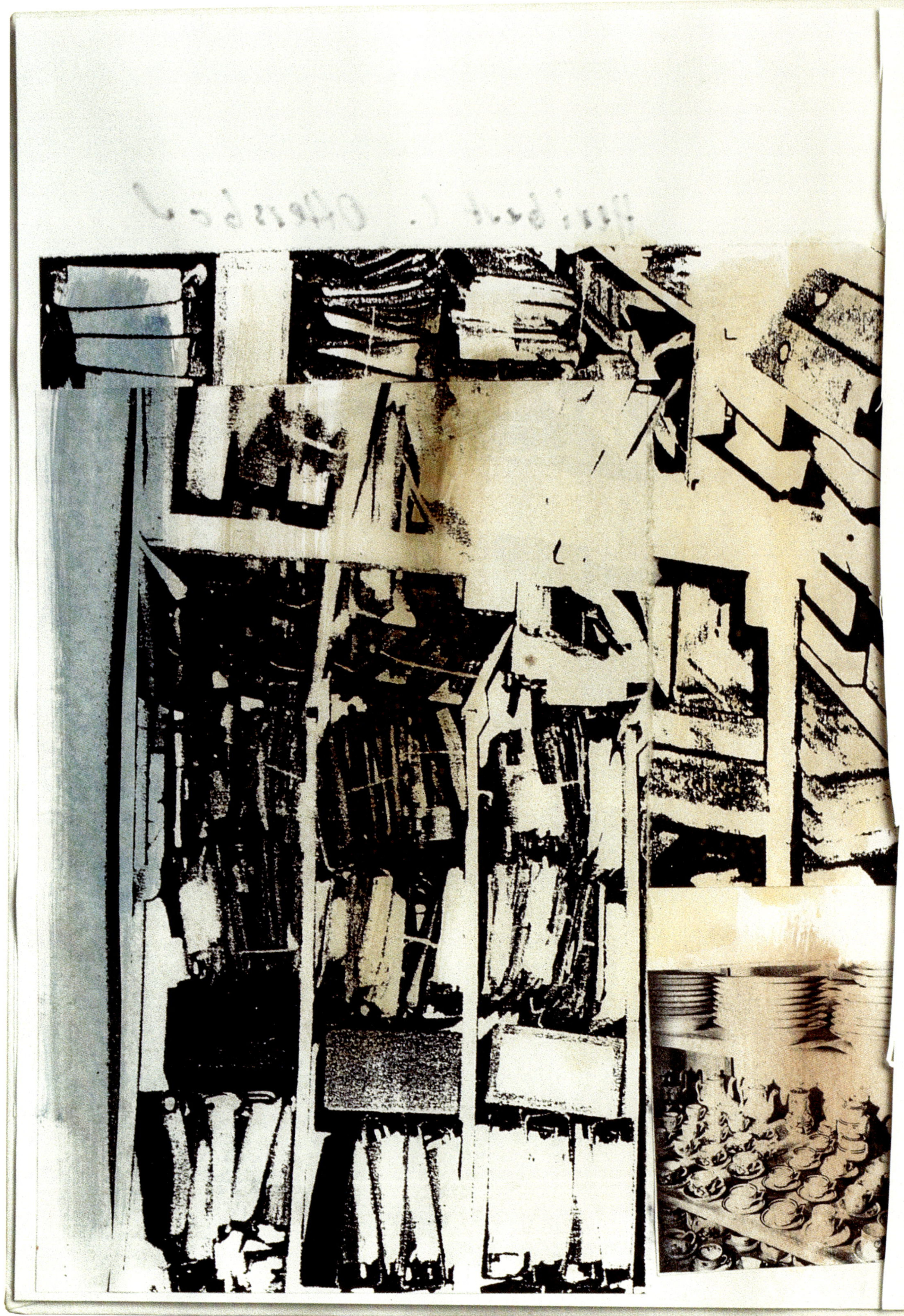

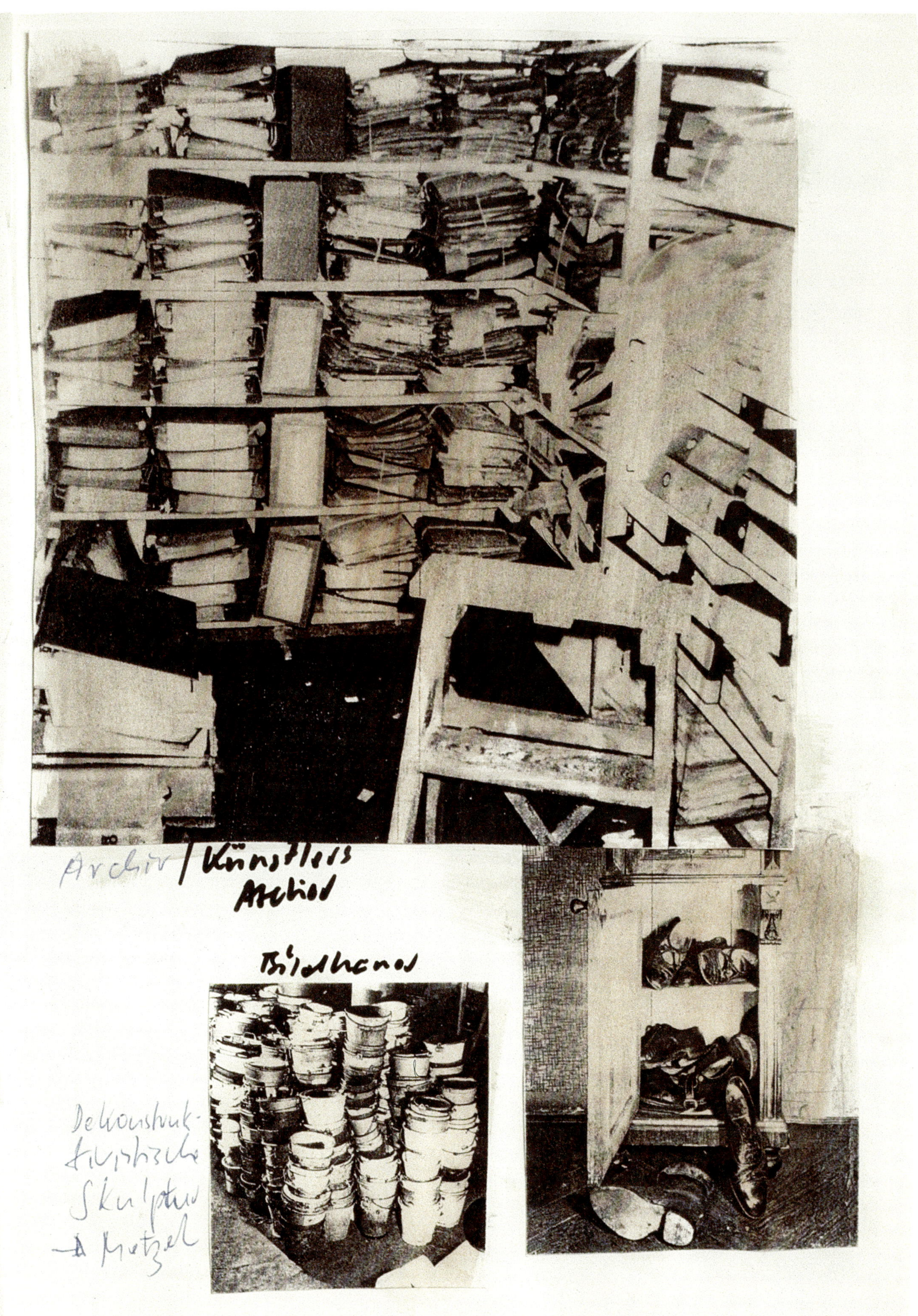
Archiv / Künstlers Atelier
Bildhauer
Dekonstruktivistische Skulptur → Metzel

Die Anstalt, eine Heilungsmaschine

Das, was im Krankenhaus heilt, ist das Krankenhaus. Es ist die architektonische Anordnung selbst, es ist die Raumorganisation, die Art und Weise, in der die Individuen in diesem Raum verteilt sind, die Art und Weise, in der man dort verkehrt, die Art und Weise, in der man dort schaut und angeschaut wird, all dies hat an sich therapeutischen Wert. Die Maschine der Heilung ist in der Psychiatrie jener Zeit das Krankenhaus. Als ich Ihnen sagte, es gäbe zwei Dinge, wollte ich sagen: Es gibt die Wahrheit. Doch ich werde versuchen, Ihnen zu zeigen, wie der Wahrheitsdiskurs oder das Auftauchen der Wahrheit als psychiatrische Operation letzten Endes nur Effekte dieser räumlichen Anordnung sind.

Das Krankenhaus ist also die Heilungsmaschine; und wie heilt das Krankenhaus? Ganz und gar nicht, indem es die Familie nachbildet; das Krankenhaus ist in keinerlei Weise eine ideale Familie. Wenn das Krankenhaus heilt, dann dadurch, daß es diese Elemente ins Werk setzt, deren Formalisierung ich Ihnen bei Bentham zu zeigen versucht habe; dann deshalb, weil das Krankenhaus eine panoptische Maschine ist: Das Krankenhaus heilt als panoptischer Apparat. Denn es ist eine Maschine zur Ausübung der Macht, zur Induzierung, zur Verteilung, zur Anwendung der Macht nach dem Benthamschen Schema, selbst wenn die für Benthams Vorhaben eigentümlichen architektonischen Anordnungen modifiziert werden. Sagen wir, man kann in groben Umrissen vier oder fünf Elemente bestätigt finden, die zur Ordnung der Benthamschen Panoptik gehören und von denen erwartet wird, daß sie eine operative Funktion bei der Heilung haben.

Erstens die permanente Sichtbarkeit. Der Irre muß jemand sein, der nicht nur überwacht wird; sondern die Tatsache, zu wissen, daß man immer überwacht wird, besser noch, die Tatsache, zu wissen, daß man immer überwacht werden kann, daß man immer der virtuellen Macht eines permanenten Blickes untersteht, das ist es, was therapeutischen Wert an sich hat, da man nun einmal genau dann, wenn man sich betrachtet weiß, und zwar betrachtet als Irrer, seinen Wahnsinn nicht zeigen wird und das Prinzip der Zerstreuung, der Dissoziation voll zum Tragen kommen wird.

Der Irre muß sich also stets in der Position befinden, einem möglichen Blick zu unterstehen; und da haben Sie das Prinzip der architektonischen Organisation der Anstalten. In der zirkulären Panoptik hat man ein anderes System bevorzugt, das jedoch eine ebenso große Sichtbarkeit gewährleisten muß, nämlich das Prinzip der pavillonartigen Architektur, das heißt kleiner Pavillons, von denen Esquirol erklärt, daß sie auf drei Seiten angeordnet sein müssen, wobei die vierte Seite zum Gelände hin offen sein muß; diese so angeordneten Pavillons dürfen soweit möglich nur ein Erdgeschoß haben, denn der Arzt muß auf leisen Sohlen kommen können, ohne von irgend jemandem gehört zu werden, weder von den Patienten noch von den Wärtern oder Aufsehern, und mit einem kurzen Blick alles, was vor sich geht, erfassen. Übrigens mußte in dieser umgestalteten pavillonartigen Architektur das bis zum Ende des 19. Jahrhunderts genutzte Modell, die Zelle – denn für Esquirol war die Zelle zu dieser Zeit noch, wenn nicht dem Schlafsaal vorzuziehen, so doch wenigstens die Alternative zum Schlafsaal –, sich auf eine solche Weise nach zwei Seiten hin öffnen, so daß man, wenn der Irre zur einen Seite schaute, durch das andere Fenster betrachten konnte, wie er zur anderen Seite schaute. Sie haben hier, wenn Sie sich ansehen, was Esquirol zur Art und Weise des Anstaltsbaus sagt, eine strenge Umsetzung des Prinzips des Panoptismus.

Zweitens, auch das Prinzip der zentralen Überwachung, diese Art Turm, in dem eine anonyme Macht fortwährend ausgeübt wurde, wird geändert. Doch Sie finden ihn, bis zu einem bestimmten Punkt, zunächst in Form des Direktionsgebäudes wieder, das im Zentrum liegen und alle rundherum angeordneten Pavillons überwachen muß; doch vor allen Dingen wird die zentrale Überwachung auf eine andere Weise als im Panopticon Benthams gewährleistet, mit allerdings immer demselben Effekt, und zwar durch das, was man die pyramidale Überwachung der Blicke nennen könnte.

Das heißt, man hat eine von Wärtern, Krankenpflegern, Aufsehern, Ärzten gebildete Hierarchie, die alle entsprechend dem hierarchischen Weg Verbindungen schaffen, wobei diese Hierarchie beim Chefarzt, dem Alleinverantwortlichen der Anstalt, kulminiert, denn die administrative Macht und die medizinische Macht dürfen nicht voneinander getrennt werden – alle Psychiater jener Zeit bestehen darauf; und in dieser Art von einheitlicher und absoluter, durch den Chefarzt konstituierter Wissens-Macht müssen all jene Überwachungsrelais letztlich konvergieren.

Drittens das Prinzip der Isolierung, die selbst auch einen therapeutischen Wert haben muß. Isolierung, Individualisierung, gewährleistet durch die Zelle Esquirols, die die Zelle des Panopticons Benthams mit ihrer doppelten Öffnung und ihrem Gegenlicht fast genau nachbildet. Man findet in der üblichen medizinischen Praxis jener Zeit gleichfalls dieses sehr eigenartige Prinzip der Isolierung, das heißt der Trennung von allen Gruppenbezügen und des Zurückwerfens des Individuums auf sich selbst und als solches: also das System dessen, was man die trianguläre Wahrnehmung des Wahnsinns nennen könnte. [...] Schließlich – und hier finden Sie die Themen des Panopticons wieder – wirkt die Anstalt durch das Spiel der unaufhörlichen Bestrafung, die entweder durch das Personal gewährleistet wird, das selbstverständlich die ganze Zeit über dasein und neben jedem stehen muß, oder durch eine Reihe von Instrumenten.

Michel Foucault, »Vorlesung 5, Sitzung vom 5. Dezember 1973«, in: ders., *Die Macht der Psychiatrie,* Vorlesung am Collège de France 1973–1974, hrsg. von Jacques Lagrange, übers. von Claudia Brede-Konersmann, Frankfurt am Main 2005, S. 141–180, hier S. 153–155, 156.

The Asylum: A Curing Machine

In the hospital it is the hospital itself that cures. That is to say, the architectural arrangement itself, the organization of space, the way individuals are distributed in this space, the way they move around it, the way one looks or is looked at within it, all has therapeutic value in itself. In the psychiatry of this period the hospital is the curing machine. When I said there were two things, I was going to say that there is truth, but I will try to show you how the discourse of truth, or the emergence of truth as a psychiatric operation, are ultimately only effects of this spatial arrangement.

The hospital then is the curing machine. How does the hospital cure? It is absolutely not by reproducing the family that the hospital cures; the hospital is not in any way an ideal family. If the hospital cures it is because it puts to work those elements that I tried to show you were formalized in Bentham; it cures because the hospital is a panoptic machine, and it is as a panoptic apparatus that the hospital cures. The hospital is in fact a machine for exercising power, for inducing, distributing, and applying power according to Bentham's schema, even if, obviously, the specific architectural arrangements of Bentham's design are modified. Let's say, broadly speaking, that we can find four or five operational elements of the same order as Bentham's Panopticon, and which are supposed to play an effective role in the cure.

First, permanent visibility. The madman must not only be someone who is watched; the fact of knowing that one is always being watched, better still, the fact of knowing that one *can* always be watched, that one is always under the potential power of a permanent gaze, has therapeutic value in itself, since it is precisely when one knows one is being looked at, and looked at as mad, that one will not display one's madness and the principle of distraction, of dissociation, will function to the full.

The madman then must be in the position of someone who can always be seen, from which you get the principle for the asylum's architectural organization. A different system than the circular Panopticon was preferred, but one that ensured just as much visibility. This was the principle of pavilion architecture, that is to say of small pavilions, which Esquirol explained should be laid out on three sides, the fourth opening onto the countryside. As far as possible, the pavilions thus arranged should only have a ground floor, because the doctor needed to be able to arrive stealthily and take in everything at a glance, without anyone, patients, warders, or supervisors, hearing him. Moreover, in this transformed pavilion architecture, the model employed until the end of the nineteenth century, the cell—since, for Esquirol, the cell was at that time, if not preferable to the dormitory, at least the alternative to it—had to open on two sides in such a way that when the madman was looking out of one side, he could be watched through the other window to see how he was looking out the other side. What Esquirol says about asylum architecture is a strict transposition of the principle of panopticism.

Second, the principle of central supervision by means of a tower from where an anonymous power was constantly exercised is also modified. But it is found again, up to a point, first in the form of the director's building, which must be at the center and watch over all the pavilions set out around it. But, more particularly, central supervision is ensured in a different way than in Bentham's Panopticon, but in such a way as to produce the same effect. It is ensured by what we could call the pyramidal organization of supervisory observation.

That is to say, the relationships within the hierarchy of warders, nurses, supervisors, and doctors are formed in terms of a hierarchical channel culminating in the head doctor, the single person in charge of the asylum, because, and every psychiatrist of the period emphasizes this, administrative power and medical power must not be separated, and all these relays of supervision must finally converge on this kind of unitary and absolute knowledge-power constituted by the head doctor.

Third, the principle of isolation, which must also have a therapeutic value. Isolation and individualization are ensured by Esquirol's cell, which almost exactly reproduces the cell of Bentham's Panopticon, with its double opening and backlighting. In the standard practice of the period, which is the system of what could be called the triangular perception of madness, we also find this very curious principle of isolation, that is to say, of dissociation from all effects of the group, and of the assignation of the individual to himself as such. . . . Finally, and here again you find the themes of the Panopticon, the asylum acts through the play of ceaseless punishment, which is ensured either by the personnel, of course, who must be present the whole time and close to each individual, or by a set of instruments.

Michel Foucault, "5 December 1973," in *Michel Foucault: Psychiatric Power. Lectures at the Collège de France 1973–74*, edited by Jacques Lagrange, general editors François Ewald and Alessandro Fontana, translated by Graham Burchell (New York, 2006), pp. 101–04.

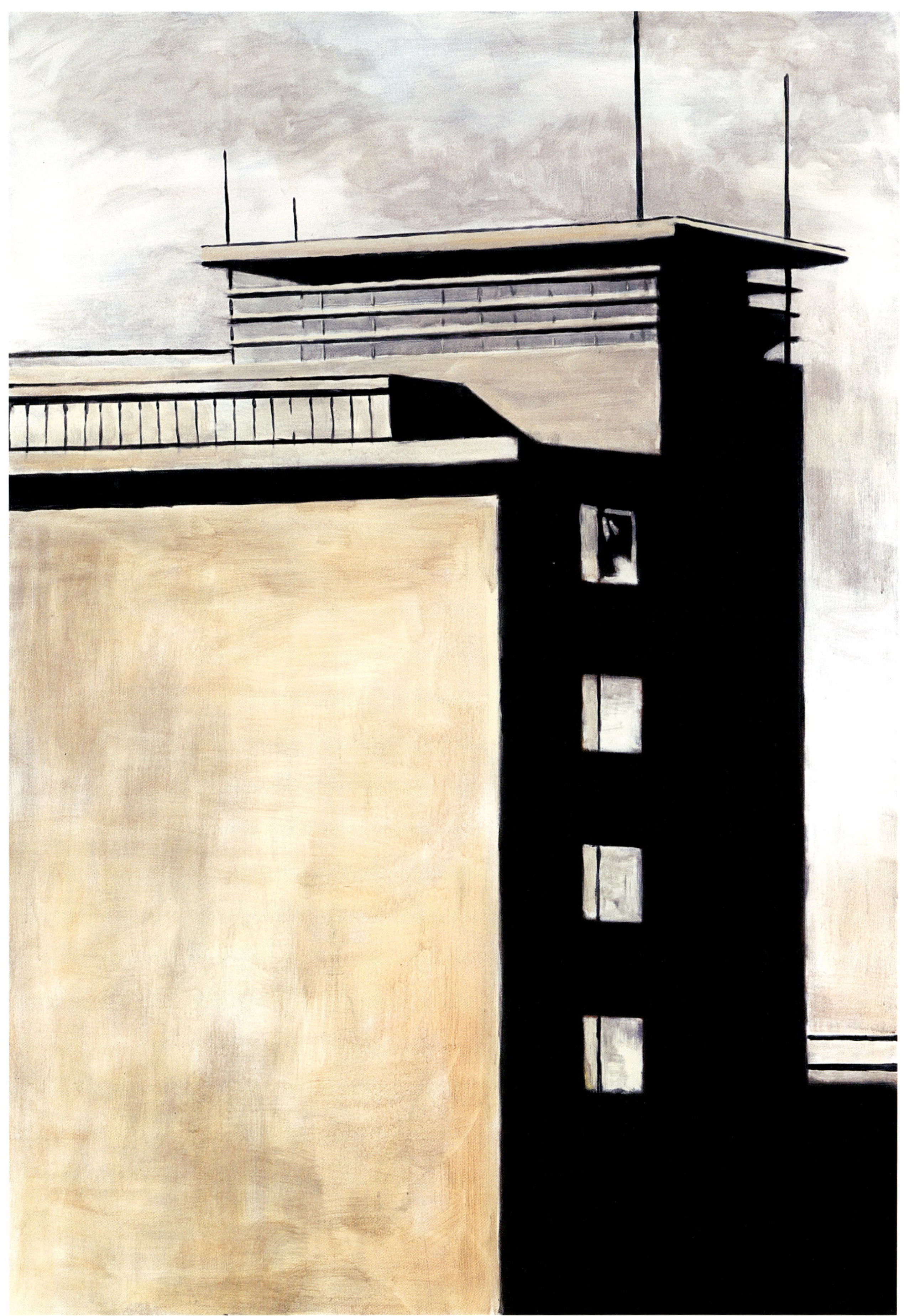

Heilung [Cure] 2007

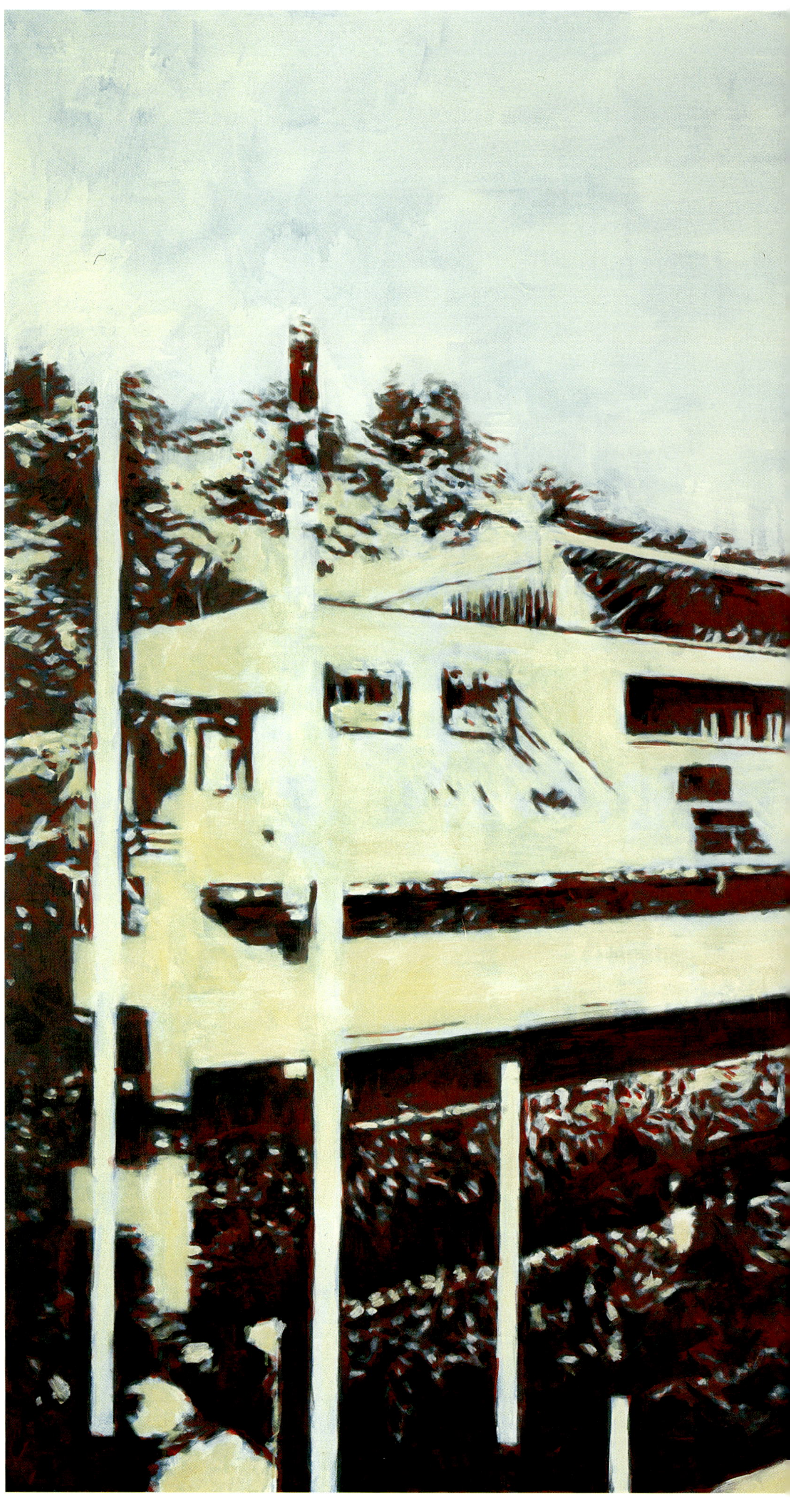

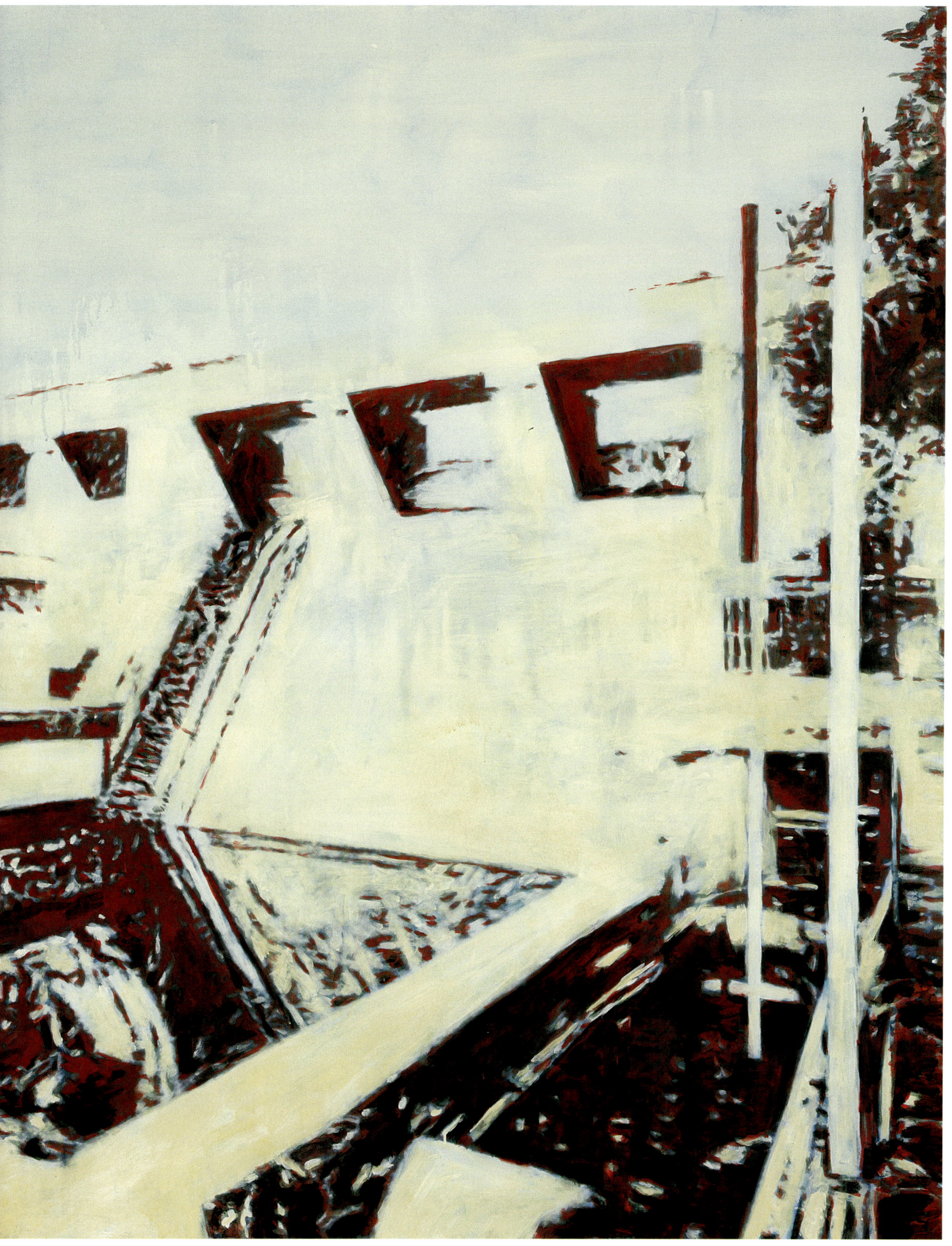

Latente Bedrohung [Latent Threat] 2004

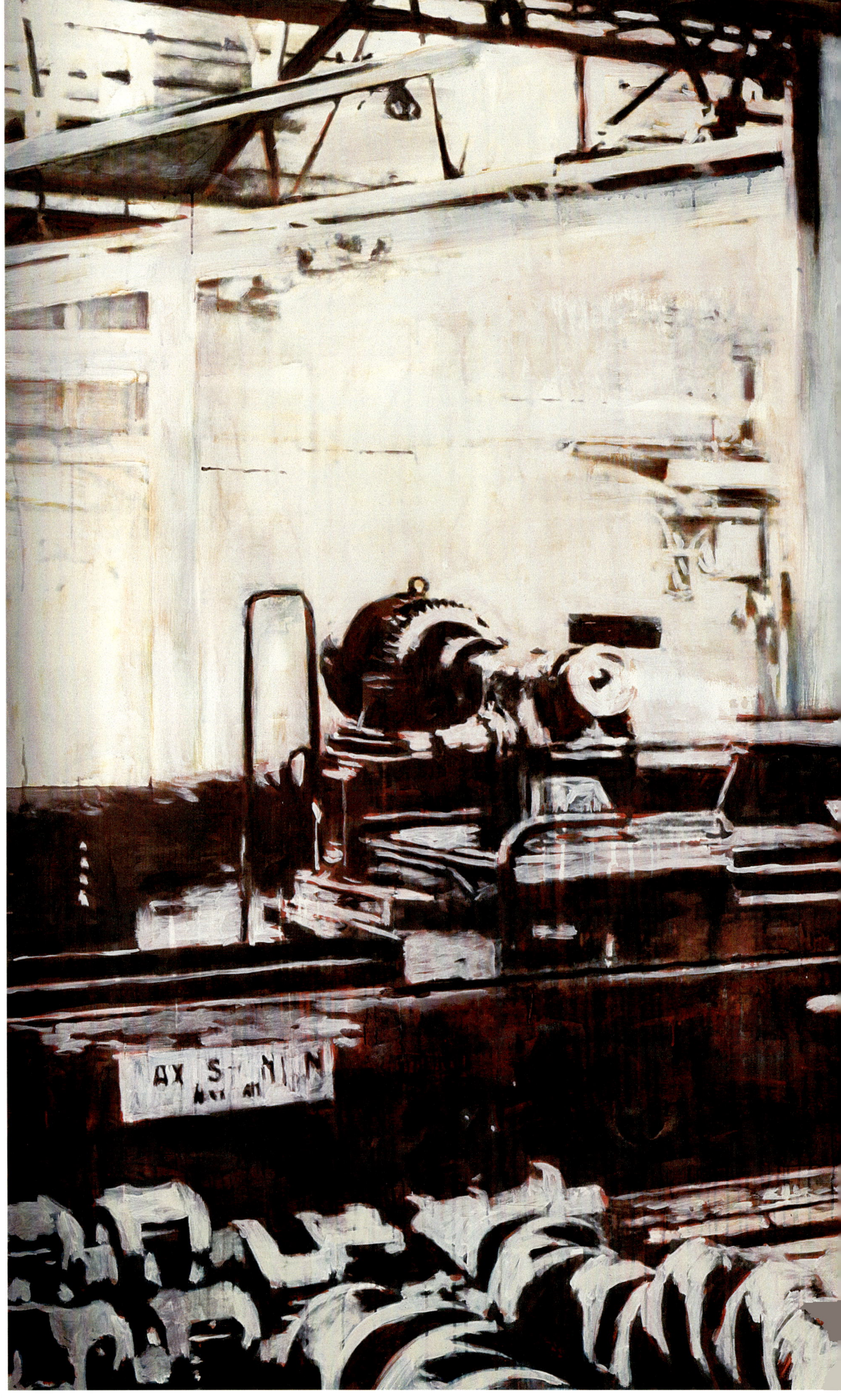

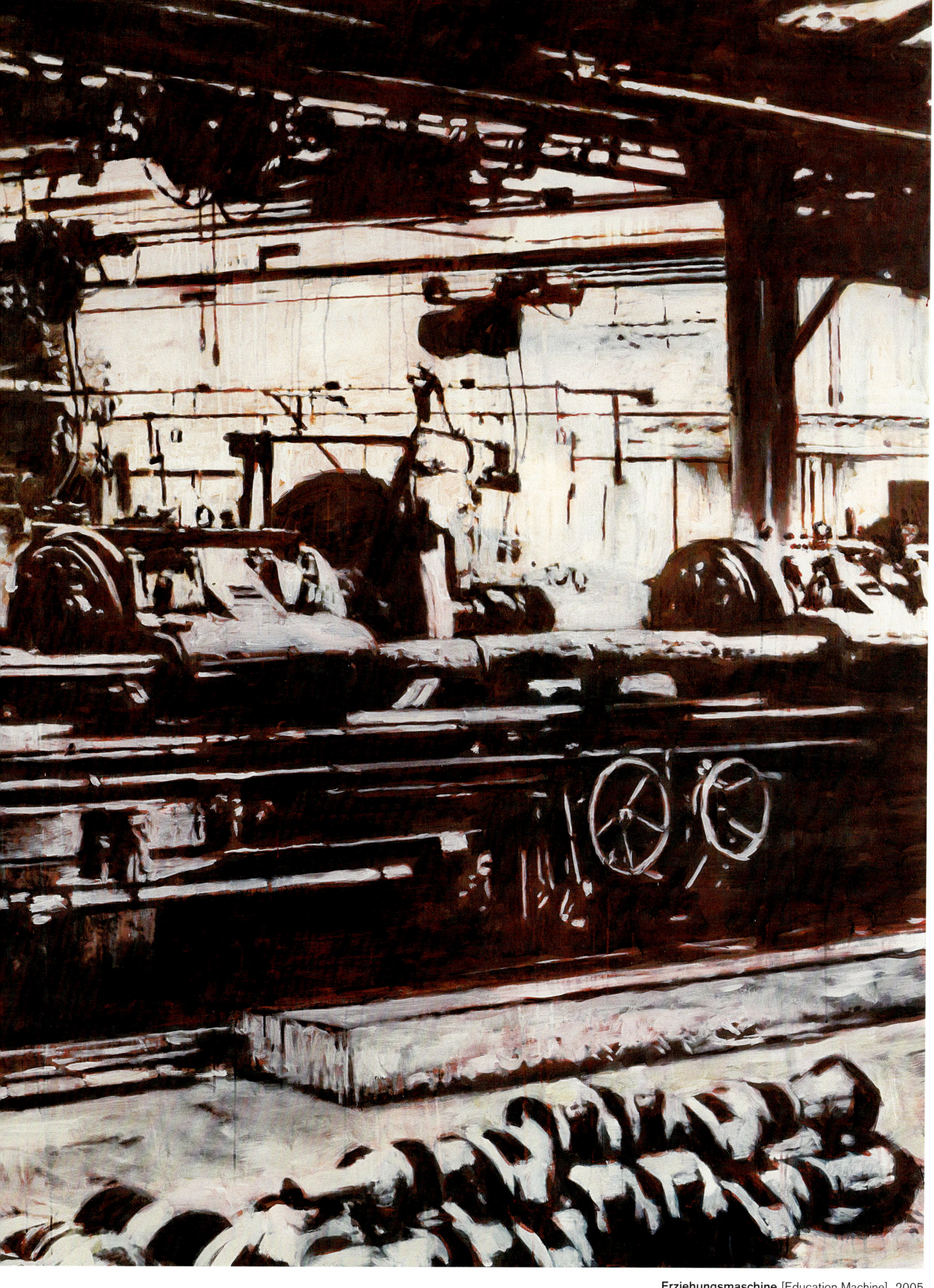

Erziehungsmaschine [Education Machine] 2005

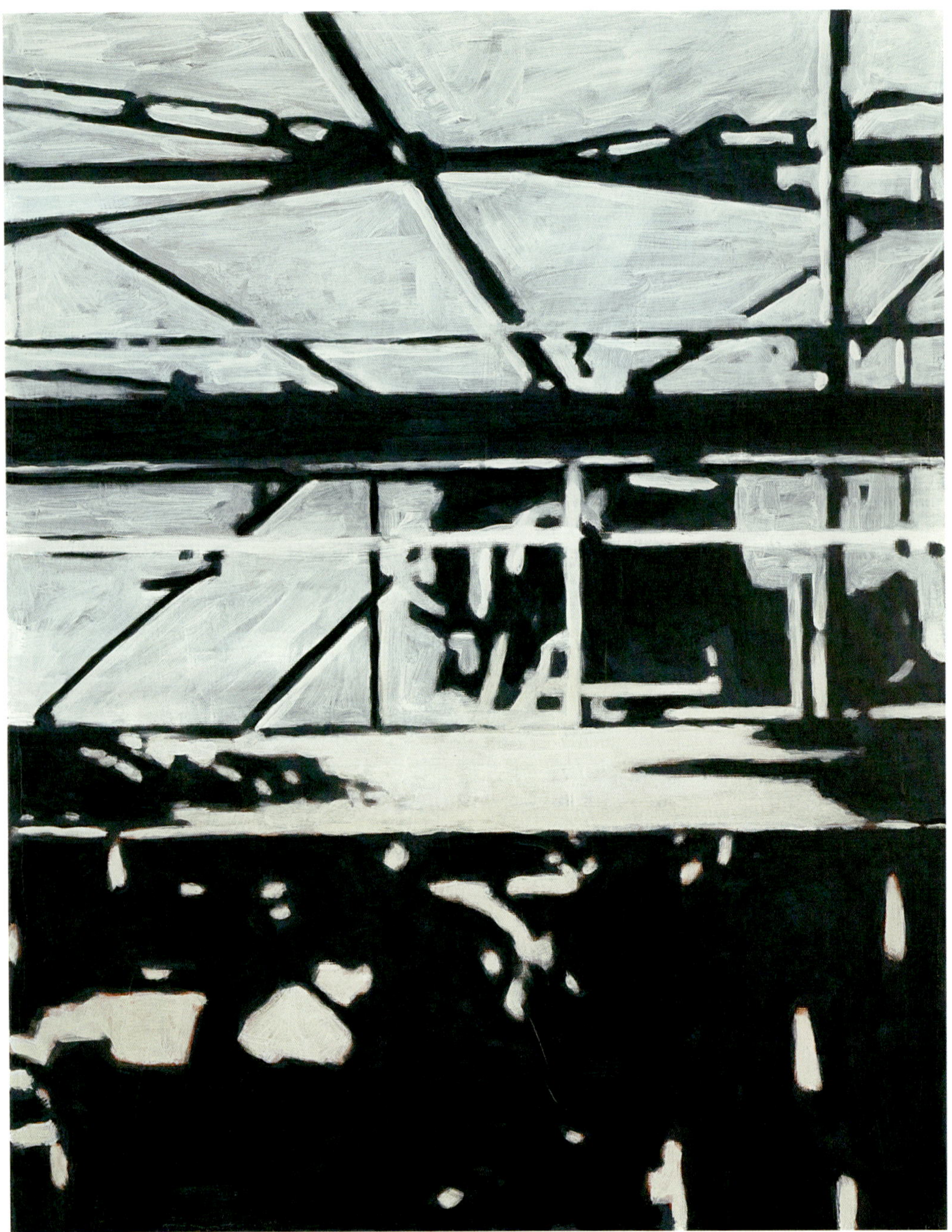

Abstraktion #3 [Abstraction #3] 2005

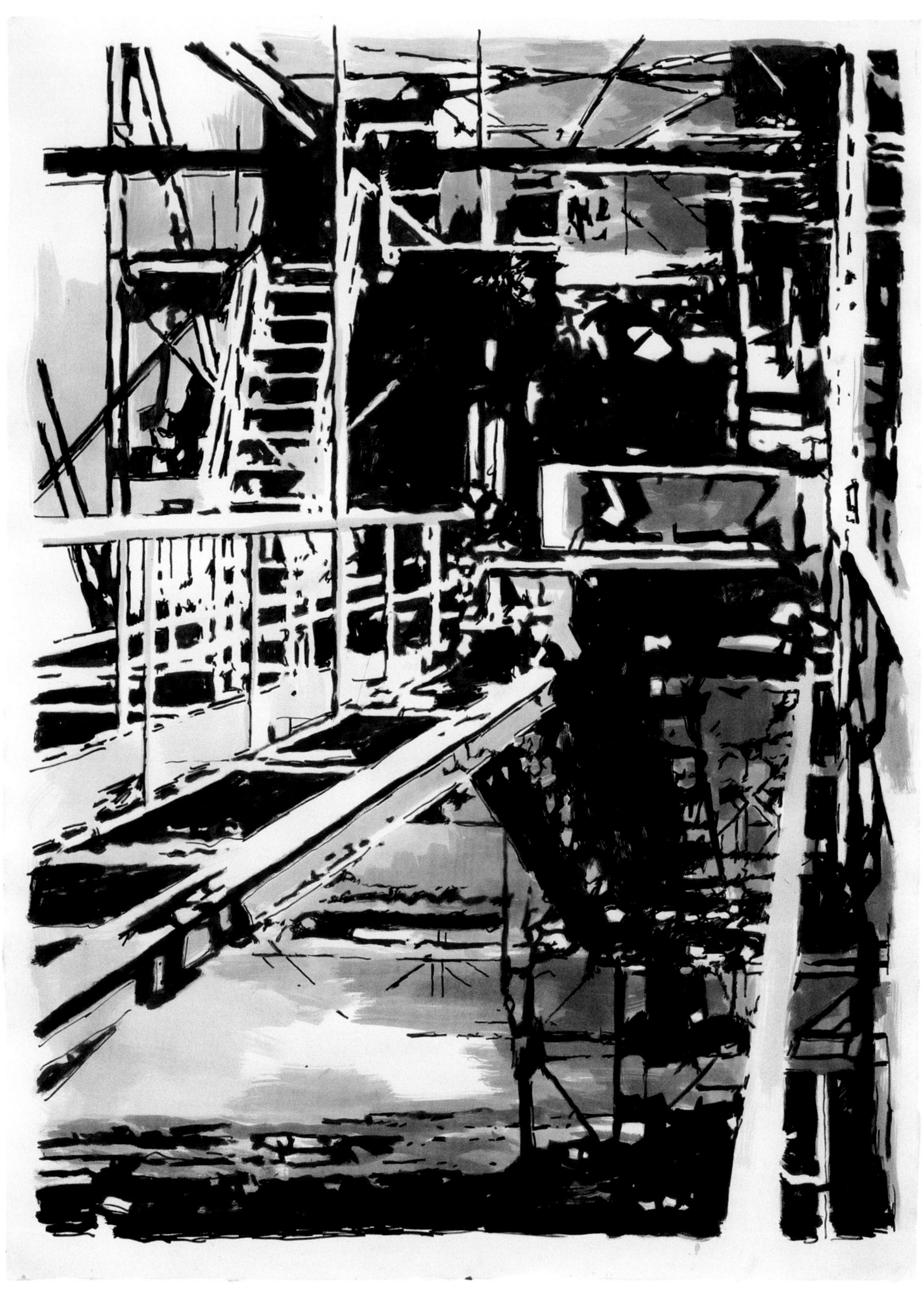

Erziehung zur Logik [Formation to Logic] 2006

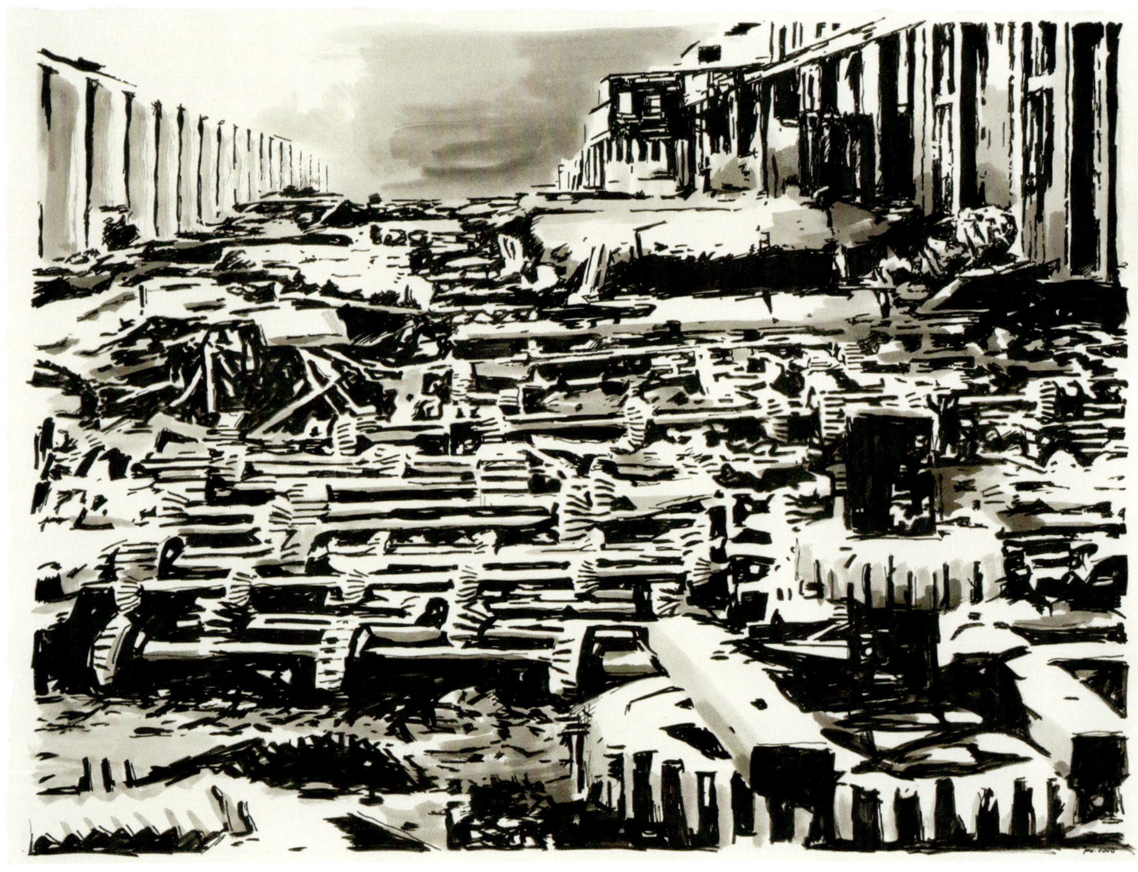

Erziehung zur Abstraktion [Formation to Abstraction] 2006

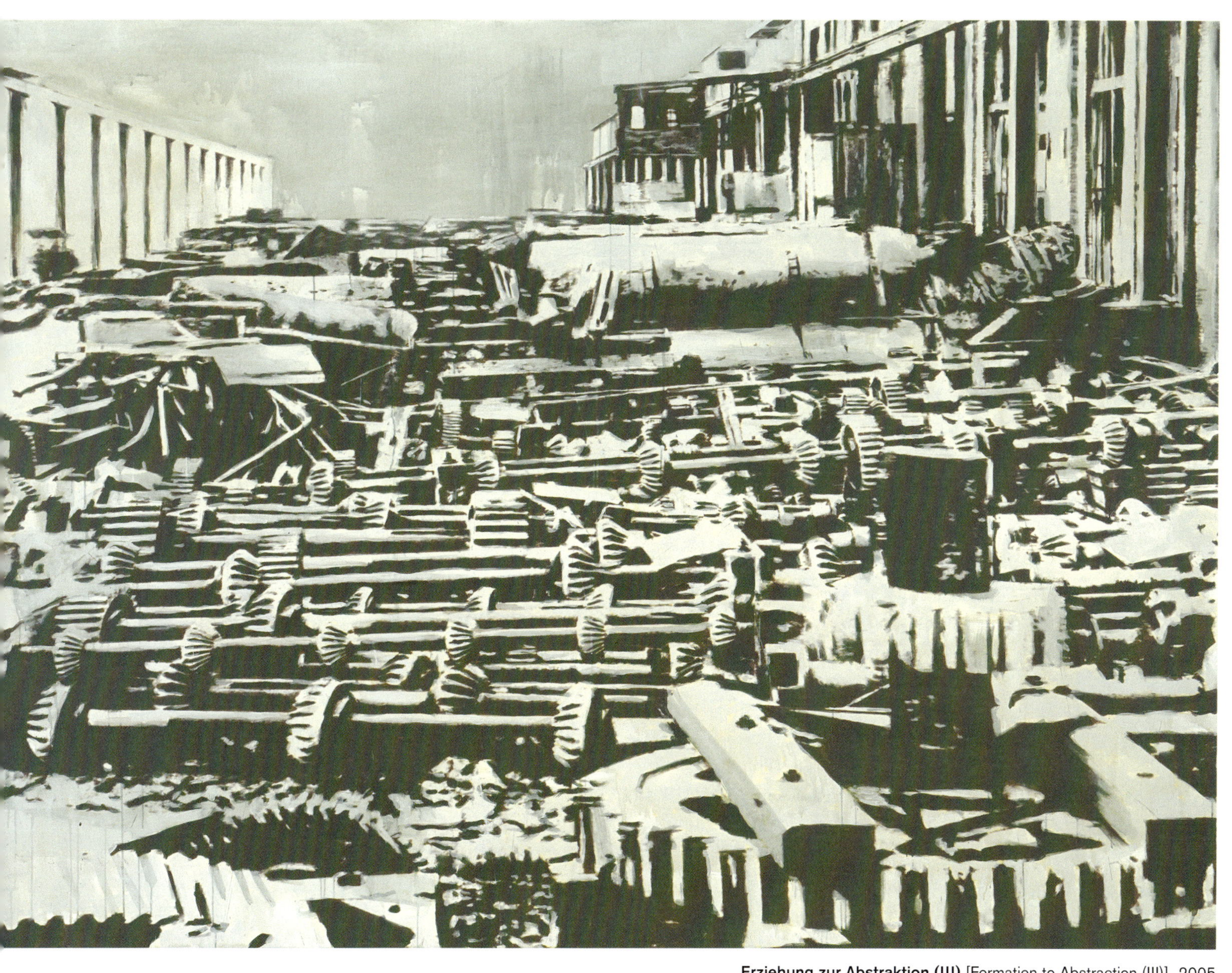

Erziehung zur Abstraktion (III) [Formation to Abstraction (III)] 2005

Heribert C. Ottersbach

Blaustein

Sie hatten früh gegessen. Der Abend wurde spät. Als Schlichtmann ging, waren die Straßen leer. Es war gesagt, was gesagt werden musste. All diese Ereignisse hatten ihn erschöpft.

22. März

Er hatte lange geschlafen am Morgen. Das Telefon hatte gegen zehn Uhr geklingelt. Er hatte es nicht hören wollen. Später verließ er das Atelier und lief ziellos durch die Stadt. Es hatte geregnet. Es war kälter geworden. Ihm war kalt. Schlichtmann entschied, sich in einem ihm vertrauten Café aufzuwärmen. Die älteren und alten Damen schienen dieselben zu sein wie beim letzten Mal. Es musste schon lange her sein. Er konnte sich nicht wirklich erinnern. Wie immer saß in deren Mitte ein grauer Galan, der sich um die Aufmerksamkeit der Damen redlich mühte. Es hatte sich eigentlich nichts geändert.

Zum Eingang hin saßen zwei junge Mädchen von der nahe gelegenen Oberschule, die sich mit ihren schlecht bemalten Fingernägeln zu beschäftigen schienen. Vor ihnen auf dem Tisch lagen ihre Schulmappen, daneben stand jeweils ein Bier. Es wunderte ihn.

In der Mitte nahe dem Durchgang zu den Toiletten sah er einen freien Tisch. Trotz des hin und wieder vorbeiziehenden Geruchs von WC-Steinen gefiel ihm der Tisch am besten. Er gewährleistete genau die Übersicht, die sein voyeuristisches Interesse verlangte. Er versuchte, sich auf seine Zeitung zu konzentrieren. Es gelang im nicht. Er war unkonzentriert. Er war müde. Er wusste nicht recht, ob es Abend oder Morgen war. Er bestellte einen Grappa.

Es war exakt elf Uhr dreißig, als Adler das Museum verließ. Sieben Minuten später betrat er das Café.

Adler stand an der Tür und schaute prüfend durch den Raum. Adler hatte sich verändert. Die Haare waren länger als früher. Die Kleidung war gepflegt, modisch, fast elegant.

Als Schlichtmann seinen Arm hob, um ihn heranzuwinken, war Adler schon unterwegs. Er setzte sich zu ihm, schaute ihn zunächst schweigend an. Adler bemerkte die Narbe an seiner linken Hand und fragte:

»Malst Du noch?«

Sie hatten einander lange nicht gesehen. Adler hatte über Freunde das ein oder andere gehört. Eigentlich wusste er nicht viel. Schlichtmanns Freund war bereits vor längerer Zeit gestorben. Hatte er zumindest gehört. Er traute sich nicht, danach zu fragen.

»Ja«, antwortete Schlichtmann etwas gedehnt.

»Wie geht es Rocky?«, fragte Adler.

Rocky war ein alter gemeinsamer Freund. Eigentlich hieß er nicht Rocky. Er hieß Robert Blaustein. Als Kind hatten sie ihn alle Robby genannt. Als er sechzehn war, hatte er eine Freundin gehabt. Sie liebte die damals angesagten Rocky-Filme und meinte, er sehe Silvester Stallone ähnlich. Sie nannte ihn fortan Rocky. Er wurde den Namen nicht mehr los. Seine Oma vermachte ihm in jungen Jahren eine alte Rollei-Spiegelreflexkamera 6x6. Er fotografierte wild durch die Gegend. Auf Popkonzerten und Partys wurde »Rocky der Fotograf« geboren. Er reiste mit irgendwelchen zweit- und drittklassigen Rockgruppen durch die Gegend, versorgte sie mit Fotos, nachher auch mit Drogen. Irgendwann erwischten sie ihn dann zum dritten Mal. Der Amtsrichter A. in K. schickte Robert Blaustein für achtzehn Monate in den Bau.

»Wir sehen uns jetzt wieder häufig«, sagte Schlichtmann.

Er kannte Adler und Blaustein seit Langem. Seit vielleicht zwanzig Jahren.

Während seiner achtzehn Monate im Gefängnis hatte Blaustein angefangen zu malen. Die Kamera hatte ihm kein Glück gebracht.

Als Blaustein rauskam, schrieb er sich an der Akademie ein. Er war sehr gut, er arbeitete viel.

»Er ist immer noch sehr gut, er ist erfolgreich«, sagte Schlichtmann.

»War er doch immer«, sagte Adler.

»Ja«, sagte er.

Adler hatte Blaustein schon länger nicht mehr gesehen. Vor Jahren hatten sie einander viel gesehen. Sie hatten unentwegt über Malerei geredet.

Schlichtmann wusste das. Er hatte Adler und Blaustein an der Akademie kennengelernt. Die beiden waren während dieser Zeit unzertrennlich. Das ging so lange weiter, bis Adler heiratete. Jeder ging dann seine eigenen Wege. Erfolgreich waren beide. Man sah sich nur selten. Wenn sie sich sahen, war alles wie früher.

»Blaustein erzählte mir, er habe dich öfter gesehen in letzter Zeit«, sagte Schlichtmann. In dem Satz war eine Frage versteckt.

»Ja«, sagte Adler. »Die Arbeit verbindet uns noch oder wieder. Manchmal weiß ich es nicht.«

»Ich male eigentlich nichts, gar nichts oder höchstens wenig«, sagte Schlichtmann.

»Ja, es ist schwierig mit dem Malen. Wir müssen uns endlich aus diesem Heilsgebilde, dem Sanatorium der Moderne, der modernen Malerei verabschieden«, meinte Adler. »Ob geheilt oder nicht: Wir müssen aufhören mit der Träumerei. Die Klinik bleibt geschlossen, die Therapeuten sind tot oder haben sich aus dem Staub gemacht.«

»Ja«, sagte Schlichtmann, »wir sind jetzt wieder ganz alleine.«

»Blaustein meint, man könne aus dem Scheitern der Moderne nicht die Krise der Kunst oder der Malerei ableiten«, sagte Adler.

»Ja, ich weiß, Blaustein sagt auch, die Kunst und erst recht die Malerei selbst seien keine Erfindungen der Moderne«, entgegnete Schlichtmann.

Adler bestellte sich Kaffee und Kuchen. Er bestellte auch ein Glas Wein. Überhaupt begann Adler sich wohlzufühlen. Er feixte über die Schülerinnen, machte der Serviererin schöne Augen und sagte unvermittelt:

»Du bist ernüchtert, vielleicht enttäuscht. Die Utopie einer Kunst, die einherging mit der Utopie der Arbeit und der Utopie von der persönlichen Freiheit, all diese Utopien, die immer als Endzustände gedacht waren, all das sehen wir heute auf dem Müllhaufen der Geschichte.«

»Aber: Es ist zumindest Geschichte«, sagte Schlichtmann.

»Blaustein hat mal gesagt, dass seit Anbeginn der Moderne nach und nach – und dies nicht nur in der Malerei – alle Konventionen, Regeln und Traditionen infrage gestellt worden seien. Sie mussten auch verletzt werden, um zu prüfen, was unbedingt nötig war und was eben nicht«, sagte Adler.

»Das stimmt ja auch«, sagte Schlichtmann.

»Aber es entstand ein großes Problem. Was zunächst wie eine Entschlackungskur aussah, entpuppte sich zunehmend als Auszehrung, als Hungerkur, die Kunst – und die Malerei natürlich auch – atomisierte sich zunehmend und begann Gefahr zu laufen, sich selbst zugrunde zu richten.«

Adler bestellte sich jetzt noch ein Glas Weißwein. Er begann sich warm zu reden. Er schob den Stuhl zurück, schaute der Kellnerin nach. Sie war schön. Ihr Gang war elegant. Sie wusste es. Wahrscheinlich studierte sie Tanz, Schauspielerei oder Kunst. Ihr Blick war freundlich, manchmal fordernd. Adler benahm sich fast, als würde er sie kennen. Er machte das gerne so. Er taxierte einfach seinen Marktwert. Sie hielt ihm stand.

»Ja, ja«, sagte Adler. »In der Malerei haben wir eine Entwicklung vom Gemälde zum bemalten Gegenstand erlebt. Malerei wurde zunehmend zur Glaubenssache unter Spezialisten, die sich ebenso zunehmend in orthodoxen, idyllischen Zirkeln organisierten und hermetische Strukturen bevorzugten. Man gehörte entweder zu den bereits Initiierten, oder man war halt noch nicht so weit. Es wurde einfach nur langweilig. Blaustein meinte neulich, dass all diese Debatten über die Frage, was noch und nicht mehr gehe, kontraproduktiv, anachronistisch und wenig weltoffen seien. Das Reden über Kunst finde mittlerweile bevorzugt auf Metaebenen statt. Man habe doch nur Angst, seine Felle wegschwimmen zu sehen. Dem Kunstwerk als solchem traue man nicht mehr viel zu, am wenigsten traue man sich selbst und seinen Kriterien. Es gehe um Einfluss, um Machterhalt. Man strebe im Kunstbetrieb vorgeblich nach den höheren Provokationen und folge dennoch zumeist den niederen Instinkten. Man lege das Kunstwerk sozusagen an die Kette, überziehe es mit einem fein gewebten Teppich an erprobten Bedeutungen und unterziehe es damit einer kunstpolizeilichen Kontrolle.«

Adler schaute an die Decke. Es schien, als schaue er seinen Ausführungen hinterher, die ja nicht seine eigenen waren. Er hatte Blaustein für seine Schärfe immer bewundert.

Die Tänzerin brachte unaufgefordert einen Grappa und ein Glas Wasser.

Schlichtmann wunderte sich. Adler amüsierte sich.

»Kennst Du sie?«

»Nein, vielleicht hat sie nur Mitleid.«

»Hast Du gewusst, dass Blaustein über die Jahre immer wieder auch geschrieben hat?«, fragte Adler, der wieder die Decke anstarrte. »Manches wurde in den letzten Jahren publiziert.«

»Seine Mutter hat mir mal davon erzählt«, sagte Schlichtmann.

»Ich wusste nicht, dass seine Mutter noch lebt.«

»Sie ist seit ein paar Jahren tot. Ich kannte sie nicht. Ich habe sie mal auf einer Vernissage getroffen. Blaustein stellte mich ihr vor, nur um sie für den Abend los zu sein. Sie redete ohne Punkt und Komma, wie ein Tonband. Der Knopf zum Abstellen war abgebrochen. Als sie irgendwann merkte, dass ich ihr nicht mehr zuhörte, ist sie verschwunden. Ich habe sie nie wieder gesehen. Blaustein war so froh, dass er mir eine Zeichnung schenkte. Ich habe ihn später mal nach seinen Texten gefragt. Noch viel später erhielt ich ein Paket. Es waren nur leere Blätter. Ich habe ihn nie wieder danach gefragt.«

»Das mit den leeren Blättern wundert mich nicht«, sagte Adler, »er ist halt so. Er macht sich einen Spaß, mehr nicht.«

»Ich war sauer damals. Blaustein hat mich nie ernst genommen als Künstler. Er mochte mich, vielleicht. Und ich konnte auch nicht mehr von ihm erwarten. Aber es verletzte mich. Ich habe ihm oft Bücher geliehen. Er brachte sie selten zurück. Wenn ich danach fragte, hatte er sie entweder verlegt, weiterverliehen oder so ausgeschlachtet, dass das Ganze eher eine Buchruine war. Ich mochte ihn. Aber ich habe ihm seine Nonchalance manchmal geneidet. Ich wollte nicht nur gemocht werden.«

Adler zündete sich eine Zigarette an. Schlichtmann wunderte sich. Adler hatte nie geraucht.

»Du rauchst?«

»Ja, seitdem ich meine Frau verlassen habe. Ich werde es mir wieder abgewöhnen müssen.«

Adler brauchte nur in Richtung der Tänzerin zu schauen. Er zeigte auf den Tisch, hielt Daumen und Zeigefinger gespreizt in die Luft. Schon brachte sie ein weiteres Glas Wein und einen Grappa.

»Meine Frau hat Blaustein nie gemocht«, sagte Adler, derweil er dem schönen Gang der Kellnerin hinterherschaute. Sie hatte lange dunkle Haare. Zu lang, dachte er.

»Sie fühlte sich in seiner Gegenwart immer unsicher. Blaustein merkte das und machte sich einen Spaß daraus. Sie war ihm aber auch in keiner Weise gewachsen.«

»Blaustein hat Deine Frau aber immer gemocht«, sagte Schlichtmann, »er konnte nur nichts mit ihr anfangen. Aber sie war schön, sie war charmant. Blaustein reichte das.«

»Blaustein hat alle Frauen so behandelt. Immer. Er hat sich nie wirklich für Frauen interessiert. Er liebt sie auf seine Weise.«

»Ja«, sagte Schlichtmann, nahm einen Schluck aus Adlers Glas und merkte, dass es kein Grappa war.

Er mochte keinen Wein, spuckte halb ins Glas, verschluckte sich, winkte die Tänzerin heran, bestellte für Adler ein neues Glas und entschuldigte sich.

»Blaustein hat immer alleine gelebt, bis heute.«

»Manche Frauen hat er aus Mitleid bei sich wohnen lassen. Für eine gewisse Zeit. Dann hat er sie zumeist vor die Tür gesetzt. Es langweilte ihn«, sagte Adler.

»Und das Tollste ist: Nie war eine böse auf ihn.«

»Ja, ich erinnere mich. Eine Restauratorin, die interessierte sich wirklich für ihn. Sie wusste viel über Malerei. Das faszinierte ihn.«

»Ich habe sie oft gesehen«, sagte Schlichtmann, »als sie noch im Museum arbeitete. Sie sagte ihm immer wieder, er solle die Malerei nicht für eine Erfindung der Moderne halten. Sie sei mindestens 30 000 Jahre alt und trotz immer wiederkehrender Behauptungen wäre sie ja weder nach Mondrian, Malewitsch, Rothko oder all den anderen behaupteten Endpunkten wirklich zu Ende gewesen. Das beeindruckte ihn.«

Adler schaute wieder zur Decke.

»Das Ende oder die Krise der Malerei wird immer wieder behauptet. Das ist eine zeitgeistige Überheblichkeit. Das sind Leute, die meinen, sie müssten die Reste der Malerei oder der Kunst im Allgemeinen in ein Soziologieseminar überführen. Das nennen sie dann gerne Kunsttheorie.«

»Nun«, sagte Schlichtmann, »wir können uns aus der Geschichte nicht verabschieden. Wir müssen schon darüber nachdenken, was wir noch so mitschleppen wollen. Uneingelöste Versprechungen der Moderne? Wir sind auch nur ihr Resultat.«

»Blaustein hat seine Lektion ganz gut gelernt«, bemerkte Adler. »Er hat sich aus diesen Zuständigkeiten verabschiedet. Er glaubt einfach nicht mehr an die Verbesserung der Welt durch Kunst. Irgendwann schien er sich ganz aus der Malerei verabschiedet zu haben.«

»Lediglich um später wieder zu ihr zurückzukehren«, entgegnete Schlichtmann. »Eigentlich ist er aber gar kein Maler mehr.«

»Ach«, sagte Adler gedehnt. »Er war halt schlau genug, nicht mehr nur Farbe und Leinwand zu vertrauen. Peinture war nie seine Sache und wenn: nur als Mittel zum Zweck. Vergiss nicht, er ist ein exzellenter Maler, er ist raffiniert. Dieses langweilige Nachdenken darüber, wie sich die Leinwand wohl fühlt, wenn die Farbe auf sie auftrifft, ja: Es langweilte ihn.«

Schlichtmann stand auf. Der Stich hatte gesessen. Hielt Adler ihn für naiv?

Er wandte sich um. Er ging Richtung Herrentoilette. Adler griff sich eine Zeitung vom Nebentisch. Kaum war Schlichtmann verschwunden, schwebte die Tänzerin schon heran. Adler fühlte sich geschmeichelt. Sie war natürlich viel jünger als er. Sie hätte seine Studentin sein können. Adler hatte sich aufgrund seines ständigen Umgangs mit Studenten eine jugendliche Attitüde erhalten. Er liebte dieses Als-ob-Spiel. Er sah sie nun aus leicht zusammengekniffenen Augen an, überlegte es sich anders und bestellte noch ein Glas Wein, diesmal begleitet von einem Glas Wasser. Es war schließlich noch früh am Tage.

Als Wein und Wasser kamen, setzte Schlichtmann sich wieder und sagte:

»Er fing an, ästhetische Resultate der Fotografie, der Montage, der Collage ins Spiel zu bringen. Er kaufte sich einen Computer, bastelte sich seine virtuellen Motive zusammen, die nichts mit Malerei zu tun hatten, und glaubte, da ginge es weiter.«

»Ja und nein«, sagte Adler, »ihn beschlich einfach das Gefühl, dass nicht mehr oder nicht mehr nur die bildenden Künste die Orte der Innovation seien. Ich erinnere mich, dass er mir eines Tages sagte: ›Schau, ich habe links einen Stapel meiner Zeichnungen liegen, rechts Zeitungsausschnitte, Archivmaterialien und Internetauszüge. Der rechte Stapel interessiert mich mehr.‹ Er war vollkommen fasziniert von den Möglichkeiten, die ihm Internet und Computer boten.«

»Recycled images«, hielt Schlichtmann dagegen, »mehr nicht. Es hat nichts mit Malerei zu tun.«

»Ach hör doch auf!«, sagte Adler jetzt etwas lauter. »Alles ist durchgespielt in der modernen Malerei. Nur das Spiel selbst fesselt noch. Es ist wie in manchen Religionen. Nach dem Ausbleiben des Erlösers wird die Erlösungstat weiter gepredigt. Manche Kollegen verkünden nach wie vor das Neue, obwohl Neues nicht erscheint. Sie sind einfache Dienstleister in einer arbeitsteiligen, auf Effizienz angelegten Gesellschaft: Geschmacksingenieure, Spezialisten.«

Adler nahm einen Schluck. Er begann sich zu langweilen. Sie hatten diese Art von Gesprächen immer wieder geführt. Schlichtmann fühlte sich wahrscheinlich wieder unverstanden. Es stimmte. Blaustein hatte ihn nie wirklich ernst genommen. Blaustein schaute bei Gesprächen freundlich interessiert, aber im Grunde oft haarscharf an Leuten vorbei, die ihn auch nur annähernd langweilten. Reiner Selbstschutz, dachte Adler, und ihn befiel das Gefühl, dass er viel Zeit im Leben vertan hatte mit dieser Art von Gesprächen.

Er tröstete sich mit einem Blick auf die Servierin, die gerade am Nebentisch kassierte, bevor sie sich umwandte, etwas spöttisch auf die beiden schaute und vollkommen unvermittelt sagte:

»In meiner Generation wird noch und – wieder selbstbewusster – auch gemalt, viel gemalt. Und es stimmt: Es gibt zu viele Spezialisten. Man spezialisiert sich gern im ›Abstrakten‹, oder man vagabundiert ein wenig im ›Sinn-Bildhaften‹, da die Fotografie mit ihren technischen Mitteln das ›Ab-Bildhafte‹ ja anscheinend ›objektiv‹ besser leisten kann.«

Schlichtmann konzentrierte sich auf seinen Grappa. Adler war wie vom Donner gerührt, und er hörte sie sagen:

»Die Malerei oder vielleicht sogar die Kunst im Allgemeinen kapriziert sich weitgehend und immer noch viel zu sehr auf ihre Selbstanalyse. Das ist psychologisch betrachtet ja verständlich und schafft Wohlbehagen im Club der Eingeweihten und Weltfremden. Man hat vielleicht Angst, den Schutzraum, die Klinik, das Atelier zu verlassen.«

»Ja, die Resultate liegen längst auf dem Tisch«, hörte Adler sich sagen. Aber sie ließ sich nicht unterbrechen.

»Mit diesen atmosphärisch-pastelligen Nebelkerzen, diesem eskapistischen Mit- und Nebeneinander nomadisierender Egozentriker, die den Unterschied zwischen Individualismus und Egoismus nie begriffen haben, katapultiert sich die Kunst aus gesellschaftlichen Zusammenhängen und Relevanzen heraus.«

Hatte sie bis jetzt gestanden, so schaute sie nun fragend auf den noch freien Stuhl am Tisch. Adler machte eine einladende Handbewegung, zündete sich eine Zigarette an, wollte etwas sagen, meinte etwas sagen zu müssen und hörte dann doch weiter zu.

»Diese ganze selbstreferenzielle Malerei oder Kunst, die sich heute meistenteils in eine nette, harmlose und dekorative Entbehrlichkeit verabschiedet hat, ist ein einziger opportunistischer Reflex. Nicht mehr das Neue, sondern das Andere, nämlich Relativierung, Zeitgenossenschaft, artikulierter Zweifel und Mut, nicht Analyse, sondern Synthese wagen, das erscheint mir interessant.«

Sie machte eine kleine Pause. Hörte ihren Worten hinterher. Schlichtmann rutschte mittlerweile nervös auf seinem Stuhl hin und her, versuchte den letzten Tropfen Grappa aus seinem Glas zu befreien, traute sich aber nicht, sie um ein weiteres Glas zu bitten. Adler hatte sich wieder gefangen und sagte jetzt:

»Ja, ja, diese zwanghafte, gebetsmühlenhaft wiederholte Forderung und Suche nach dem ewig Neuen gehört doch nur zur Fortschrittsgläubigkeit einer mittlerweile historischen und linear gedachten Moderne. Eigentlich müsste längst Übersättigung vorherrschen. Aber nichts da: Kaum hat die Postmoderne die Moderne auf erträgliche Distanz gebracht, schreit man schon wieder nach ihr.« Er schaute sie zufrieden, vielleicht ein wenig herausfordernd an, als Schlichtmann ganz langsam sagte: »Was kann die Malerei noch leisten nach einer Postmoderne, die eben auch schon Historie ist?« Er sah aus, als wollte er noch etwas hinzufügen.

»Sie muss sich halt ihren Kanon wieder neu erstellen«, antwortete sie und schaute ihn unverwandt an.

»Und zwar«, fuhr sie fort, »zunächst, um ihre Atomisierung, ihre Selbstzertrümmerung, ihre Selbstzerstückelung zu überwinden. Sie ist mittlerweile überanalysiert, austherapiert: Die Flucht ins Spezialistentum ist einfach, naheliegend vielleicht, aber auch opportunistisch, politisch überschaubar, kontrollierbar und zudem langweilig. Studenten kommen heute zu oft schon als Spezialisten aus den Akademien raus. Sie beherrschen keinen Kanon mehr, und das nimmt dann oft auch – verständlicherweise – niemand mehr ernst. Wir können uns nicht auf die einfachen Lösungen mit ihren allzu naiven Heilsvorstellungen und Rezepten stürzen.«

»Nachdem also das Pathos der Totalität nurmehr als Dämmerlicht auszumachen ist, wird zunehmend eine Vielheit von Möglichkeiten sichtbar«, fragte Adler mehr, als er sagte.

»Ja, und dieser Vielheit müssen wir uns stellen. Zudem hat dies zur Folge, dass es auch nicht mehr darum gehen kann, sich von bürgerlichen Denkformen abzuwenden, sondern dass der auftretende Dissens mit bestehenden Denk- und Lebensweisen sich von einer langweiligen und kräftezehrenden Antihaltung zu einer raffinierteren und womöglich auch viel subversiveren Metahaltung oder Metareflexion wandeln muss.«

Adler bekam langsam schwitzige Hände. War es ihre unbekümmerte, ihre wissende, irgendwie auch altkluge Art? War es der Wein? Oder war es nur seine Blase. Das Letztere gefiel ihm noch am besten. Er stand auf und begab sich zur Toilette.

Andere Gäste verlangten nun nach ihr. Als Adler zurückkam, saß Schlichtmann alleine am Tisch. Adler war enttäuscht. Kaum waren die anderen wenigen Gäste versorgt, kam sie aber schon zurück. Sie setzte sich. Er kannte den Besitzer des Cafés, und er fragte sich, was der wohl davon halten würde.

Sie ließ ihn gar nicht weiter darüber nachdenken.

»Eine Kunst der Beliebigkeit, des »Anything goes« oder des »Alles ist erlaubt« greift schlicht zu kurz«, sagte sie bestimmt. »Es geht doch vielmehr darum, sich die Komplexität von Bild-, Sprach-, Denk- und Lebensformen bewusst zu machen. Die Maler sollten daher wieder schnell lernen zu machen, was sie wollen, und nicht, was sie können. Diese ganzen Hasenfüße! Es kann doch nicht angehen, dass sie vor ihren Bildern mit erhobenen Händen und Schultern stehen und sagen: Hier steh ich, ich kann nicht anders! Nein, nein! Es muss ganz anders lauten: Hier steh ich, und ich kann noch ganz anders!«

Adler musste lachen. Sie war noch sehr jung.

»Es geht also darum, diese Schiene der Reduktion, der Atomisierung der Malerei zu verlassen?«, fragte er.

»Ja, weniger ist nicht länger mehr, und oft ist es auch überhaupt nichts mehr. Man kann aus der Malerei nichts mehr rausnehmen, man muss das Gegenteil unternehmen. In die Malerei müssen wieder die Dinge eingebracht werden, die ihr abhanden gekommen sind und die sie vielleicht so auch noch nicht gekannt hat.«

Es war bereits Mittag, der Laden füllte sich. Der Unterricht an der gegenüberliegenden Oberschule schien vorbei.

»Ich habe zu tun«, sagte sie und stand auf.

»Die Malerei sollte noch viel stärker die ästhetischen Resultate der Konkurrenz, seien es elektronische Medien, digitale Bildwelten oder auch die Fotografie nutzen«, sagte Schlichtmann nach einer Pause.

»Sagt beziehungsweise schreibt Blaustein«, entgegnete Adler, »und weiterhin sollte die Malerei ästhetische Resultate und die malerische Kompetenz der gesamten Malereigeschichte schleunigst wieder aufgreifen. Begriffe wie Ornament, Virtuosität, Meisterschaft und auch das erzählerische Moment sollten wieder an Bord geholt werden. Ebenso sollten wir uns an die Resultate der vormodernen Malerei im 18. und 19. Jahrhundert erinnern, die man zur Zeit der Moderne oft als eher hinderlich empfand und manchmal sogar arrogant abtat.«

»Ich weiß, ich weiß«, sagte Schlichtmann, »alles Blaustein, alles Blaustein. Denn es zählt das Resultat, das gemachte Bild, und nicht die Absicht, sei sie noch so ehrenhaft! Man solle nur daran denken, wie die Renaissancemaler unter Zuhilfenahme von technischen Geräten begannen, ihre riesigen Bilder zu malen. Dürer gelang es, mit speziellen Zeicheninstrumenten einen perspektivischen und zugleich auch virtuellen Bildraum zu konstruieren. Und wir heute?«

»Nun«, sagte Adler, »neben Camera obscura, Camera lucida, Spiegeln, Linsen und Storchenschnäbeln stehen uns doch heute ganz andere Mittel zur Verfügung. Wir können mithilfe des Computers Motive jedweder Provenienz scannen, importieren und manipulieren. Dies nennt Blaustein synthetisches Vorgehen. So entstehen neue Bildrealitäten, welche die Malerei so noch nicht gekannt hat und die für sie von höchstem Interesse sind.«

Schlichtmann schaute Adler herausfordernd an. »Ein gemaltes Bild, dessen Motiv auf eine Freihandzeichnung zurückgeht, ist das eine. Eines, welches etwa auf eine computergenerierte Zeichnung zurückzuführen ist oder auf eine Projektion, ist ein völlig anderes!«

Adler schaute gelangweilt. Er wusste, was jetzt kam. Eigentlich hätten sie wieder von vorn anfangen können. Er versuchte vorsichtig zu formulieren. Schlichtmann hatte das Gespräch eigentlich schon beendet, suchte sein Geld, winkte die Tänzerin heran, stand auf. Als sie am Tisch stand, er ihr wortlos ein paar Münzen reichte, das Restgeld ablehnte, sagte Adler: »Wie auch immer die Hilfsmittel geartet sein mögen, sie mindern nicht das Werk des Künstlers. Ihre Beherrschung verlangt oft selbst große Könnerschaft, Geschicklichkeit und Kenntnis. Es ist ja nicht so, dass die technischen Hilfsmittel die Zeichnung oder ein Bild ausführen, sondern es bleibt auch hier die Hand des Künstlers, die das jeweilige Hilfsmittel führt.«

»Das ist alles von Blaustein«, sagte Schlichtmann. Er nickte Adler zu. »Man sieht sich.«

»Was ist mit Deiner Hand?«

Er verließ das Café, ohne sich umzuschauen.

Schlichtmann musste immer das letzte Wort haben, auch wenn es ohne Bedeutung war, dachte Adler.

Die Tänzerin kam und räumte die Gläser weg. Adler zündete sich eine Zigarette an. Er schaute ihr zu. Sie wischte den Tisch ab, sie leerte den Aschenbecher. Sie lächelte freundlich. Die alten Damen waren längst gegangen. Die Oberschülerinnen waren jetzt andere. Es regnete immer noch. Es war sieben Minuten nach zwei.

»Wie lange arbeiten Sie noch?«, fragte er und wunderte sich zugleich ein wenig über sich selbst.

»Bis drei«, sagte sie.

»Machen wir einen Spaziergang?«

»Nein, ich arbeite vormittags immer im Café. Nachmittags arbeite ich bei Blaustein im Atelier.«

Heribert C. Ottersbach

Blaustein

They had eaten early, and the evening ended late. By the time Schlichtmann left, the streets were empty. The things that needed to be said had been said. All these events had worn him out.

March 22

He slept late that morning. The telephone had rung around ten. He hadn't wanted to hear it. Later, he left the studio and wandered aimlessly through the city. It had rained. It had gotten colder. He was cold. Schlichtmann decided to warm up in a familiar café. The same aging and elderly women seemed to be there as the last time. It must have been a while ago. He couldn't really remember. As usual, in the midst of them sat a grey beau, who made his best efforts to attract the attention of the ladies. Nothing had changed.

Two young girls from the nearby high school sat at the entrance and seemed to be preoccupied with their badly painted nails. Their satchels were in front of them on the table, and next to each was a beer. It surprised him.

He noticed a free table in the middle of the room near the passageway to the toilets. Despite the smell of urinal blocks that wafted by every now and then, he liked this table the best. It gave him just the kind of overview that his voyeuristic interests required. He tried to concentrate on the newspaper. He wasn't able to. His mind wandered. He was tired. He didn't quite know if it was morning or evening. He ordered a grappa.

It was exactly eleven-thirty when Adler left the museum. Seven minutes later he entered the café.

Adler stood at the door and scrutinized the room. Adler had changed. His hair was longer than it used to be. His clothing was groomed, stylish, almost elegant.

Adler started across the room even before Schlichtmann raised his hand to wave him over.

He sat down next to him and at first looked at him in silence. Adler noticed the scar on his left hand and asked:

"Are you still painting?"

They hadn't seen each other in a long time. Adler had heard one thing or another through friends. In fact, he didn't know much. Schlichtmann's boyfriend had died a while ago. At least this is what he had heard. He didn't dare ask him about it.

"Yes," answered Schlichtmann somewhat slowly.

"How is Rocky doing?"

Rocky was an old common friend. Actually, his name wasn't Rocky. His name was Robert Blaustein. When he was a child, everyone had called him Robby. When he was sixteen he had had a girlfriend. She loved the *Rocky* films that were popular at the time and said that he looked like Sylvester Stallone. From then on she called him Rocky, and the name stuck. When he was young, his grandmother left him an old Rollei 6x6 reflex camera. He wildly photographed everything in sight. "Rocky the Photographer" was born at pop concerts and parties. He traveled all over with second- and third-class rock bands and was their source of photographs—later also of drugs. At some point they caught him for the third time. Circuit judge A. in K. sent Robert Blaustein into the blue for eighteen months.

"We now see each other quite often again," said Schlichtmann.

He had known Adler and Blaustein for a long time, maybe even twenty years.

Blaustein had started painting during his eighteen months in prison. The camera hadn't brought him much luck.

When Blaustein got out, he enrolled in art school. He was very good, worked hard.

"He still is really good, he's successful," said Schlichtmann.

"He was always successful," said Adler.

"Yes," he replied.

Adler hadn't seen Blaustein in a long time. Years ago they had spent a lot of time together. They had talked incessantly about painting.

Schlichtmann knew that. He had met Adler and Blaustein at the art school. The two were inseparable at the time, at least until Adler got married. Each then went their own way. Both were successful. They just didn't see each other often. When they did, it was just like old times.

"Blaustein told me that he has spent a good deal of time with you recently," Schlichtmann said. A question was lurking in his statement.

"Yes," said Adler. "Work brings us together still, or once again. Sometimes I don't know."

"I don't really paint anything, nothing at all, or very little," said Schlichtmann.

"It's a tough thing, painting. We finally have to let go of this notion of a cure, the sanatorium of modernity, modern painting," said Adler. "Whether we've been healed or not, it's time to wake up. The clinic remains closed, and the therapists are either dead, or they have taken off into the hills."

"Yes," said Schlichtmann, "we are once again completely alone."

"Blaustein believes that you can't deduce the crisis in art or painting from the failure of modernity," said Adler.

"Yes, I know. Blaustein also says that art—and to a greater extent painting—is not the invention of modernity," replied Schlichtmann.

Adler ordered cake and coffee. He also ordered a glass of wine. Altogether Adler began to feel good. He smirked about the young girls, made eyes at the waitress and said abruptly: "You are disenchanted, maybe disappointed. The utopia of art that went hand in hand with the utopia of work and the utopia of personal freedom, all these utopias that were always considered to be the ultimate state of existence are now lying on the garbage heap of history."

"But. . . at least it is history," said Schlichtmann.

"Blaustein once said that from the beginning of modernity all conventions, not only in painting, have been gradually called into question. They needed to be violated in order to test what was absolutely necessary and what wasn't," said Adler.

"That is true," said Schlichtmann.

"However, there was a big problem. What at first seemed to be a purge turned out to be a depletion, a starvation cure. Art, and painting of course too, increasingly atomized itself and began to run the risk of causing its own ruin."

Adler ordered another glass of white wine. He began to warm up in the conversation. He pushed back his chair and followed the waitress with his eyes as she left. She was beautiful. Her gait was elegant. She knew it. Probably she studied dance, acting, or art. Her expression was friendly, sometimes challenging. Adler behaved almost as if he knew her. He liked doing that. He was simply testing his value on the market. She held her own.

"Yes, yes," said Adler. "In painting we experienced the development from a painting to a painted object. Painting increasingly became a matter of faith among specialists who increasingly organized themselves in orthodox, idyllic circles and preferred hermetic structures. Either one was among the initiates, or one simply wasn't that far along. It simply got boring. Blaustein said recently that all these debates on the question of what works or doesn't work anymore are counterproductive, anachronistic, and backward. The discussion around art now tends to take place on a meta-level. One is simply afraid of seeing all hopes dashed. One doesn't really expect much from a work of art anymore, and one trusts oneself and one's own criteria even less. It's all about influence and maintaining power. In the art business one is ostensibly striving for provocations on an elevated level but usually ends up following base instincts. Putting the artwork in chains, one covers it over with a finely woven carpet of well-tested interpretations and then allows it to undergo the inspection of the art police."

Adler looked up at the ceiling. It seemed as if he were following his remarks, which were not actually his. He had always admired Blaustein for his acumen.

Without being asked, the dancer brought a grappa and a glass of water.

Schlichtmann was surprised, Adler amused.

"Do you know her?"

"No, maybe she is taking pity on me."

"Did you know that Blaustein also wrote on occasion over the years?" asked Adler, who was meanwhile staring at the ceiling again. "Some things were even published in recent years."

"His mother told me about it," said Schlichtmann.

"I didn't know his mother was still living."

"She has been dead for a few years. I didn't know her. I met her once at an opening. Blaustein introduced me to her in order to get rid of her for the evening. She talked incessantly, like a tape cassette with a broken off-button. When at some point she noticed that I wasn't listening anymore, she disappeared. I never saw her again. Blaustein was so happy, he gave me a drawing. Later, I asked him about his texts. A long time after that I received a package. Just blank pages. I never mentioned it again."

"I'm not surprised about the blank pages," said Adler. "That is just the way he is. He gets a kick out a playing a joke, that's all."

"At the time I was mad. Blaustein never took me seriously as an artist. He liked me, maybe. And I couldn't really expect much more from him. But it did hurt. I often lent him books. He only seldom returned them. When I asked about them, either he had lost them, lent them to someone else or cannibalized them to the point that they were more like the ruins of a book than anything else. I liked him. But sometimes I envied his nonchalance. I didn't just want to be liked."

Adler lit his cigarette. Schlichtmann was surprised. Adler had never smoked before.

"You smoke?"

"Yes, ever since I left my wife. I will have to break myself of the habit at some point."

Adler only needed to look in the dancer's direction. He pointed to the table and then held his thumb and forefinger in the air. And she appeared with another glass of wine and a grappa. "My wife never liked Blaustein," said Adler, who was now following the pretty gait of the waitress as she walked away. She had long, dark hair. Too long, he thought.

"She never felt secure in his presence. Blaustein noticed this and made a game out of it. She was not a match for him in any way."

"Blaustein always liked your wife," said Schlichtmann, "but he just didn't know how to relate to her. She was beautiful. She was charming. For Blaustein that was enough."

"Blaustein treated all women the same way. Always. He was never really interested in women. He loves them in his own way."

"Yes," said Schlichtmann and took a sip from Adler's glass. Realizing that it was not grappa—he didn't like wine—he spit half of it back into the glass, choked, waved the dancer over, ordered a new glass for Adler and excused himself.

"Blaustein always lived alone and still does today."

"Out of pity he allowed some women to live with him. For a certain amount of time. Then he usually put them out. It bored him," said Adler.

"Yes, I remember. There was a restorer who was really interested in him. She knew a lot about painting. That fascinated him."

"I saw her a good deal when she was still working in the museum," said Schlichtmann. "She always told him that he should not consider painting to be the invention of modernity. It is at least 30,000 years old, and despite all of the opinions to the contrary that keep cropping up, painting was not truly over after Mondrian, Malevich, Rothko or all the other so-called terminations. That impressed him."

Adler was looking at the ceiling again.

"People continue to proclaim that painting has come to an end or that it is experiencing a crisis. This is simply the arrogance of the times. These are the kind of people who think that they have to confine the remnants of painting or art in general to a sociology seminar. And then they like to call it art theory."

"Well," said Schlichtmann, "we can't extract ourselves from history. We do have to think about what we want to take along with us. Modernity's unfulfilled promises? We are simply its offspring."

"Blaustein did his reading," commented Adler. "He bowed out of these responsibilities. He simply doesn't believe in improving the world through art. At some point, he seemed to depart from painting altogether."

"Only to come back to it later," countered Schlichtmann. "Actually he isn't a painter anymore at all."

"Well," said Adler slowly. "He was smart enough not to put his trust anymore in the paint and canvas. *Peinture* was never his thing, or if so, only as a means to an end. Don't forget, he is an existential painter. He is shrewd. This boring kind of reflection about how the canvas feels when it encounters the paint, yes, it bored him."

Schlichtmann got up. The point had met its mark. Did Adler think he was naïve?

He turned around. He headed toward the men's bathroom. Adler grabbed himself a paper from the next table. Schlichtmann had barely disappeared when the dancer floated over. Adler was flattered. She was naturally a lot younger than he was. She could have been his student. Due to his continuous interaction with students, he had retained a youthful air. He relished this game of as-if. He looked at her with a slight squint, changed his mind and ordered another glass of wine, this time along with a glass of water. It was still early.

When the wine and water arrived, Schlichtmann sat down again and said:

"He started to bring in the aesthetic legacy of photography, montage, and collage. He bought himself a computer and crafted his virtual motifs, which had nothing to do with painting, and believed that was the direction things were going."

"Yes and no," said Adler. "The feeling simply crept up on him that the visual arts were no longer the field, or the only field, of innovation. I remember one day he said to me: 'Look, on the left I have a pile of my drawings and on the right a pile of newspaper clippings, archive materials, and downloads from the Internet. The right pile interests me more.' He was totally fascinated by the possibilities that the Internet and the computer offered."

"Recycled images," pointed out Schlichtmann, "nothing more. It has nothing to do with painting."

"Oh, stop," said Adler somewhat louder. "Everything has been tried and tested in modern painting. The game itself is what is still compelling. It is the same in some religions. Once the savior is gone, they continue to preach salvation. Some colleagues continue to claim something is new, even though the newness never manifests itself. These people are simply the service personnel of a compartmentalized society that is geared to the utmost efficiency: specialists for taste engineering. Adler took a sip. He began to feel bored. They had had these kinds of conversations every once and a while. Schlichtmann probably once again felt misunderstood. He was right. Blaustein had never really taken him seriously. In discussions Blaustein always had a friendly and interested look on his face, but he looked just a hair past people who started to bore him in any way. Self-protection, thought Adler, and he was overcome by the feeling that he had wasted a lot of time in his life with these kinds of conversations.

He consoled himself with a glance at the waitress, who was just tallying the bill at the next table and then turned around and looked at both of them with a slightly teasing, ironic expression and said unexpectedly:

"In my generation people are still painting, painting a lot—once again with more confidence. And it is true: there are too many specialists. There is a tendency to specialize in 'abstraction' or stray a bit into 'subjectivity,' since photography and its technical devices seem to be able to better master the 'objectivity' of the 'representational.'"

Schlichtmann concentrated on his grappa. Adler felt as if he had been struck by lightning and he heard her say:

"Painting, or perhaps even art in general, insists on self-analysis to a large extent—and much too often. From a psychological standpoint this is understandable, since it creates a sense of comfort for the club of the insiders and members of the ivory tower. There is perhaps a fear of leaving a protective space, the clinic, the studio."

"Yes, the results have been on the table for a long time," Adler heard himself say. But she did not let him interrupt her.

"Through this atmospheric pastel of murky candlelight, through the escapist cooperation and coexistence of nomadic eccentrics, who never understood the difference between individualism and egoism, art catapults itself beyond any social context or relevance."

Until this point she had remained standing but now looked questioningly at the empty chair at the table. Adler made a welcoming gesture with his hand, lit a cigarette, wanted to say something, felt he had to say something, and then simply continued to listen.

"All this self-referential painting or art that today has become pretty, harmless, decorative, and ultimately dispensable is an expression of one single opportunistic reflex. No longer daring to do something new. Instead there is something else, namely relativizing, being a member of one's generation, articulating doubt and courage. Synthesis instead of analysis—to me, that seems interesting."

She paused briefly, listening to the echo of her words. Schlichtmann meanwhile squirmed nervously in his chair and tried to drain the last drops of grappa from his glass but did not dare ask for another. Adler had regained his composure and said:

"Yes. Yes, going round and round like a prayer wheel, this compulsive, repeated need and eternal search for the new is only an aspect of the belief in progress that is rooted in a now historical and linear concept of modernity. A sense of oversaturation should have set in long ago. But no. Postmodernity had hardly put a good distance between us and modernity before everyone started clamoring to have it back."

He gave her a satisfied and slightly provocative look as Schlichtmann said quite slowly, "What can painting achieve at a time when the postmodern is also already history?" He looked as if he wanted to add something.

"It has to rebuild its canon," she answered with a steady gaze.

"First," she continued, "in order to overcome its atomization, its self-fragmentation, its self-dismemberment. Right now it is overanalyzed; all methods of treatment have been exhausted. Seeking refuge in specialization is easy, maybe obvious, but it is also opportunistic, politically manageable, controllable, and also boring. Nowadays students too often leave the art school already as specialists. They don't have mastery of a canon anymore, and, understandably, no one takes this seriously anymore. We can't just throw ourselves at the simple solutions with their all too naïve ideas and formulas."

"Now that the pathos of totality can only be detected as a faint light, a multiplicity of possibilities are becoming increasingly visible," said Adler, more as a question than a statement.

"Yes, and we have to take up the challenge of this multiplicity. Another consequence is that freeing ourselves from bourgeois ways of thinking shouldn't be an issue anymore. The emerging form of dissent and its existing attitudes and lifestyles have to shift from a boring and draining 'anti' stance into a refined and possibly even more subversive meta-standpoint and meta-reflection."

Adler's hands were slowly getting sweaty. Was it her insouciant, knowing, and somehow precocious manner? Or was it the wine? Or maybe it was just his bladder. He liked the last answer the best, stood up and went to the bathroom.

Other guests needed the waitress's attention. When Adler came back, Schlichtmann was sitting at the table alone. As soon as she had taken care of the other guests, she came back. She sat down. He knew the owner of the café and he asked himself what he would think of all this.

She didn't give him a chance to think more about it.

"Art as randomness, as 'anything goes' is simply not enough," she said firmly. "It is more important to create an awareness for the complexity of different visual, linguistic, and cognitive structures, different ways of living. Painters should once again quickly learn to paint what they want to paint, not just what they can. All these cowards! It just isn't right that they stand in front of their paintings, shrug their shoulders, and say: 'Here I am. This is the only way I can do it!' No, no! It should be the other way around: 'Here I am, and I could have done it a lot of different ways.'"

Adler had to laugh. She was still very young.

"So you are saying that it is a matter of getting off this track of reduction, of atomizing painting?" he asked.

"Yes, less is no longer more, and often it is now nothing at all. You can't extract anything more from painting, so you have to start doing the opposite. We have to reintroduce the things into painting that have gotten lost and that were foreign to painting in their given form."

It was already noon, and the place began to fill up. Classes seemed to have let out at the high school across the street.

"I have to get to work," she said and stood up.

"Painting should make much more use of the aesthetic findings from the competition, whether this is electronic media, imaginary digital worlds, or photography," said Schlichtmann after a pause.

"And that's just what Blaustein says and writes," countered Adler. "Furthermore, painting should immediately start to incorporate the aesthetic legacy and artistic competencies of painting from previous eras. Notions like ornament, virtuosity, mastery, and also the narrative moment need to be taken back on board. We should also remind ourselves of the pre-modern painting of the eighteenth and nineteenth centuries, which was often considered a hindrance during the modern era and sometimes was even arrogantly dismissed."

"I know, I know," said Schlichtmann. "It's all Blaustein, Blaustein. All that counts is the result, the painted picture, and not the intent, no matter how honorable it is! But one shouldn't forget how the painters of the Renaissance started painting their huge paintings with the aid of technical instruments. With the help of special drawing instruments, Dürer was able to create a sense of space that was both virtual and foreshortened. And what about us today?"

"Well, aside from the camera obscura, camera lucida, mirrors, lenses, and the pantograph, there are a whole range of different media at our disposal. Using computers, we can scan, import, and manipulate an image from any old provenance. This is what Blaustein calls a synthetic approach. New visual realities are the result, which were not an aspect of painting before and which are very interesting for the medium."

Schlichtmann looked at Adler challengingly. "A painting whose motif is based on a drawing by hand is one thing. A painting based on a computer-generated drawing or a projection is another thing entirely!"

Adler looked bored. He knew what was coming. Actually, they were back where they started. He tried to formulate his words carefully. Schlichtmann had, in fact, already ended the conversation, looked for his money, waved the dancer over, stood up. When she was standing at the table, he handed her a few coins without saying anything and refused the change. Adler said, "No matter what kinds of aids are being used, they do not lessen the work of the artist. Alone knowing how to use them often requires a great deal of ability, skill, and knowledge. It is not as if technical tools create the drawing or the image. Instead, it is still the hand of the artist that guides the tool."

"That is all taken from Blaustein," said Schlichtmann. He nodded to Adler. "See you around."

"What happened to your hand?"

He left the café without turning around.

Schlichtmann always has to have the last word, even when it doesn't mean anything, thought Adler.

The dancer came over and cleared away the glasses. Adler lit a cigarette. He looked over at her. She wiped the table, emptied the ashtray. She gave him a friendly smile. The old ladies had long since left. Other students had taken the girls' place. It was still raining. It was seven minutes after two.

"How much longer do you work?" he asked and surprised himself a bit with his question.

"Until three," she said.

"Do you want to take a walk?"

"No, in the mornings I work in the café, and in the afternoons I work in Blaustein's studio."

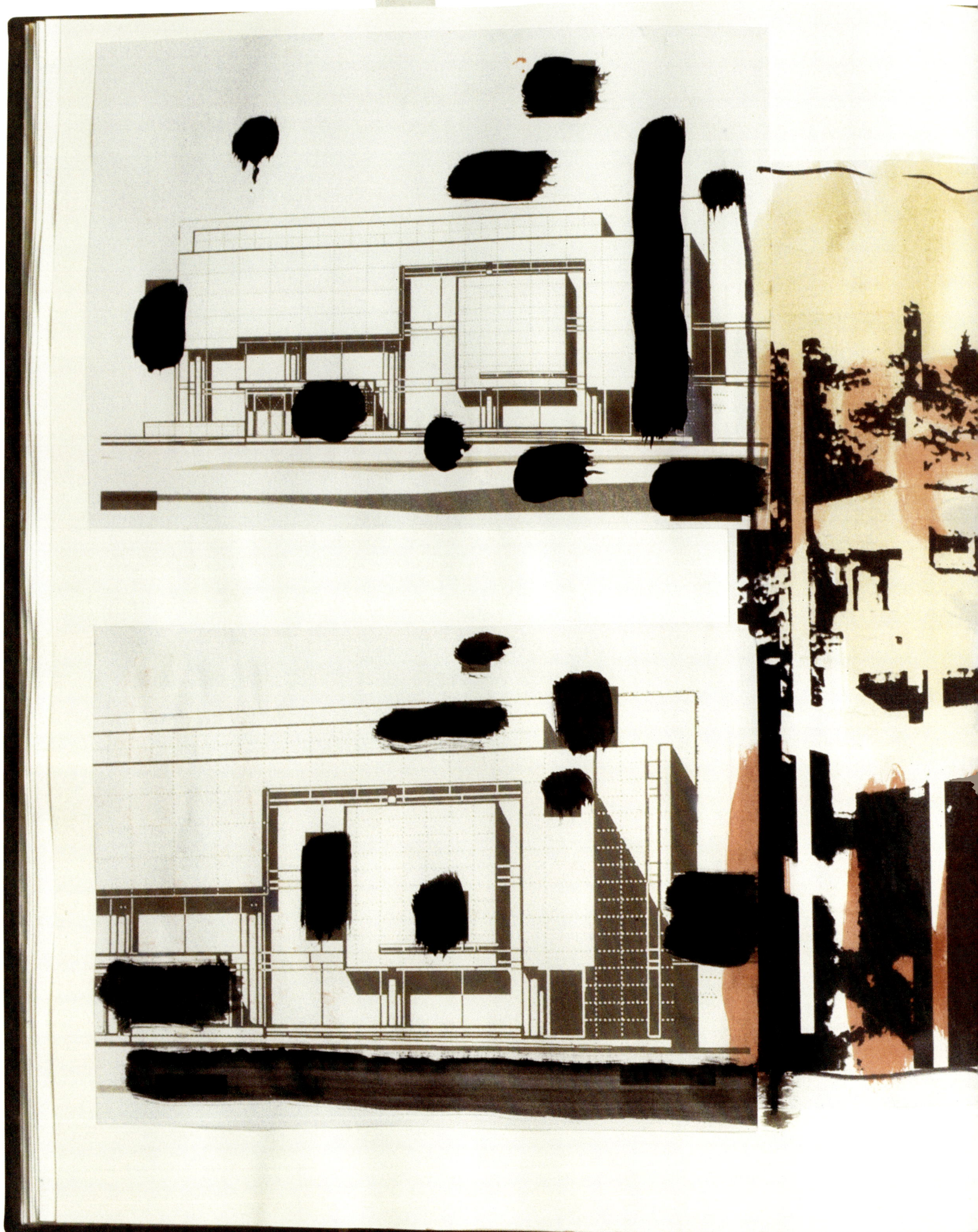

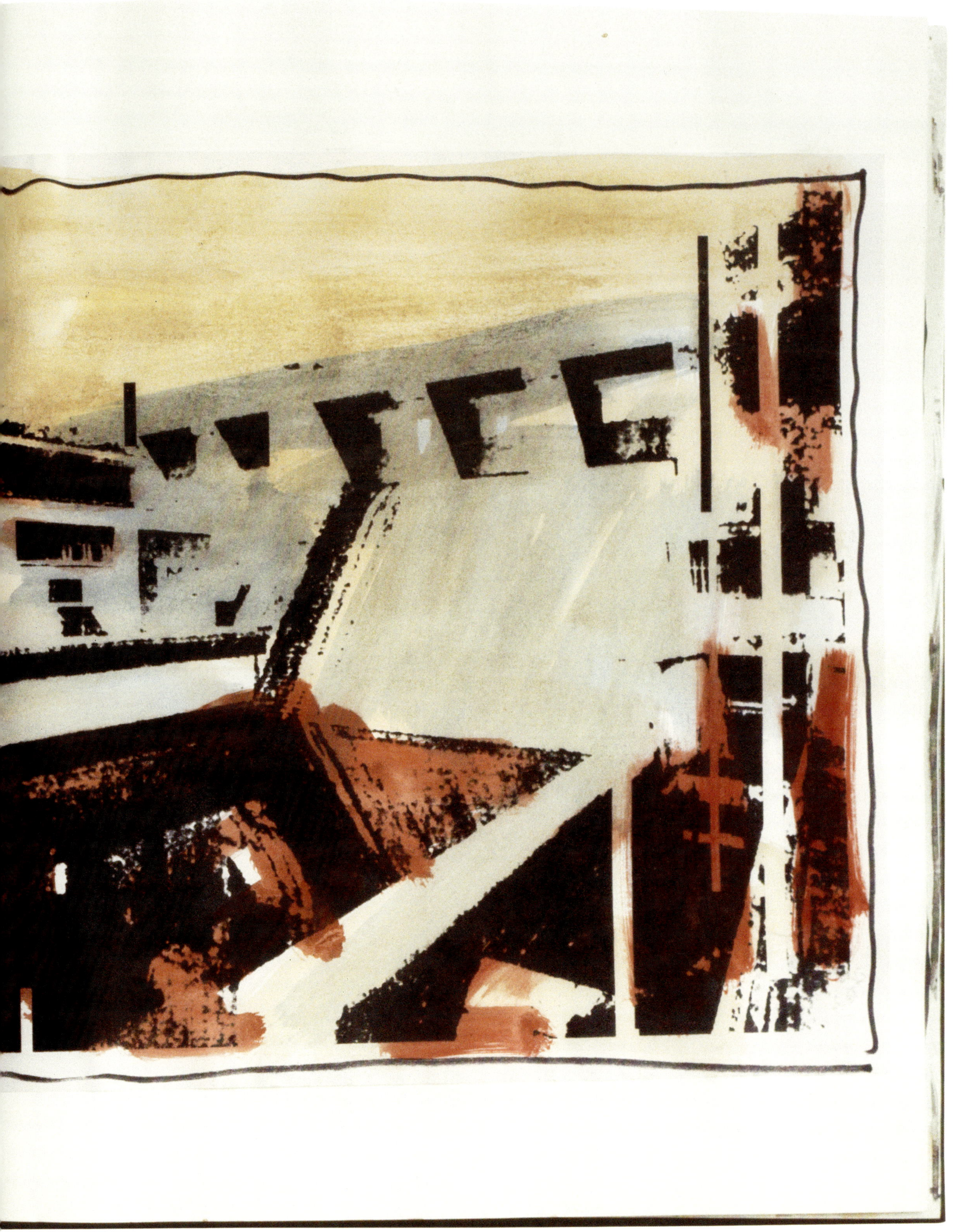

Auszüge aus Skizzenbüchern / Excerpts from sketchbooks

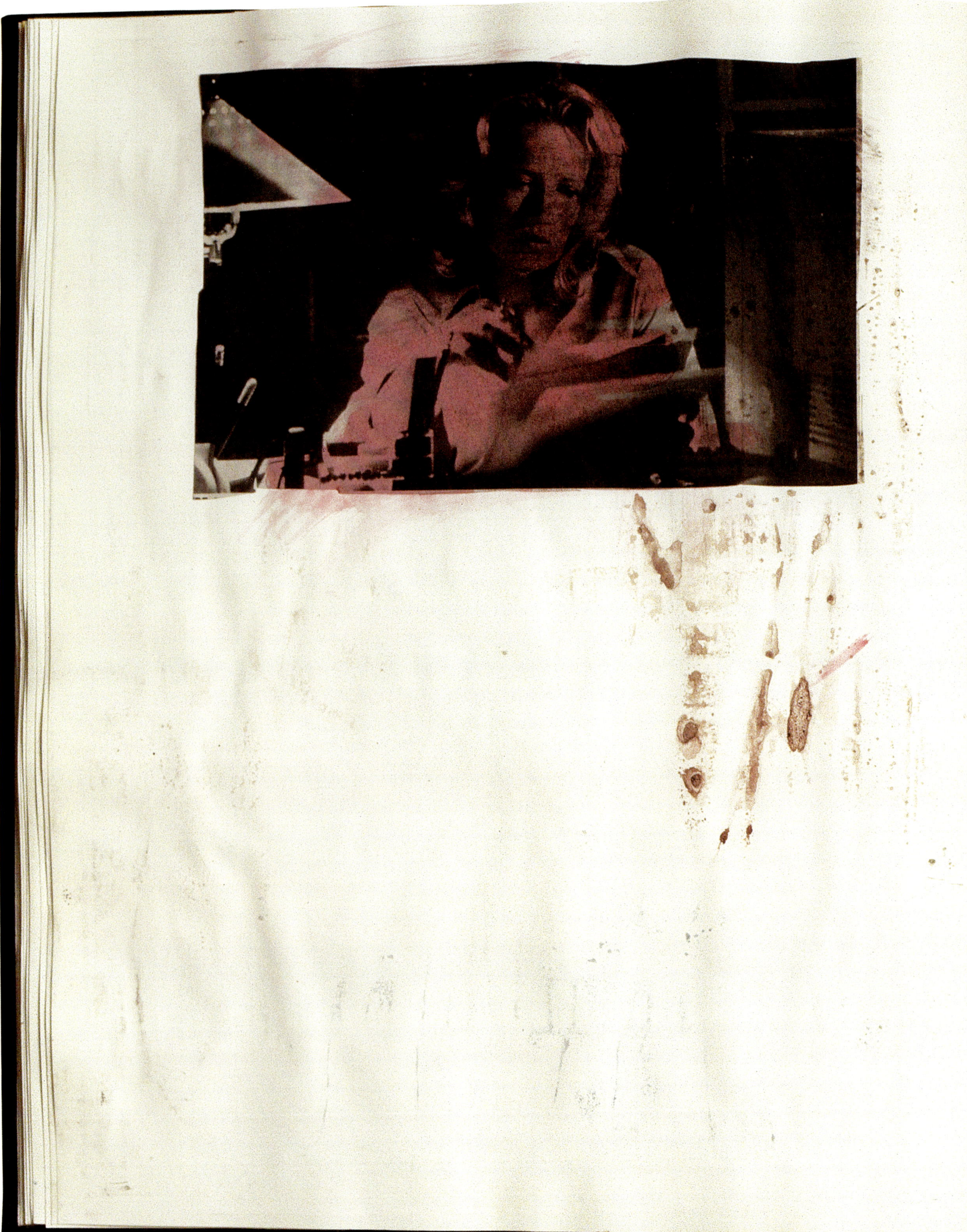

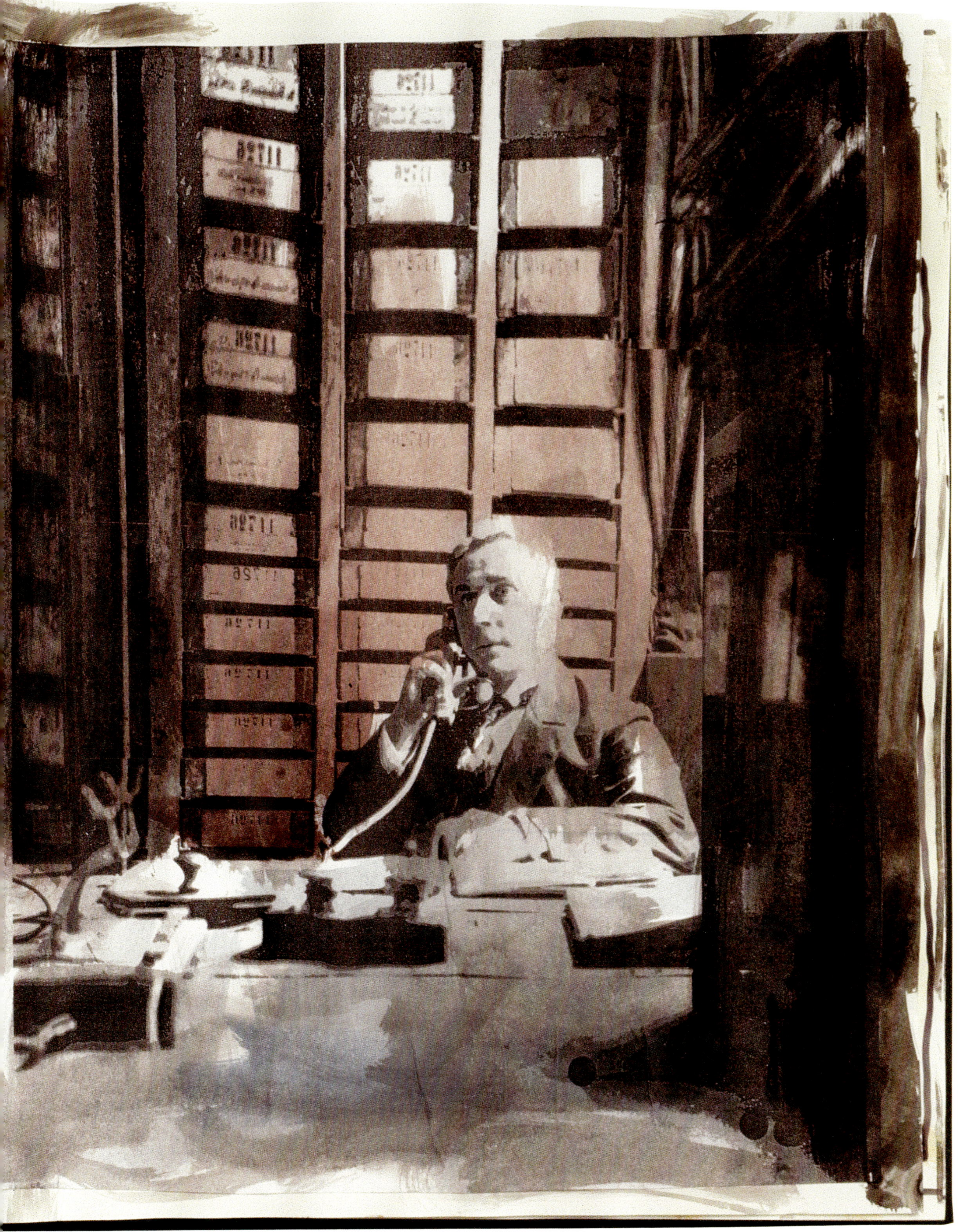

Modern City

Beckmann
Jawlensky
Kandinsky
Malewitsch
Mondrian
Tzara
Hausmann
Duchamp
Klee
Picasso
Matisse
Leger
Pollack
Newman
Rothko
Still

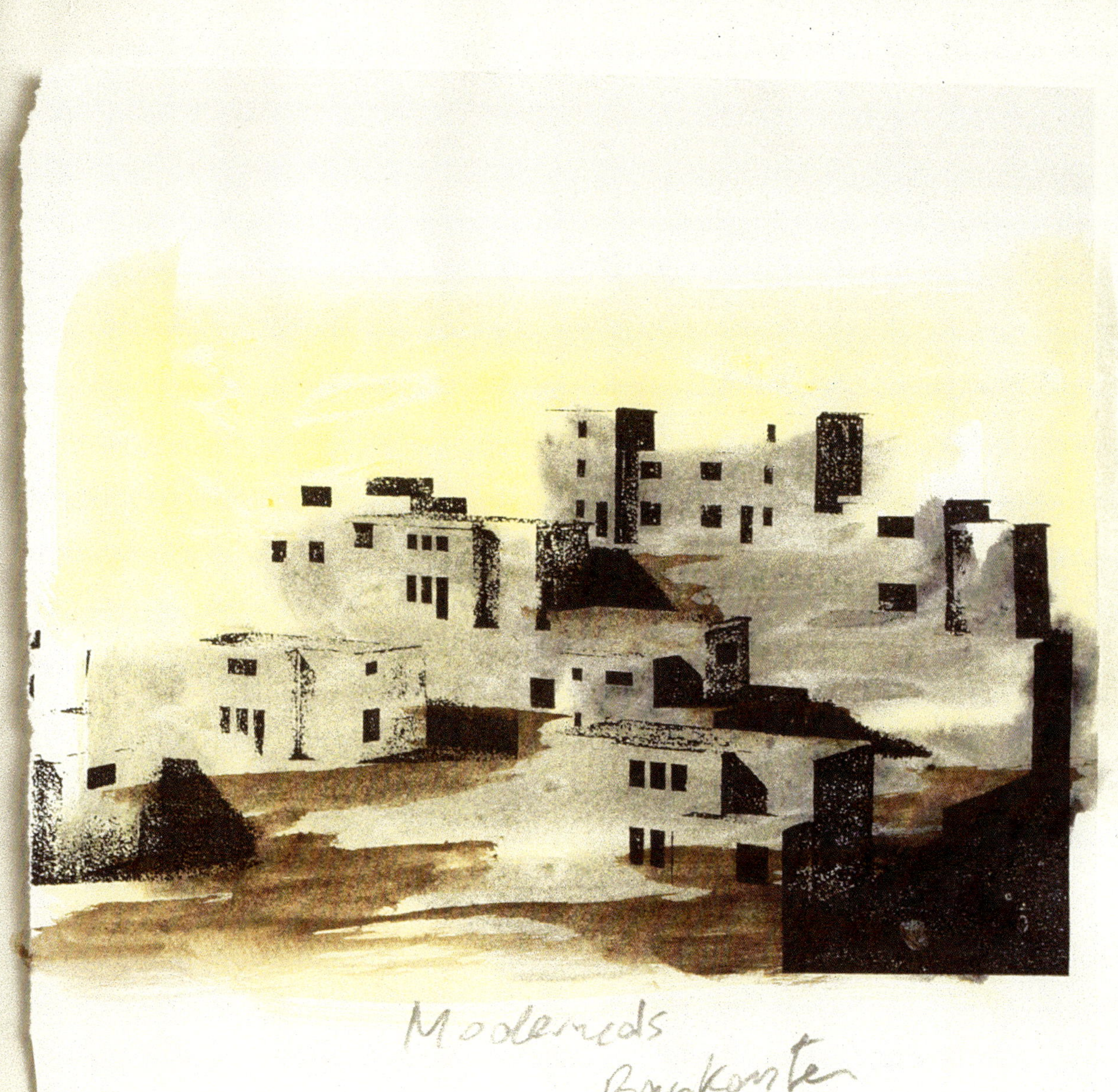

Das Buch der Unruhe, Fragment 342

Ich schlafe nie: Ich lebe und träume, oder genauer, ich träume im Leben und im Schlaf, der gleichfalls Leben ist. In meinem Bewußtsein gibt es keine Unterbrechung: Ich nehme wahr, was mich umgibt, solange ich noch nicht schlafe oder solange ich nicht gut schlafe, und beginne zu träumen, sobald ich wirklich schlafe. So bin ich ein beständiges Sich-Entfalten zusammenhängender oder unzusammenhängender Bilder, die stets vorspiegeln, sie gehörten zur Außenwelt; einige schieben sich zwischen die Menschen und das Licht, wenn ich wach bin, andere zwischen Trugbilder und die sichtbare Lichtlosigkeit, wenn ich schlafe. Ich weiß wirklich nicht, wie ich das eine vom anderen unterscheiden soll, noch könnte ich sagen, ob ich nicht schlafe, wenn ich wach bin, ob ich nicht aufwache, wenn ich schlafe.

Fernando Pessoa, *Das Buch der Unruhe des Hilfsbuchhalters Bernardo Soares,* hrsg. von Richard Zenith, übers. und revidiert von Inés Koebel, Frankfurt am Main u. a. 2006 (2003), S. 330.

The Book of Disquiet, Fragment 342

I never sleep. I live and I dream; or rather, I dream in life and in my sleep, which is also life. There's no break in my consciousness: I'm aware of what's around me if I haven't fallen asleep yet or if I sleep fitfully, and I start dreaming as soon as I'm really asleep. And so I'm a perpetual unfolding of images, connected or disconnected but always pretending to be external, situated among people in the daylight, if I'm awake, or among phantoms in the non-light that illumines dreams, if I'm asleep. I honestly don't know how to distinguish one state from the other, and it may be that I'm actually sleeping when I'm awake and that I wake up when I fall asleep.

Fernando Pessoa, *The Book of Disquiet,* edited and translated by Richard Zenith (London, 2002), p. 287.

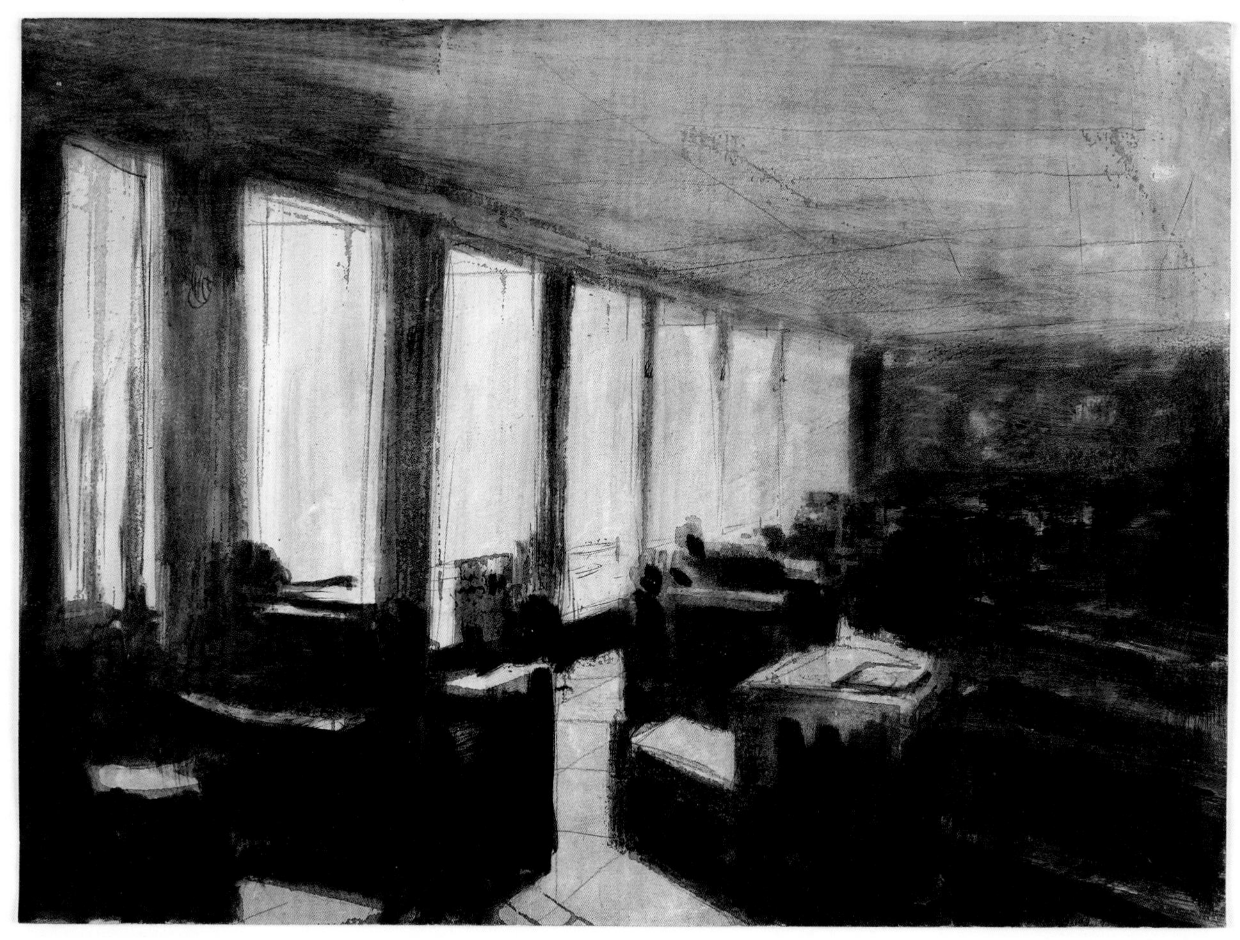

Ohne Titel [Untitled] 1995

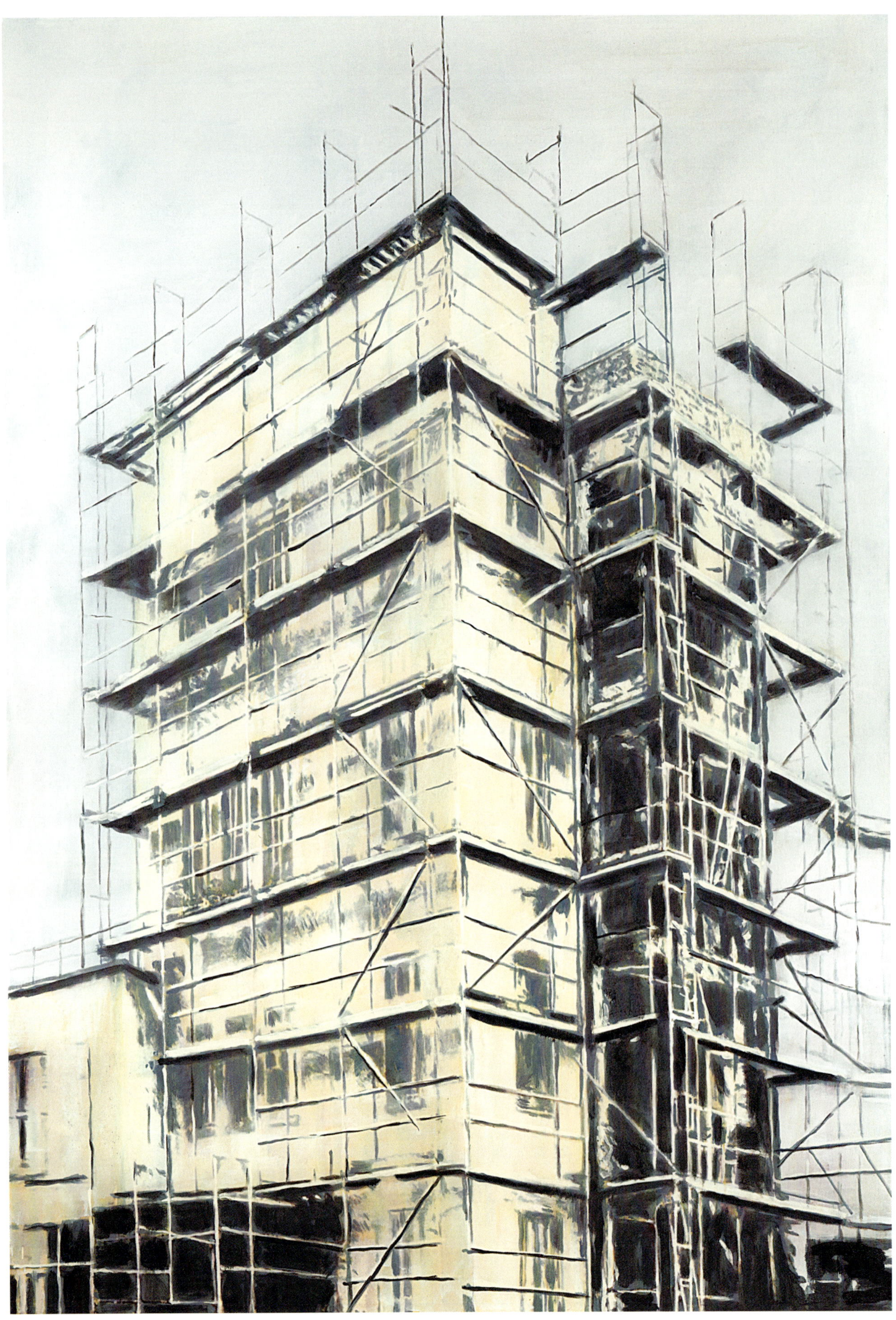

Konservative Maßnahme (1) [Conservative Measure (1)] 2007

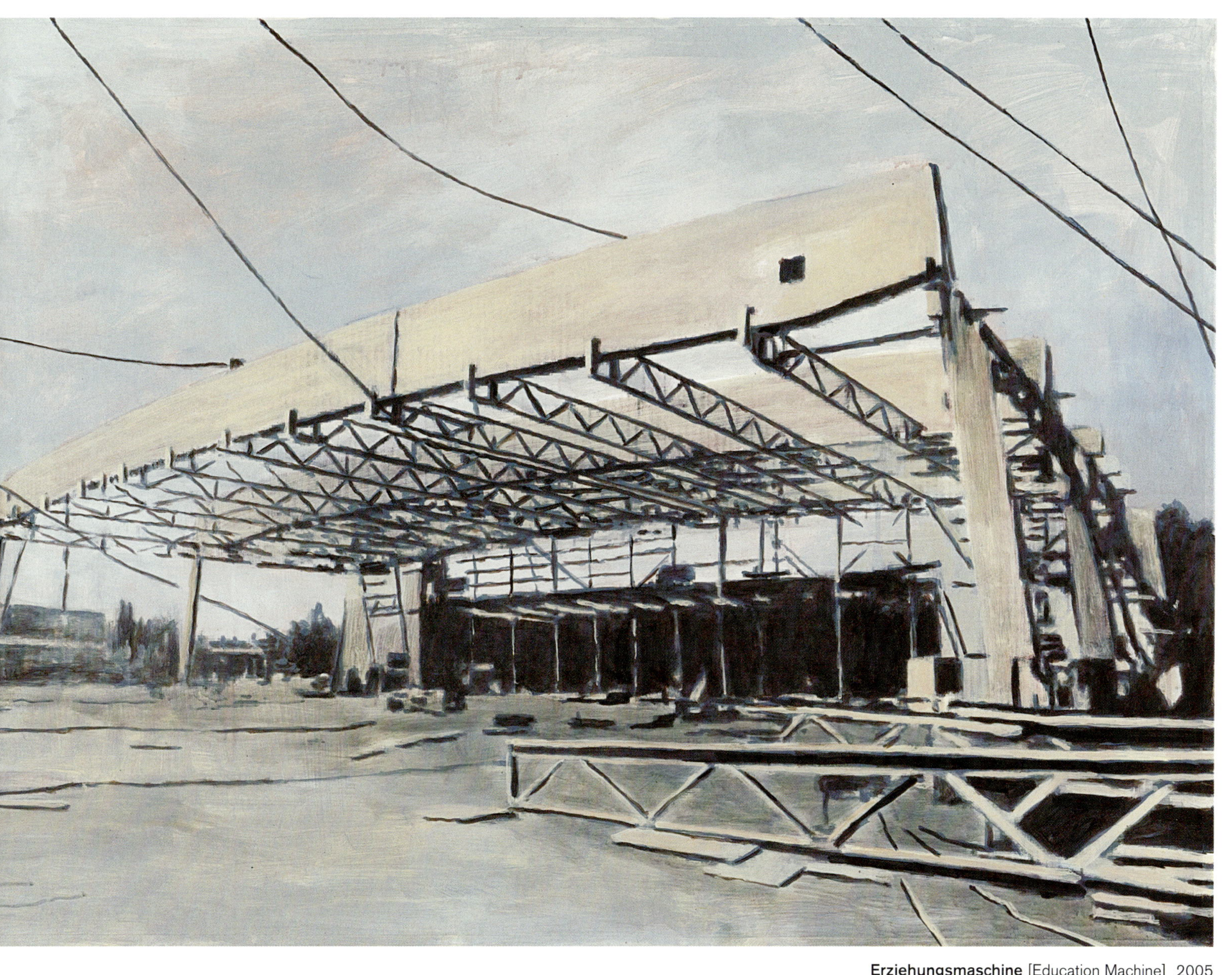

Erziehungsmaschine [Education Machine] 2005

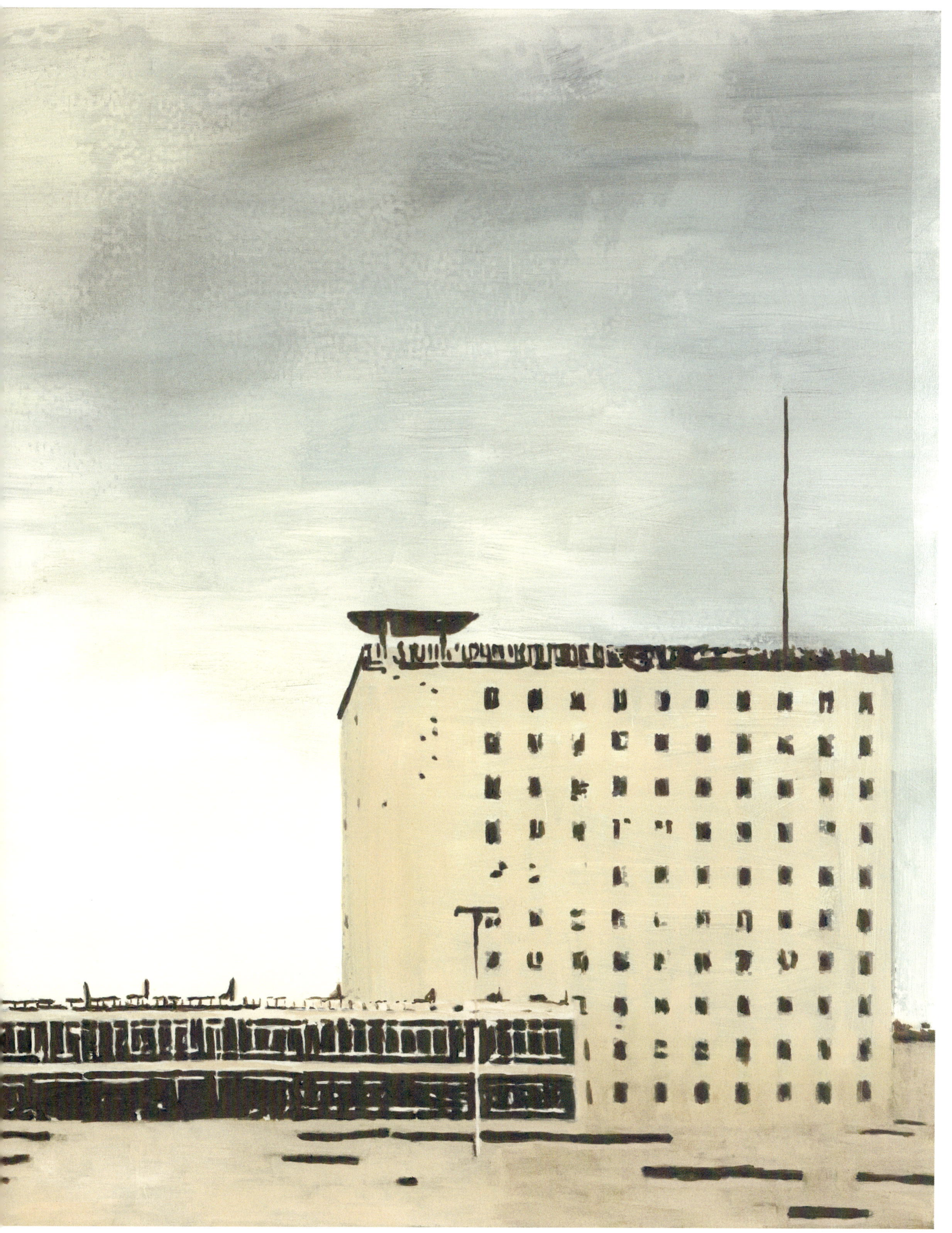

Die neue Schule von Athen [The New School of Athens] 2002

WERKINDEX

Wenn nicht anders verzeichnet, befindet sich das Werk im Besitz des Künstlers.

* Werk der Ausstellung

LIST OF WORKS

Unless otherwise noted, the works are in the collection of the artist.

* Work in the exhibition

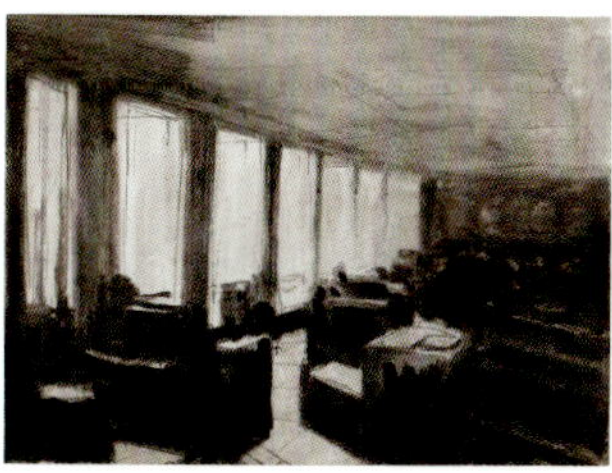

Ohne Titel
Untitled
1995
Tusche und Kohle, mit Pinsel laviert / India ink and charcoal, washed with brush
41,7 x 57,6 cm
Privatsammlung / Private collection
Abb. S. / Ill. p. 153

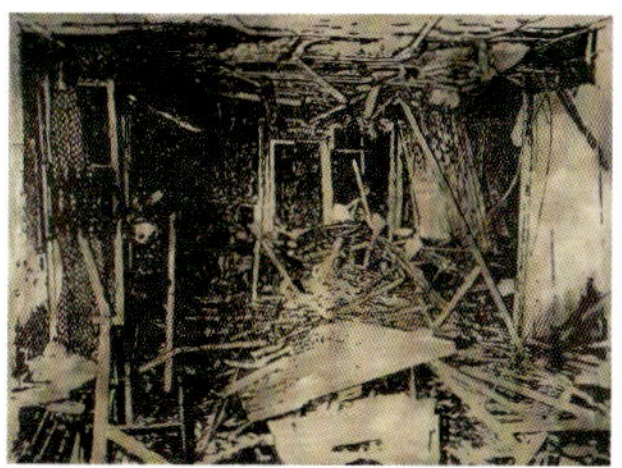

Der Beginn des Dekonstruktivismus*
The Beginning of Deconstructionism
1998
Acryl auf Leinwand / Acrylic on canvas
175 x 240 cm
Privatsammlung / Private collection
Abb. S. / Ill. pp. 100/101

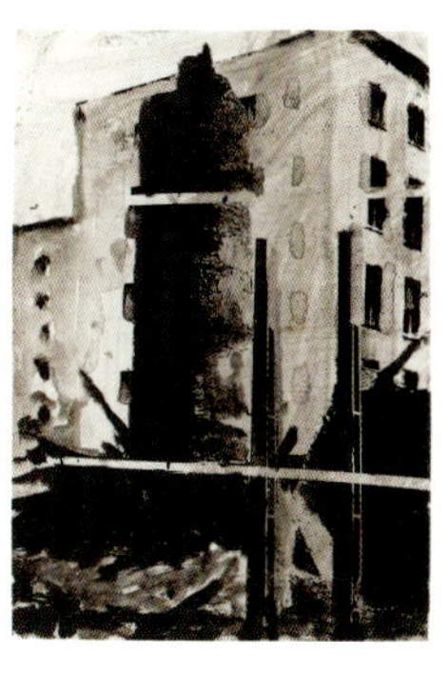

Ohne Titel
Untitled
1998
Tusche und Kohle, mit Pinsel laviert / India ink and charcoal, washed with brush
42 x 29,3 cm
Privatsammlung / Private collection
Abb. S. / Ill. p. 55

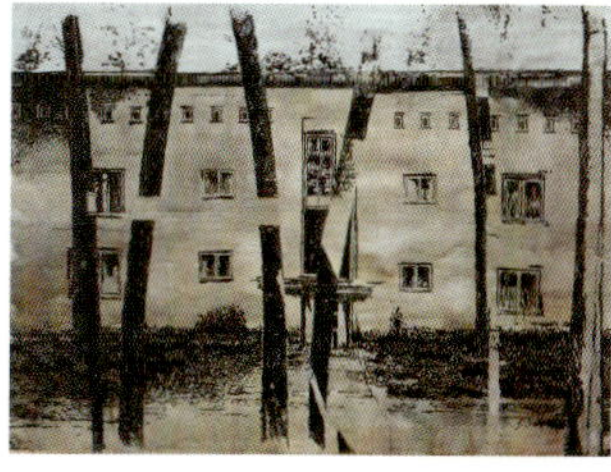

Die Moderne als Sanatorium unter Beibehaltung gotischer Prinzipien*
Modernism as Sanatorium while Perpetuating Gothic Principles
1999
Acryl auf Leinwand / Acrylic on canvas
175 x 240 cm
Sammlung / Collection Sparkasse KölnBonn, Köln / Cologne
Abb. S. / Ill. pp. 24/25

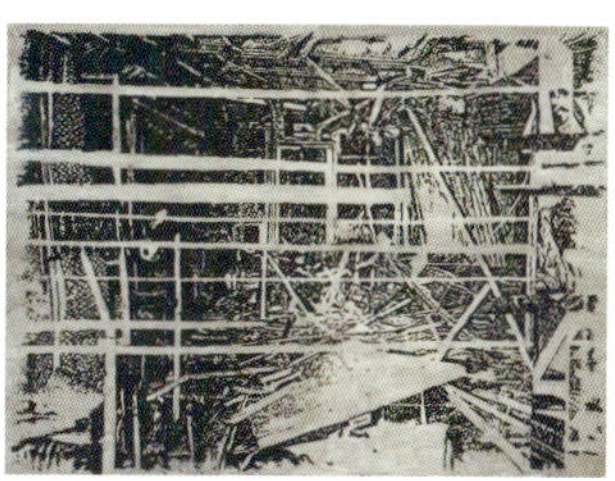

Der Beginn des Dekonstruktivismus II
The Beginning of Deconstructionism II
1999
Acryl auf Leinwand / Acrylic on canvas
175 x 240 cm
Abb. S. / Ill. p. 108

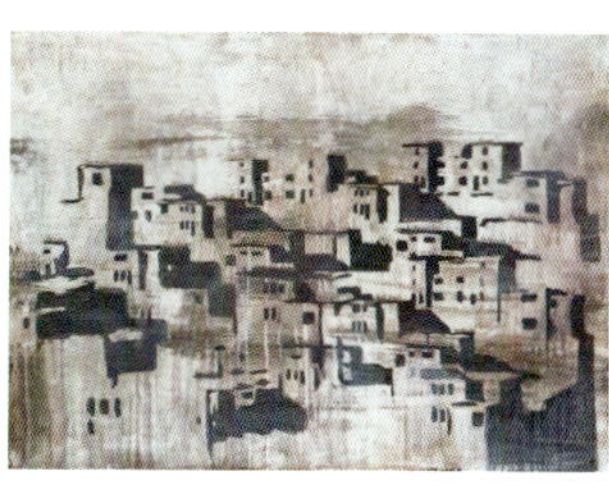

Modern City
1999
Acryl auf Leinwand / Acrylic on canvas
85 x 120 cm
Privatsammlung / Private collection, Courtesy Galerie Reckermann, Köln / Cologne
Abb. S. / Ill. pp. 10/11

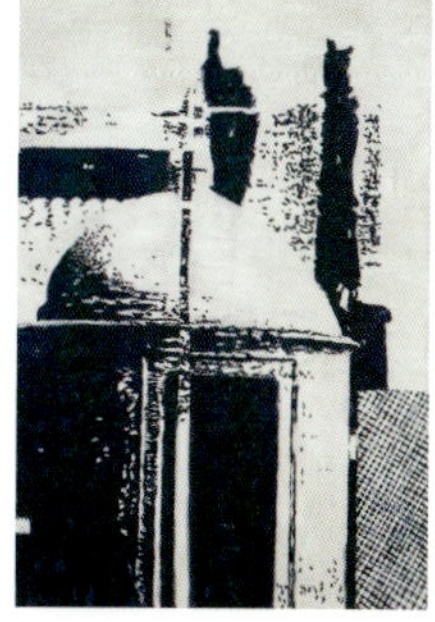

O. T.
Untitled
2000
Acryl auf Leinwand / Acrylic on canvas
170 x 120 cm
Sammlung / Collection Joop van den Ende, Amsterdam
Abb. S. / Ill. p. 89

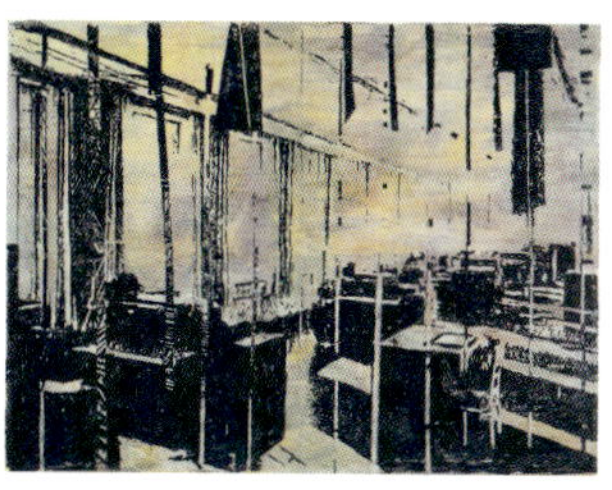

Künstlers Atelier – Archiv*
Artist's Studio–Archive
2000
Acryl auf Leinwand / Acrylic on canvas
175 x 240 cm
Abb. S. / Ill. pp. 98/99

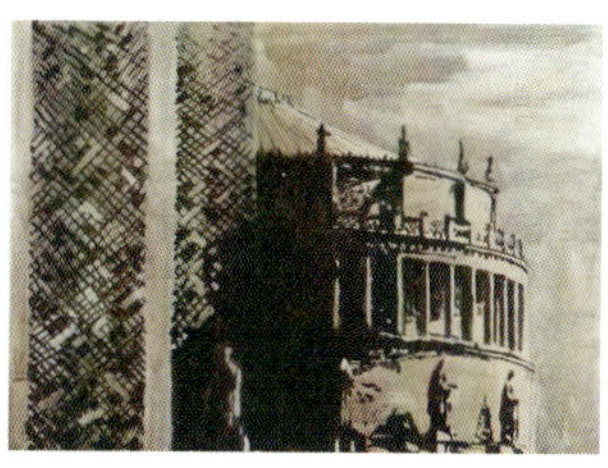

Künstlers Wahn
The Artist's Delusion
2001
Acryl auf Leinwand / Acrylic on canvas
85 x 120 cm
Privatsammlung / Private collection
Abb. S. / Ill. p. 15

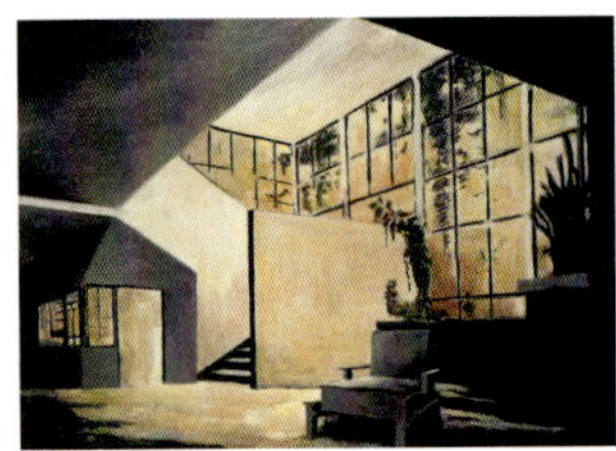

Der unentwegte Wunsch nach der Moderne*
The Unwavering Desire for Modernism
2002
Acryl auf Leinwand / Acrylic on canvas
120 x 170 cm
Privatsammlung / Private collection,
Courtesy Beck & Eggeling new quarters,
Düsseldorf
Abb. S. / Ill. pp. 86/87

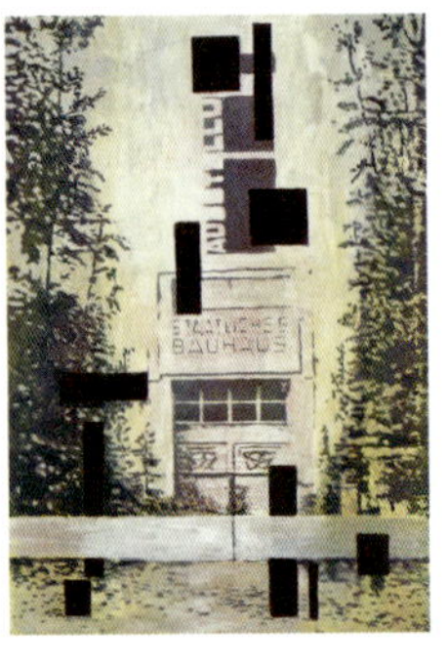

Bauhaus
2002
Acryl auf Leinwand / Acrylic on canvas
120 x 85 cm
Museum Frieder Burda, Baden-Baden
Abb. S. / Ill. p. 65

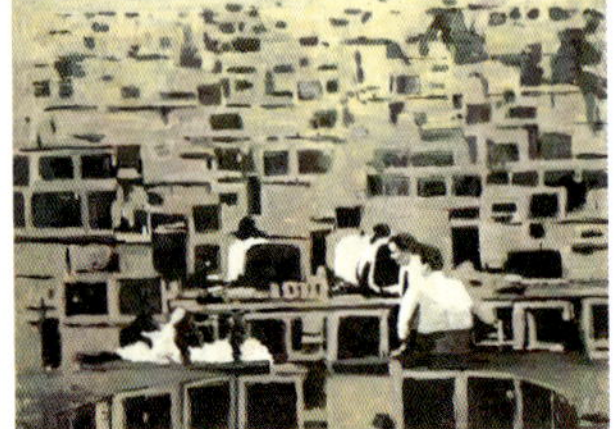

Pixelpark*
2002
Acryl auf Leinwand / Acrylic on canvas
120 x 170 cm
Museum Frieder Burda, Baden-Baden
Abb. S. / Ill. pp. 12/13

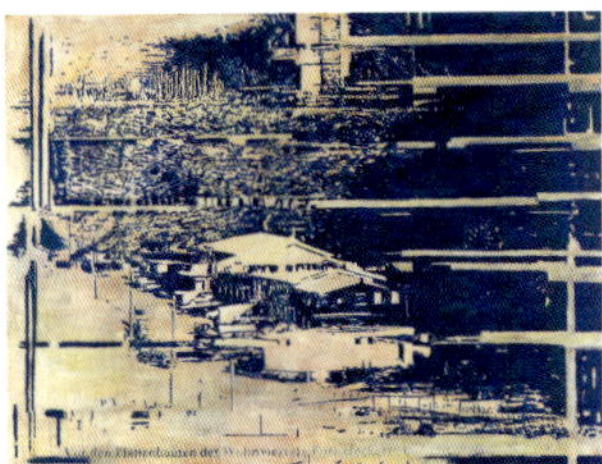

Vor den Plattenbauten (Bunkermentalität)*
In Front of the Prefabs
(Bunker Mentality)
2002
Acryl auf Leinwand / Acrylic on canvas
175 x 240 cm
Abb. S. / Ill. pp. 96/97

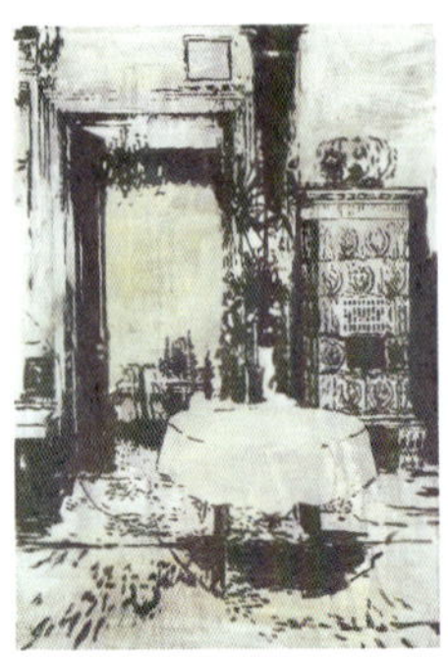

Gespräche im Hause S. über den abwesenden Horst M.
Conversations at House S.
about the Absent Horst M.
2002
Acryl auf Leinwand / Acrylic on canvas
120 x 85 cm
Beck & Eggeling new quarters,
Düsseldorf
Abb. S. / Ill. p. 29

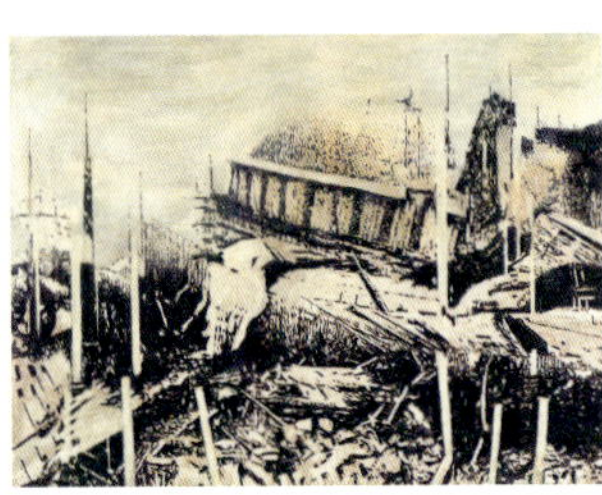

Alltagsbild*
Everyday Picture
2002
Acryl auf Leinwand / Acrylic on canvas
175 x 240 cm
Abb. S. / Ill. pp. 94/95

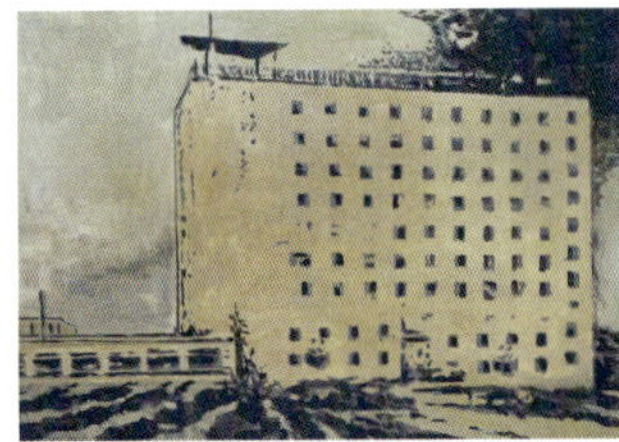

Die neue Schule von Athen
The New School of Athens
2002
Acryl auf Leinwand / Acrylic on canvas
85 x 120 cm
Privatsammlung / Private collection,
Courtesy Galerie manus presse
Klaus Gerrit Friese, Stuttgart
Abb. S. / Ill. p. 175

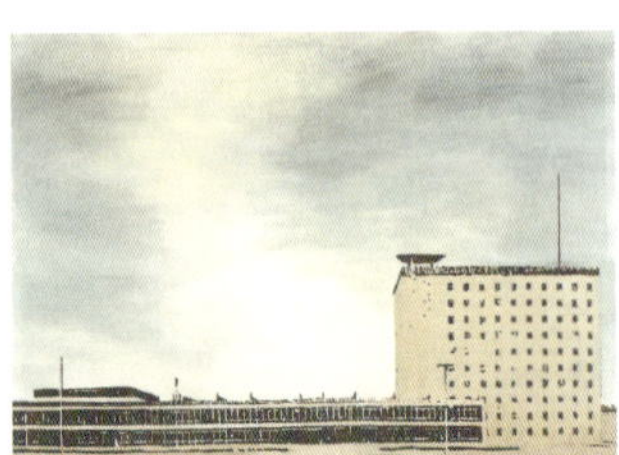

Die neue Schule von Athen
The New School of Athens
2002
Acryl auf Leinwand / Acrylic on canvas
175 x 240 cm
Museum Frieder Burda, Baden-Baden
Abb. S. / Ill. pp. 156/157

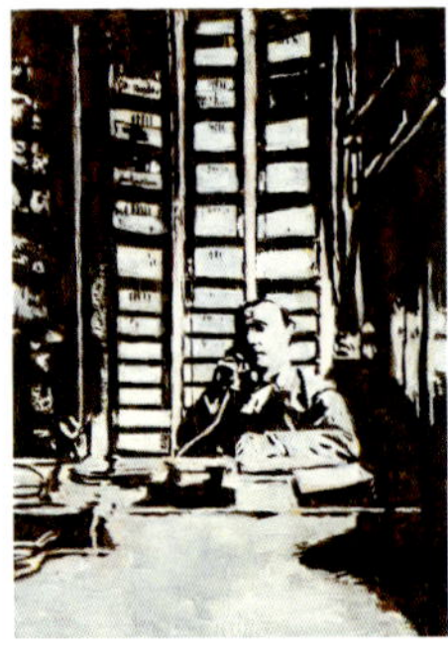

Torquato Tasso*
2003
Acryl auf Leinwand / Acrylic on canvas
170 x 120 cm
Privatsammlung / Private collection
Europa, Courtesy Galerie Reckermann,
Köln / Cologne
Abb. S. / Ill. p. 43

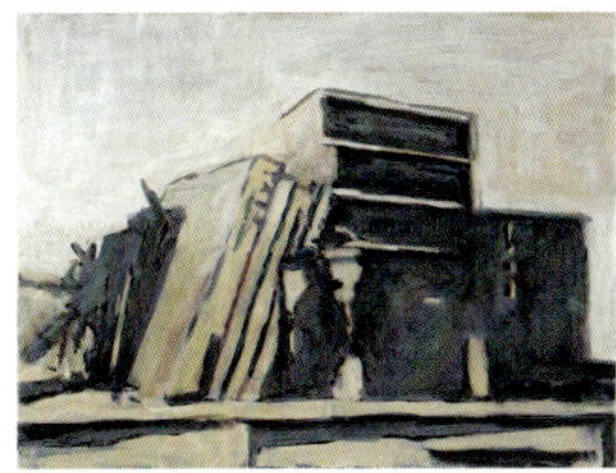

O. T. (Stillleben II)
Untitled (Still Life II)
2003
Acryl auf Leinwand / Acrylic on canvas
42 x 57 cm
Museum Frieder Burda, Baden-Baden
Abb. S. / Ill. p. 47

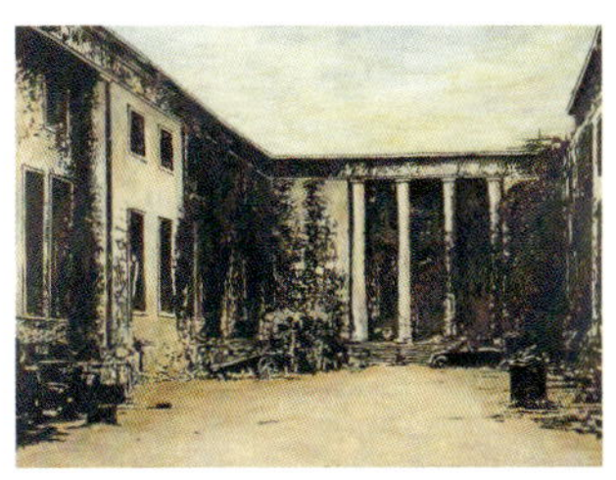

Die Zone (I) Ankunft
The Zone (I) Arrival
2003
Acryl auf Leinwand / Acrylic on canvas
175 x 240 cm
Abb. S. / Ill. p. 112

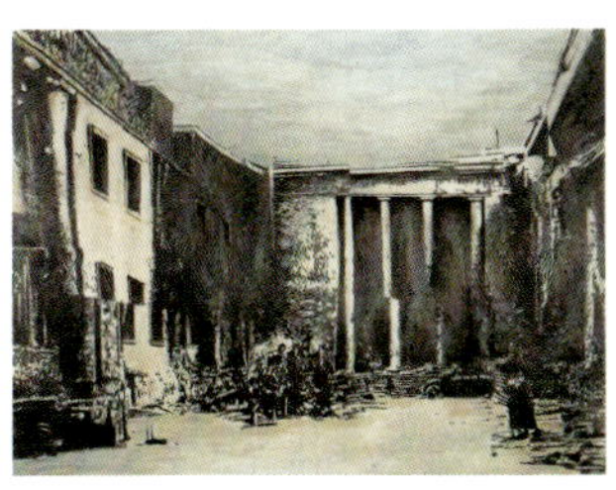

Die Zone (II) Abfahrt
The Zone (II) Departure
2003
Acryl auf Leinwand / Acrylic on canvas
175 x 240 cm
Sammlung / Collection Roschinger, München / Munich
Abb. S. / Ill. p. 112

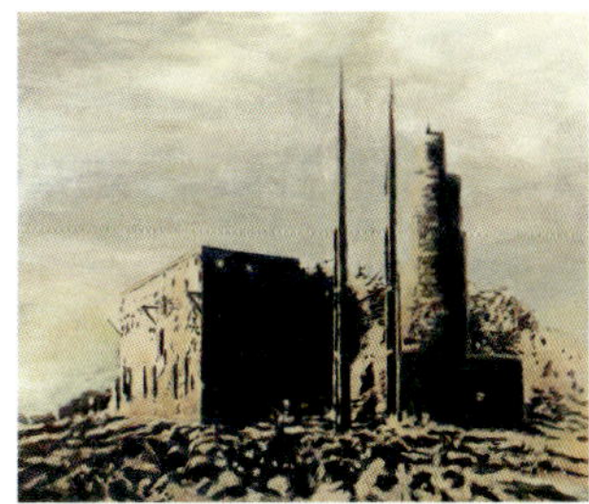

O. T. (S. D. 1)*
Untitled (S. D. 1)
2003
Acryl auf Leinwand / Acrylic on canvas
75 x 90 cm
Abb. S. / Ill. p. 93

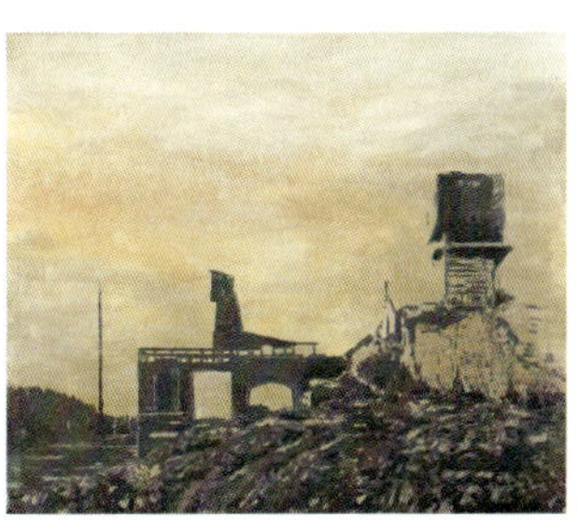

O. T. (S. D. 2)*
Untitled (S. D. 2)
2003
Acryl auf Leinwand / Acrylic on canvas
75 x 90 cm
Beck & Eggeling new quarters, Düsseldorf
Abb. S. / Ill. p. 92

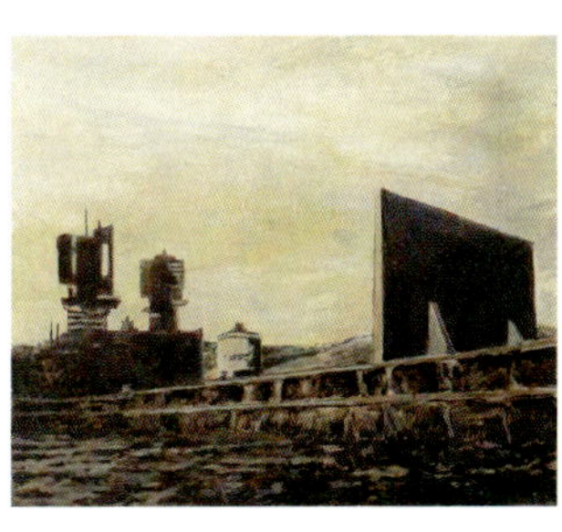

O. T. (S. D. 3)*
Untitled (S. D. 3)
2003
Acryl auf Leinwand / Acrylic on canvas
75 x 90 cm
Beck & Eggeling new quarters, Düsseldorf
Abb. S. / Ill. p. 92

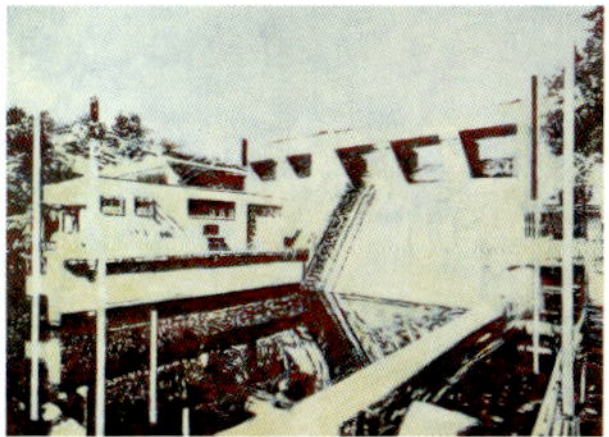

Latente Bedrohung*
Latent Threat
2004
Acryl auf Leinwand / Acrylic on canvas
170 x 240 cm
Abb. S. / Ill. pp. 126/127

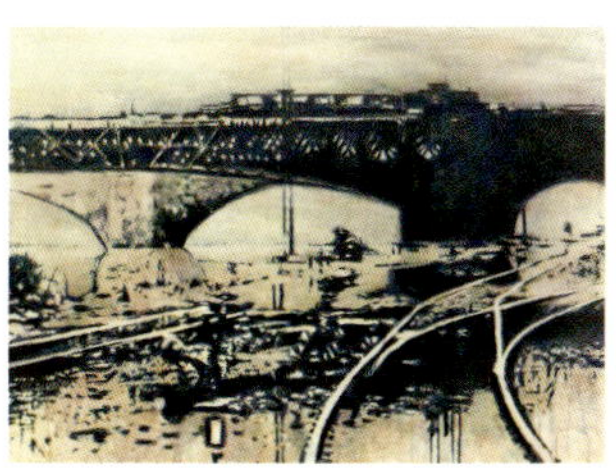

Fahrt in die Zone (Stalker)*
Journey to the Zone (Stalker)
2004
120 x 170 cm
Privatsammlung / Private collection, Schweiz / Switzerland
Abb. S. / Ill. pp. 90/91

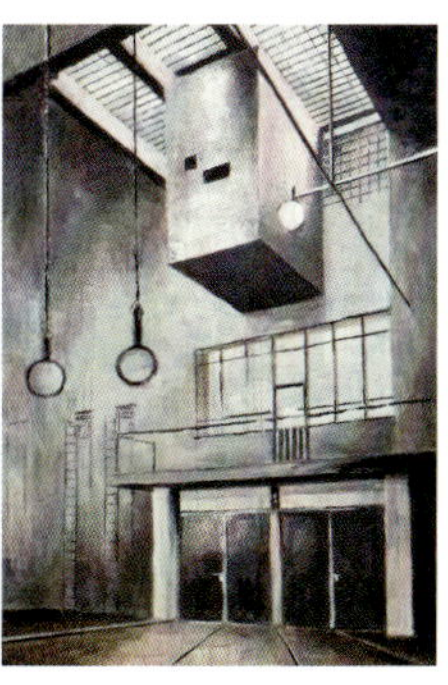

Erziehung (Die Eltern)*
Education (The Parents)
2004
Acryl auf Leinwand / Acrylic on canvas
170 x 120 cm
Sammlung / Collection Garnatz
Abb. S. / Ill. p. 39

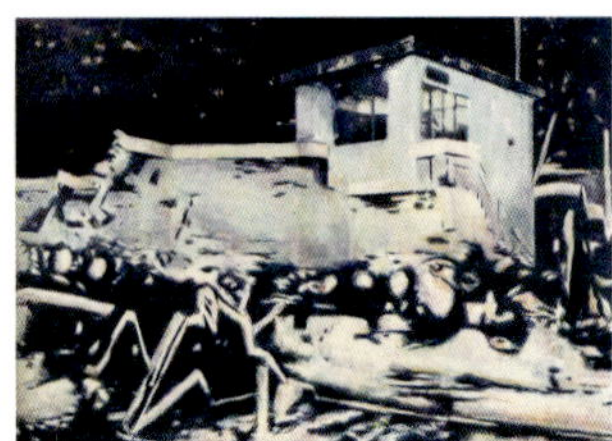

Attentat
Assassination
2004/05
Acryl auf Leinwand / Acrylic on canvas
180 x 260 cm
Abb. S. / Ill. p. 84

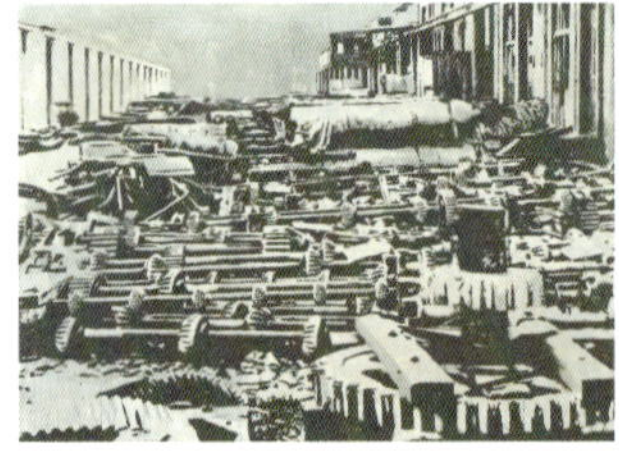

Erziehung zur Abstraktion (III)*
Formation to Abstraction (III)
2005
Acryl auf Leinwand / Acrylic on canvas
170 x 240 cm
Dominique Haim Chanin Collection,
New York
Abb. S. / Ill. p. 133

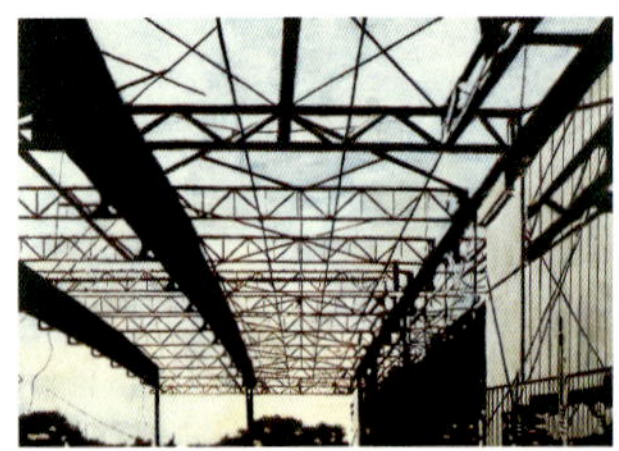

Erziehung zur Abstraktion (IV)*
Formation to Abstraction (IV)
2005
Acryl auf Leinwand / Acrylic on canvas
180 x 260 cm
The Strack Collection
Abb. S. / Ill. pp. 48/49

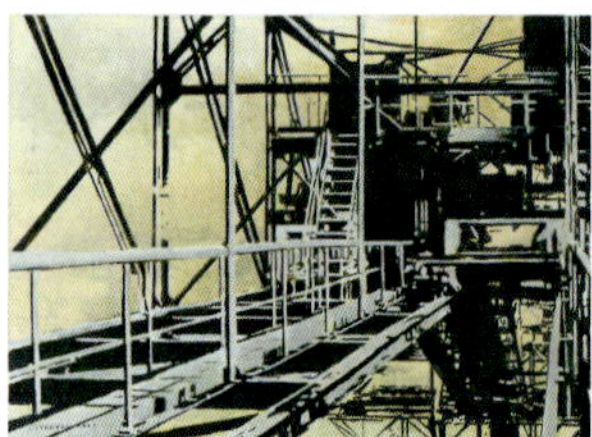

Erziehung zur Abstraktion*
Formation to Abstraction
2005
Acryl auf Leinwand / Acrylic on canvas
170 x 240 cm
Privatsammlung / Private collection,
Courtesy Beck & Eggeling new quarters,
Düsseldorf
Abb. S. / Ill. pp. 50/51

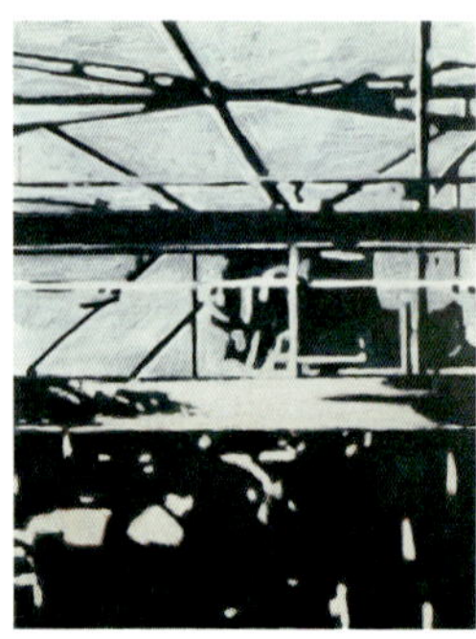

Abstraktion #3
Abstraction #3
2005
Acryl auf Leinwand / Acrylic on canvas
100 x 80 cm
Privatsammlung / Private collection
Abb. S. / Ill. p. 130

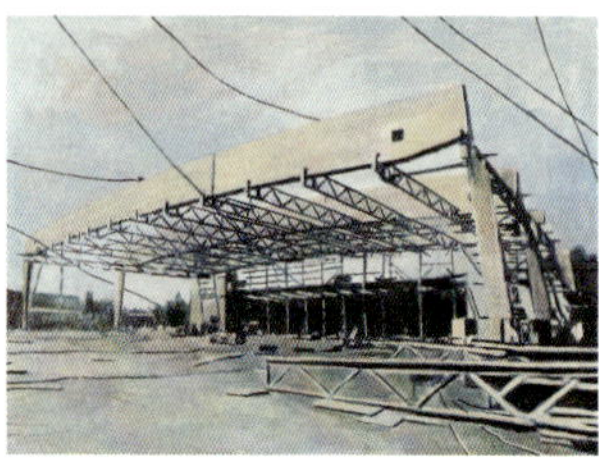

Erziehungsanstalt*
Reformatory
2005
Acryl auf Leinwand / Acrylic on canvas
85 x 120 cm
Museum Frieder Burda, Baden-Baden
Abb. S. / Ill. p. 155

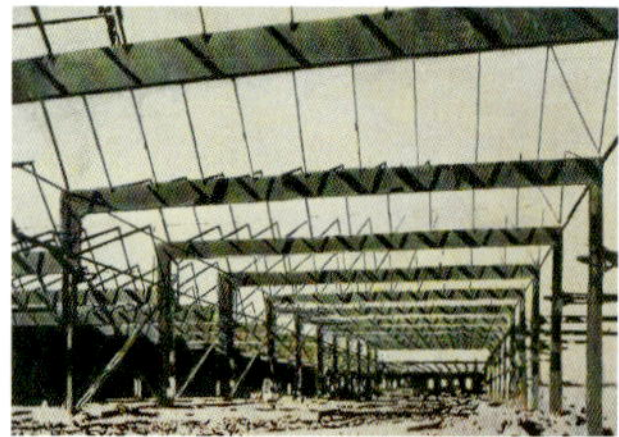

Erziehungsanstalt*
Reformatory
2005
Acryl auf Leinwand / Acrylic on canvas
180 x 260 cm
Privatsammlung / Private collection,
Frankfurt am Main
Abb. S. / Ill. pp. 52/53

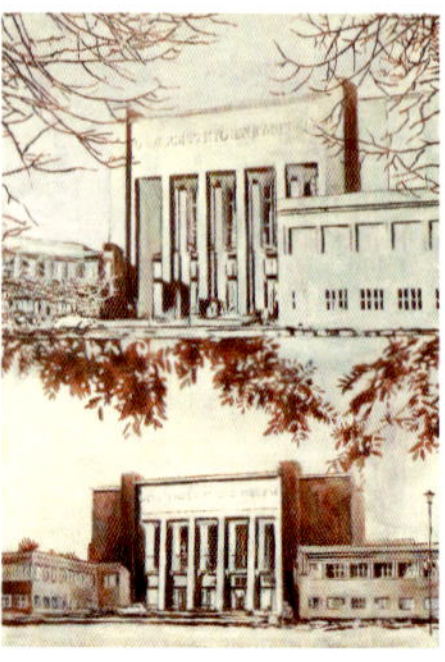

Die Eltern (Erziehung)*
The Parents (Education)
2005
Acryl auf Leinwand / Acrylic on canvas
170 x 120 cm
Privatsammlung / Private collection,
Courtesy Beck & Eggeling new quarters,
Düsseldorf
Abb. S. / Ill. p. 73

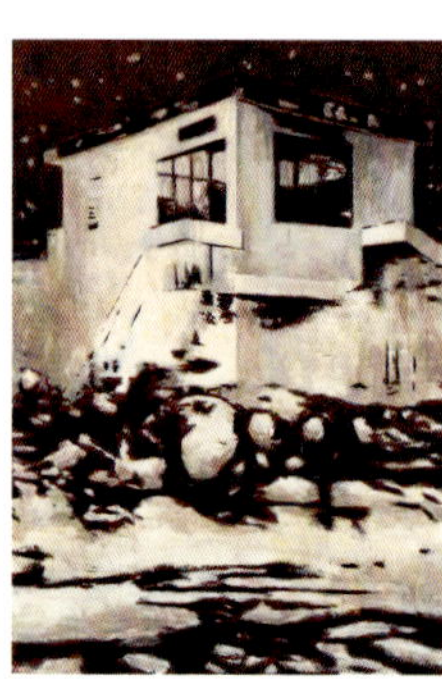

Attentat (II)*
Assassination (II)
2005
Acryl auf Leinwand / Acrylic on canvas
170 x 120 cm
Museum Frieder Burda, Baden-Baden
Abb. S. / Ill. p. 85

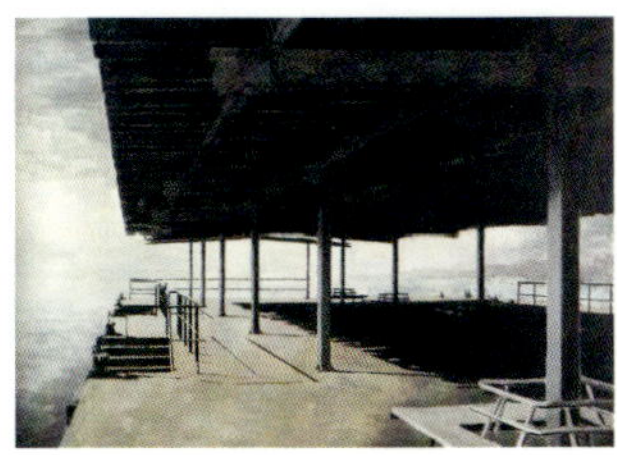

Culatra *
2005
Acryl auf Leinwand / Acrylic on canvas
170 x 240 cm
ALTANA Kulturstiftung, Bad Homburg
Abb. S. / Ill. pp. 58/59

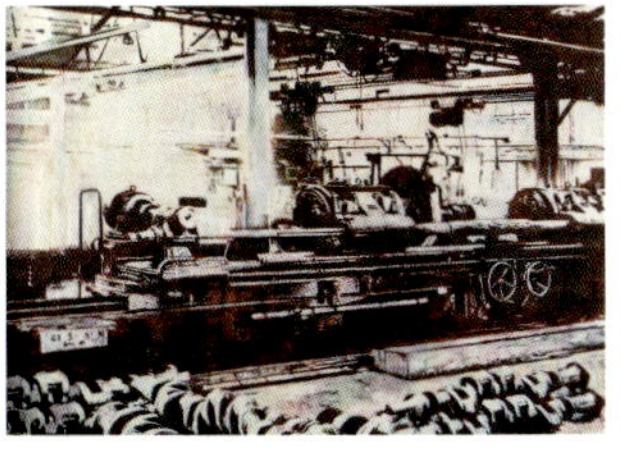

Erziehungsmaschine *
Education Machine
2005
Acryl auf Leinwand / Acrylic on canvas
180 x 260 cm
Privatsammlung / Private collection
Abb. S. / Ill. pp. 128/129

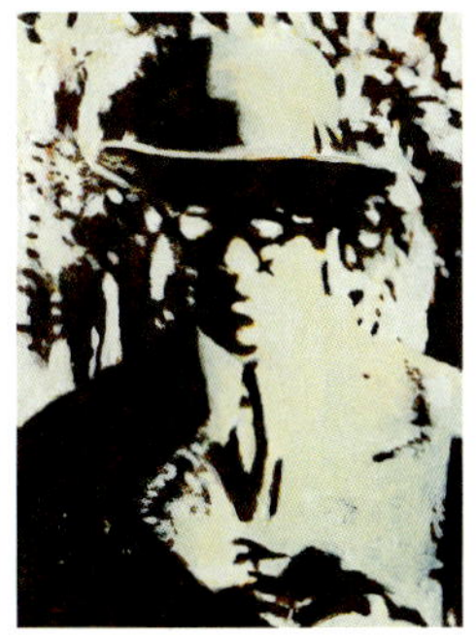

Pessoa
2006
Acryl auf Leinwand / Acrylic on canvas
80 x 60 cm
Sammlung Verlagsgruppe
Georg von Holtzbrinck, Stuttgart,
Courtesy Galerie manus presse
Klaus Gerrit Friese, Stuttgart
Abb. S. / Ill. p. 8

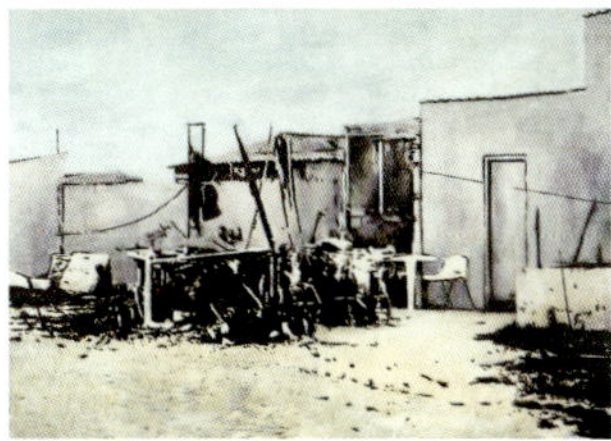

Culatra (Exterieur) *
2006
Acryl auf Leinwand / Acrylic on canvas
170 x 240 cm
Sammlung / Collection Reto a Marca,
Schweiz / Switzerland, Courtesy Beck &
Eggeling new quarters, Düsseldorf
Abb. S. / Ill. pp. 56/57

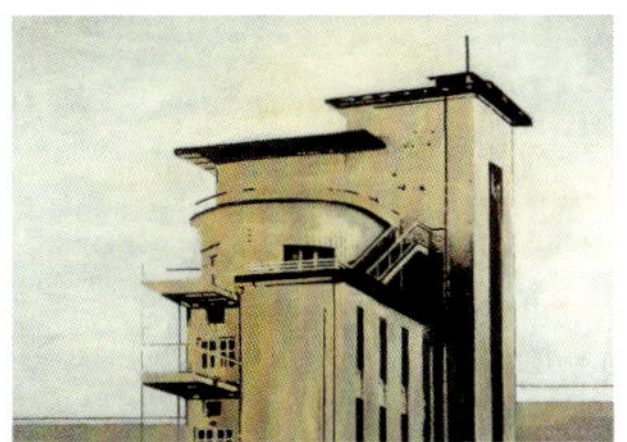

In Erwartung der Heilung *
Awaiting the Cure
2006
Acryl auf Leinwand / Acrylic on canvas
180 x 260 cm
Privatsammlung / Private collection,
Courtesy Galerie manus presse
Klaus Gerrit Friese, Stuttgart
Abb. S. / Ill. pp. 16/17

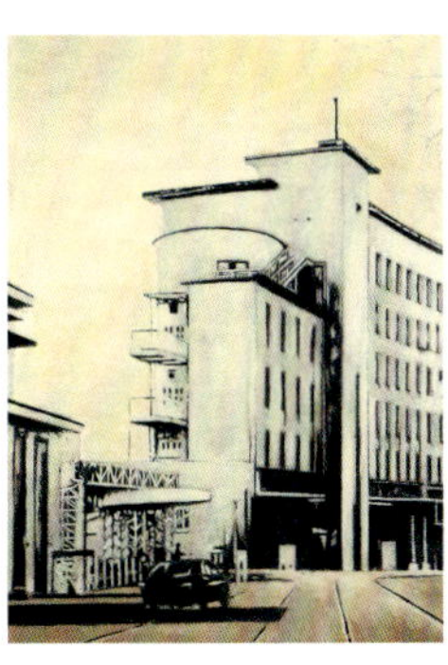

Der therapeutische Block
The Therapeutic Block
2006
Acryl auf Leinwand / Acrylic on canvas
190 x 140 cm
Privatsammlung / Private collection
Abb. S. / Ill. p. 79

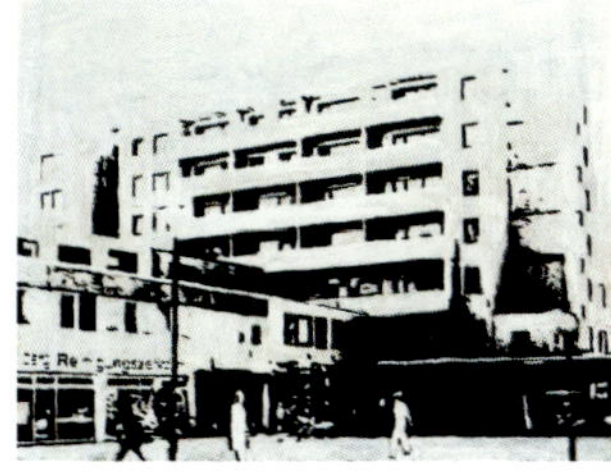

Letzte Gefechte *
Final Battles
2006
Acryl auf Leinwand / Acrylic on canvas
60 x 80 cm
Privatsammlung / Private collection,
Courtesy Ben Brown Fine Arts, London
Abb. S. / Ill. p. 66

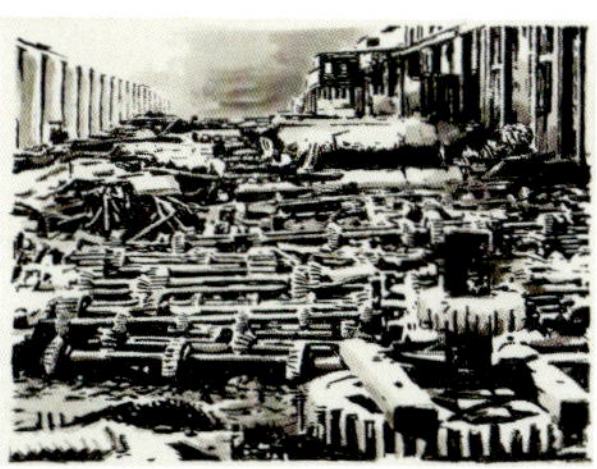

Erziehung zur Abstraktion
Formation to Abstraction
2006
Tusche laviert auf Bütten /
India ink wash on handmade paper
79 x 109 cm
Privatsammlung / Private collection
Abb. S. / Ill. p. 132

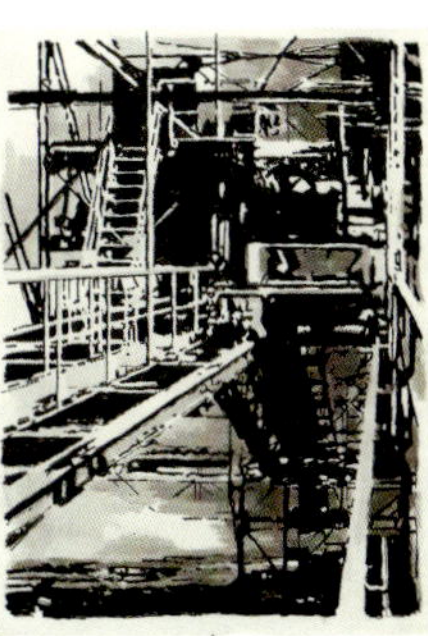

Erziehung zur Logik
Formation to Logic
2006
Tusche laviert auf Bütten /
India ink wash on handmade paper
113 x 85 cm
Privatsammlung / Private collection
Abb. S. / Ill. p. 131

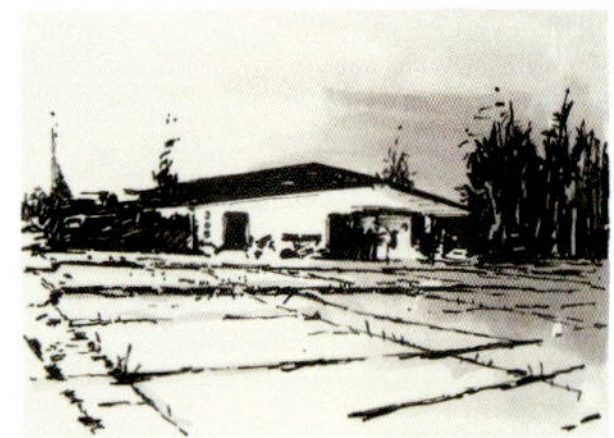

Letzte Gefechte
Final Battles
2007
Tusche laviert auf Bütten / India ink wash on handmade paper
21 x 29,6 cm
Abb. S. / Ill. p. 22

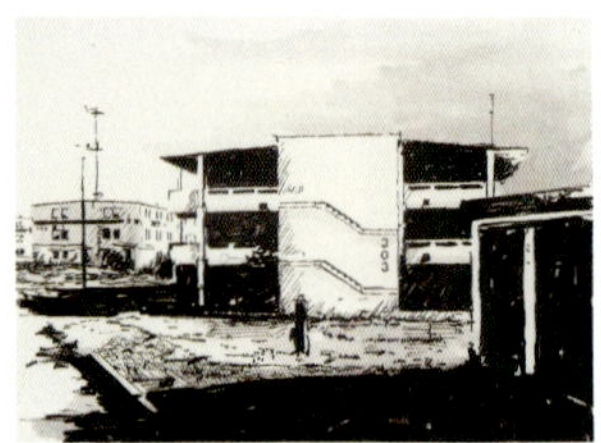

Gefechtsstand
Command Post
2007
Tusche laviert auf Bütten / India ink wash on handmade paper
21 x 29,6 cm
Abb. S. / Ill. p. 23

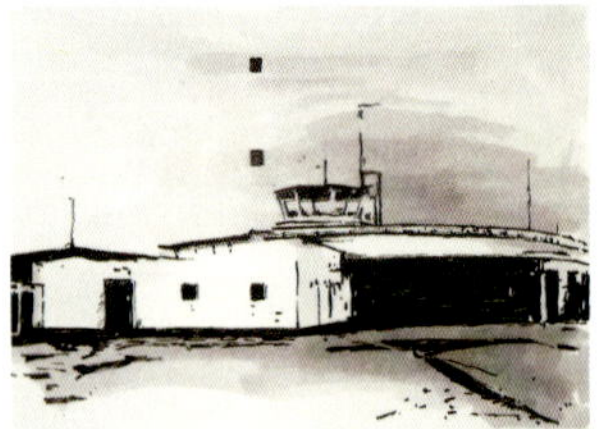

Abflug
Takeoff
2007
Tusche laviert auf Bütten / India ink wash on handmade paper
21 x 29,6 cm
Abb. S. / Ill. p. 23

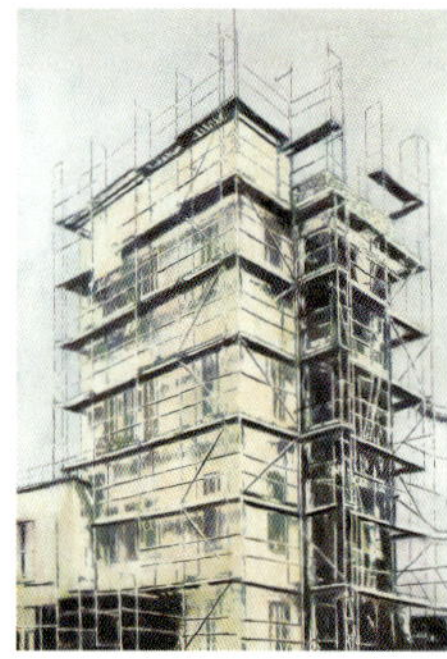

Konservative Maßnahme (1)*
Conservative Measure (1)
2007
Acryl auf Leinwand / Acrylic on canvas
170 x 120 cm
Privatsammlung / Private collection, Frankfurt am Main
Abb. S. / Ill. p. 154

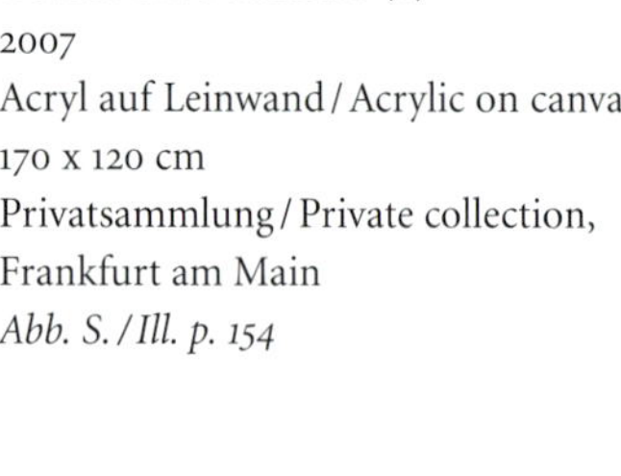

Haus am Wald (2)
House at the Forest (2)
2007
Acryl auf Leinwand / Acrylic on canvas
170 x 240 cm
Abb. S. / Ill. pp. 20/21

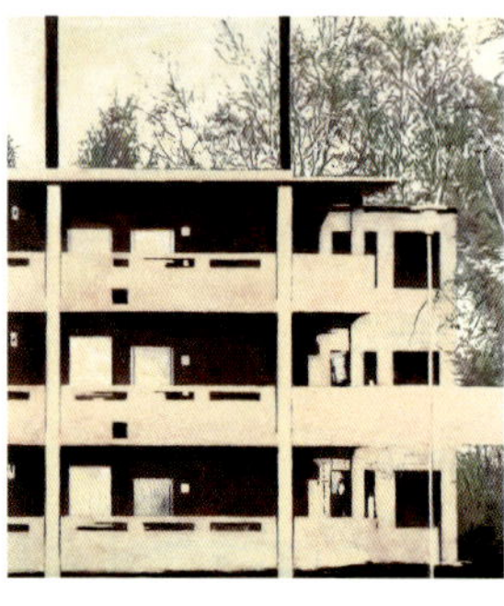

Haus am Wald (Letzte Gefechte)*
House at the Forest (Final Battles)
2007
Acryl auf Leinwand / Acrylic on canvas
200 x 185 cm
Privatsammlung / Private collection, Courtesy Ben Brown Fine Arts, London
Abb. S. / Ill. p. 19

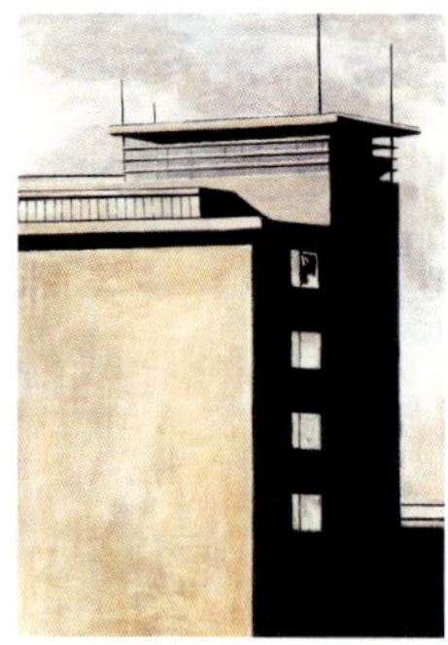

Heilung
Cure
2007
Acryl auf Leinwand / Acrylic on canvas
170 x 120 cm
Abb. S. / Ill. p. 125

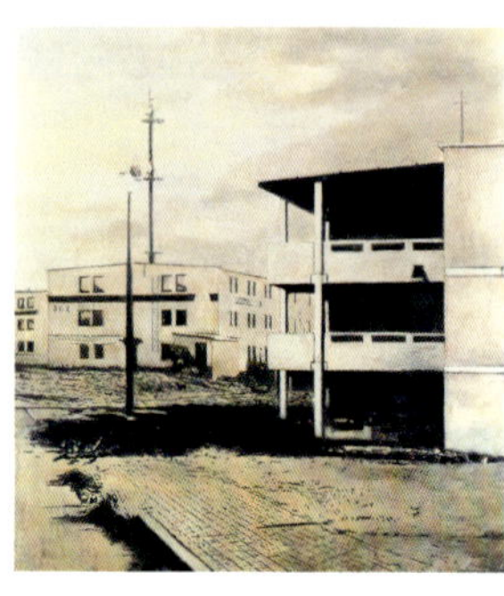

Gegenüber (Letzte Gefechte)*
Adverse (Final Battles)
2007
Acryl auf Leinwand / Acrylic on canvas
200 x 185 cm
Abb. S. / Ill. p. 18

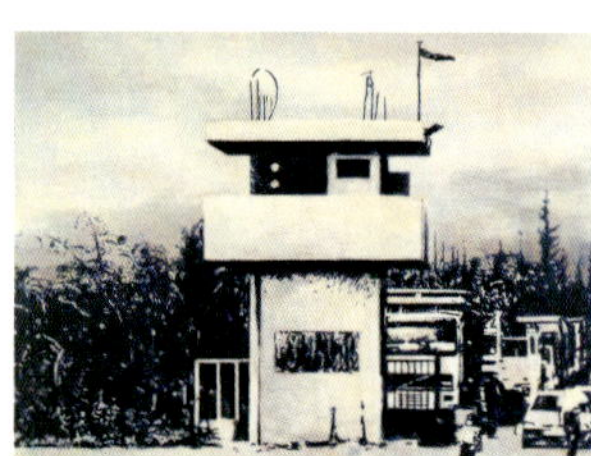

Aufbruch ins Gelobte Land*
Departure for the Promised Land
2007
Acryl auf Leinwand / Acrylic on canvas
170 x 240 cm
Privatsammlung / Private collection, Courtesy Beck & Eggeling new quarters, Düsseldorf
Abb. S. / Ill. pp. 82/83

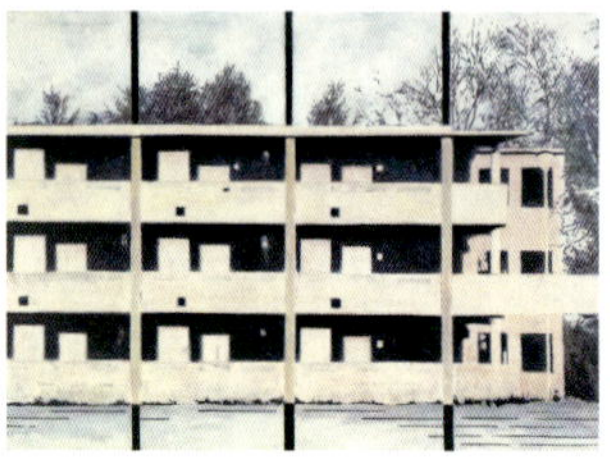

BIOGRAFIE BIOGRAPHY

1960	Geboren in Köln / Born in Cologne
1979–1983	Studium Kunst, Germanistik und Philosophie / Studied art, German language, and philosophy
1982–1987	Atelier in der ehemaligen Stollwerckfabrik, Köln / Studio in the former Stollwerck factory, Cologne
1983–1985	Studienaufenthalte in Portugal, New York und Paris / Study stays in Portugal, New York, and Paris
1988/89	Bühnenausstattung und Kostüme zu Gertrude Steins *Doctor Faustus – Lights the Lights,* Theater Trompe l'oeil, Berlin, u. a. / Design of stage set and costumes for Gertrude Stein's *Doctor Faustus—Lights the Lights,* Theater Trompe l'oeil, Berlin, et al.
1989	Kunstpreis des Genossenschaftsverbandes Rheinland / Art Prize of the Genossenschaftsverband Rheinland
1992/93	Gastprofessor am Centro de Arte e Comunicação Visual (ar.co), Lissabon / Visiting professor at the Centro de Arte e Comunicação Visual (ar.co), Lisbon
2001	Lehrauftrag an der Hochschule für Grafik und Buchkunst Leipzig / Lectureship at the Academy of Visual Arts Leipzig
2003	Lehrauftrag an der California State University, Long Beach, Los Angeles / Lectureship at the California State University, Long Beach, Los Angeles
2007	Kunstpreis der Stadt Darmstadt (Wilhelm-Loth-Preis) / Art Prize of the city of Darmstadt (Wilhelm Loth Prize)
	Lebt und arbeitet in Köln / Lives and works in Cologne

EINZELAUSSTELLUNGEN SOLO EXHIBITIONS

1984	*Sich selbst nie sein,* Galerie Janine Mautsch, Köln / Cologne
	Centro Cultural São Lourenço, Almansil, Portugal
1985	*Die Polis-Bilder,* Galerie Janine Mautsch, Köln / Cologne
	Jürgen-Ponto-Stiftung (Dresdner Bank AG), Frankfurt am Main
1986	*Neue Bilder,* Galerie Janine Mautsch, Köln / Cologne
	Christine Colmant Galerie, Brüssel / Brussels
1987	*Väter und Söhne,* Städtisches Museum Leverkusen Schloss Morsbroich, Leverkusen
1988	Christine Colmant Galerie, Brüssel / Brussels
	Neue Arbeiten, Galerie Janine Mautsch, Köln / Cologne
	Galeria de Arte ARCADA, Lissabon / Lisbon
	Väter und Söhne, Goethe-Institut Lissabon / Lisbon
1989	*Neue Bilder,* Galerie Hans Barlach, Hamburg
	Galerie da entlang, Dortmund (mit / with H. J. Mispelbaum)
1990	*Bilder und Arbeiten auf Papier 1987–1989,* Städtisches Museum, Mülheim a. d. Ruhr; Städtische Galerie, Regensburg; Mannheimer Kunstverein, Mannheim
	Galerie Ernst Hilger, Frankfurt am Main
1991	*Kein schöner Land ...,* Galerie Bodo Niemann, Berlin
	Galerie Janine Mautsch, Köln / Cologne
1992	*Malerei,* Artothek, Köln / Cologne
	o. T. – o. W. (ohne Titel – ohne Worte), Kunstraum PCC, Köln / Cologne
1993	*Wider die Vollendung,* Rheinisches Landesmuseum Bonn
	Bilder, Galerie Konrad Mönter, Meerbusch
1994	*Recent Works,* Maak Gallery, London
	Aschenbach Galerie, Amsterdam (mit / with W. A. Scheffler)
	Wider die Vollendung, Galerie der Hochschule für Grafik und Buchkunst Leipzig
	Prints and Woodcuts, Ursus books & Kaldewey Press, New York (mit / with Felim Egan)
	Neue Arbeiten. Malerei und Skulptur, Galerie Janine Mautsch, Köln / Cologne
	Malerei und Skulptur, Kunsthalle Dominikanerkirche, Osnabrück
	Skulpturen, Galerie Konrad Mönter, Meerbusch
1996	*Eigentliche und uneigentliche Portraits,* Galerie Bodo Niemann, Berlin
1997	Gothaer Kunstforum e. V., Köln / Cologne (mit / with Ingrid Roscheck)
	Die Moderne rückt in weite Ferne ..., Galerie Janine Mautsch, Köln / Cologne

1998 *Moderne und Arbeit macht frei …,* Galerie Kampl, München / Munich
Gruppenausstellung, Galerie Friedrich Kasten, Mannheim
Maria, Moderne, Sieg und Heil, Wallraf-Richartz-Museum, Köln / Cologne
(im Rahmen von / as part of *Lieblingsort Köln*)

1999 *1. Moderne, 2. Moderne, der Letzte macht das Licht aus …,* Projektraum Auguststraße & Galerie Kampl, Berlin
Modernebilder 1995–1999, Kunstmuseum Düsseldorf
Der Beginn des Dekonstruktivismus, Kunstbunker Tumulka, München / Munich
Moderne, Sieg und Heilung, Galerie Kampl, München / Munich

2000 *Malers Atelier …,* Galerie Reckermann, Köln / Cologne
Deconstructivism. Between Strategy and Attitude, Senate House, The University of Liverpool Art Gallery

2001 Galerie Frank Schlag und Cie., Düsseldorf
Melancholia, Galerie Mönter, Meerbusch

2002 *Künstlers Atelier,* Mannheimer Kunstverein, Mannheim
Uneigentliche Porträts, Galerie Kampl, München / Munich

2003 Haim Chanin Fine Arts, New York
Beck & Eggeling International Fine Arts, Düsseldorf
Echtzeit 68.89, Museum Folkwang, Essen

2004 Galerie Reckermann, Köln / Cologne
Galerie Haas und Fuchs, Berlin
Jason, Stalker und die anderen, Haus Coburg, Städtische Galerie Delmenhorst

2005 *Undercover. Von Büchern und Bildern,* Museum Burg Wissem, Troisdorf
Culatra, Galerie im Park, Burgdorf, Schweiz / Switzerland
Galerie manus presse Klaus Gerrit Friese, Stuttgart

2006 *Der therapeutische Block,* Beck & Eggeling new quarters, Düsseldorf
Haim Chanin Fine Arts, New York

2007 *In Erwartung der Ereignisse. Werke 1995–2006,* Kunsthalle Tübingen
Galerie Haas AG, Zürich / Zurich
Galerie Haas und Fuchs, Berlin
Portraits and Exteriors, Ben Brown Fine Arts, London

2008 *Hälfte des Lebens,* ALTANA Kulturstiftung, Bad Homburg
Erziehung zur Abstraktion. Die Architekturbilder, Institut Mathildenhöhe Darmstadt
Hälfte des Lebens, Museum Villa Stuck, München / Munich
Der Arkadia-Block, Hamburger Kunsthalle, Hamburg

GRUPPENAUSSTELLUNGEN GROUP EXHIBITIONS

1983 *Profil,* Galerie Ingo Kümmel im Stollwerck, Köln / Cologne; Kulturzentrum Rote Fabrik, Zürich / Zurich; Museum für aktuelle Kunst, Hasselt, Belgien / Belgium

1984 *Davul-Deformance,* Galerie Ingo Kümmel im Stollwerck, Köln / Cologne

1985 *Yellow,* Annosaal, Stollwerck, Köln / Cologne
Hommage an Köln, Alter Wartesaal, Köln / Cologne

1986 *Mythos Berlin Concepte,* Neue Gesellschaft für Bildende Kunst (NGBK), Berlin
Galerie Suspect & Goethe-Institut Amsterdam
7 aus Köln, Famagusta Gate, Nikosia, Zypern / Cyprus
Kasematten KD2, Paul Pozozza Museum, Düsseldorf
Der Hang zum Pathos, Stollwerck, Köln / Cologne

1987 *Mythos Berlin,* Galerie des Goethe-Instituts Paris
Standorte 1987, Institut Mathildenhöhe Darmstadt
Galerie Transit, Straßburg
Standorte 1987, Pawilon Wystawowy, Krakau / Krakow
Goethe-Institut Nancy

1988 *Augen-Blicke,* Kölnisches Stadtmuseum, Köln / Cologne; Museum Villa Stuck, München / Munich; Kulturhistorisches Museum, Osnabrück
Museum Hedendaagse Kunst, Utrecht

1990 Galerie Hans Barlach, Köln / Cologne
Vanitas, Galerie Janine Mautsch, Köln / Cologne
Arbeiten auf Papier, Galerie Konrad Mönter, Meerbusch

1991 *Religiosa. Kunst der Gegenwart im Braunschweiger Dom,* Dom / Cathedral Braunschweig
Neuankäufe, Städtisches Museum Leverkusen Schloss Morsbroich, Leverkusen

1993 *Painted Prints,* Kunstraum im PCC, Köln / Cologne
10 Jahre, Galerie Janine Mautsch, Köln / Cologne
John Post Lee Gallery, New York
Artist Books, Williams College Chapin Library, Williamstown, MA
Künstler träumen Berlin, Marstall, Berlin

1994 *Druckwerke und Auflagen,* Galerie Schneiderei, Köln / Cologne
Kaldewey Press New York – Künstlerbücher, Deutsche Bibliothek, Frankfurt am Main & Leipzig

1995 *10 Jahre Galerie Bodo Niemann,* Galerie Bodo Niemann, Berlin
Westchor – Ostportal. 12 Positionen zeitgenössischer Kunst in Deutschland, Marstall, Berlin; Kunsthalle Dresden
Holz / Schnitt, Gothaer Kunstforum, Köln / Cologne
von Herzen, Kunstraum PCC, Köln / Cologne

1996 *Landvermesser,* Mannheimer Kunstverein, Mannheim
Westchor – Ostportal, Rheinisches Landesmuseum Bonn
Epilog. Industrie und Landschaft im Fokus zeitgenössischer Kunst, Otmar Alt Stiftung, Hamm
Herz, Galerie Kasten, Mannheim
Artist Books and Prints, Graphic studio, University of Southern Florida, Tampa, Florida
Kisch und Gadella Gallery, New York

1997 *Augenzeugen. Die Sammlung Hanck,* Kunstmuseum Düsseldorf
Porträts, Galerie Schneiderei, Köln / Cologne
Artist Book International, New York
Deutschlandbilder. Kunst aus einem geteilten Land, Martin-Gropius-Bau, Berlin

1998 *Lieblingsort: Köln,* Köln / Cologne
Buch…Kunst 1, Galerie Projekt 14, Stuttgart
Kaldewey Press, New York, Universitäts- und Landesbibliothek Düsseldorf

1999 College of Creative Studies, University of Santa Barbara
Artist Books – Kaldewey Press, Nadiff Gallery, Tokio / Tokyo
Metaformen. Dekonstruktivistische Positionen in Architektur und Kunst,
Kunsthalle Düsseldorf

2000 *Dreams 1900–2000,* Equitable Gallery, New York
Historisches Museum der Stadt Wien, Wien / Vienna
Binghampton University Art Museum, Binghamton, NY
Passage de Retz, Paris
Nicht Ruhe geben, bis die Erde quadratisch ist, Mannheimer Kunstverein, Mannheim
Off the Shelf, Massachusetts Museum of Contemporary Art, North Adams, MA
366/2000, Muka Gallery, Auckland, u. a. / et al.
Printed Matter, Museum Burg Wissem, Troisdorf; Morat-Institut für Kunst und Kunstwissenschaft,
Freiburg i. Br.
Artist's Books, Yale University Library, New Haven, CT

2001 *Nicht Ruhe geben, bis die Erde quadratisch ist,* Kath. Akademie, Freiburg i. Br.
Wertwechsel, Museum für Angewandte Kunst, Köln / Cologne
Wirklichkeit in der zeitgenössischen Malerei, Haus Coburg, Städtische Galerie Delmenhorst
Imago ex Machina, Galerie Kampl, München / Munich
Atelier – Landschaft, Galerie Reckermann, Köln / Cologne

2002 *Künstlerbücher,* Württembergische Landesbibliothek, Stuttgart

2003 *Herbarium der Blicke,* Kunst- und Ausstellungshalle der Bundesrepublik Deutschland, Bonn
Zwischenspiele, Galerie Reckermann, Köln / Cologne
Sammlung Hoppe-Ritter, Museum Ettlingen
Der erste Blick. Sammlung Regina und Erich Krian, Museum am Ostwall, Dortmund

2004 *Sammlung Hanck. Neuerwerbungen 1997–2004,* museum kunst palast, Düsseldorf
Malerei, Galerie manus presse, Stuttgart
Eröffnung, Sammlung Frieder Burda; Staatliche Kunsthalle Baden-Baden
Twenty-Four Living Artists in China, White Space Beijing

2005 *Weltinnenräume. Die Sammlung Hanck,* Deutsche Gesellschaft für christliche Kunst e. V., München / Munich
The Fascination with the Mechanical, Galerie von Bartha, Basel
Bilderwechsel, Museum Frieder Burda, Baden-Baden
Square, Museum Ritter, Waldenbuch

2006 *Neue Malerei,* Museum Frieder Burda, Baden-Baden
The Sublime Is Now!, Museum Franz Gertsch, Burgdorf, Schweiz / Switzerland
Artist Books for a Global World, Chapin Library and Williams College Museum of Art, Williamstown, MA

Gunnar A. Kaldewey. Artist Books for a Global World – Four Collaborations in Depth (Lasker, Ottersbach, Tuttle, Vital), Massachusetts Museum of Contemporary Art, North Adams, MA

2007 *Neue Malerei,* Museum im Prediger, Schwäbisch Gmünd
Das schwarze Quadrat. Hommage an Malewitsch, Hamburger Kunsthalle, Hamburg
Inferno in Paradise, Galerie Alexander Ochs, Berlin & Beijing
An die Natur, ALTANA Kulturstiftung, Bad Homburg
Frisch gestrichen, Museum Franz Gertsch, Burgdorf, Schweiz / Switzerland

ARBEITEN IN MUSEEN UND SAMMLUNGEN
WORKS IN MUSEUMS AND COLLECTIONS

Museum Ludwig, Köln / Cologne
Städtisches Museum Leverkusen Schloss Morsbroich, Leverkusen
Städtische Galerie, Regensburg
Städtisches Museum, Mülheim a. d. Ruhr
Artothek, Köln / Cologne
Rheinisches Landesmuseum Bonn
Sammlung Deutsche Bank, Frankfurt am Main
Allianz-Versicherung, Düsseldorf
Sammlung Stadtsparkasse, Köln / Cologne
Genossenschaftsverband Rheinland, Köln / Cologne
Getty Center, Los Angeles
The Museum of Modern Art, New York
Harvard University, Cambridge, MA
Yale University, New Haven
The New York Public Library, New York
The Jewish Museum, New York
Deutsche Bibliothek, Leipzig & Frankfurt am Main
National Gallery, Canberra
Kenneth Tyler Collection, Canberra
Sammlung Europäische Hypothekenbank, Frankfurt am Main
Kunstmuseum Düsseldorf
Sammlung Wolfgang Hanck, Neuss
National Gallery of Art, Washington
Sammlung Mannheimer Versicherung, Mannheim
Sammlung Röschinger, München / Munich
Sammlung Ritter, Schwetzingen
Williams College Museum of Art, Williamstown, MA
Bibliothèque national de France, Paris
Staatsgalerie Stuttgart
Sammlung Olbricht
Sammlung Frieder Burda
Sammlung Swiss Re
Sammlung Joop van den Ende, Amsterdam
Andrew Hall Collection, Southport, CT
Sammlung Garnatz, Köln / Cologne
Sammlung Holtzbrinck Gruppe, Stuttgart
Sammlung Willy Michel
ALTANA Kunstsammlung, Bad Homburg
Museum Frieder Burda, Baden-Baden
Museum Ritter, Waldenbuch

BIBLIOGRAFIE BIBLIOGRAPHY

KÜNSTLERBÜCHER
ARTIST'S BOOKS

1985/86
Väter und Söhne, Unikat (10 Doppelseiten und 1 Titelblatt) / single edition (10 double pages and 1 cover page), hrsg. von / ed. by Karin Thomas, Künstlerbuch zur Ausstellung im / artist's book on exhibition in Städtischen Museum Schloss Morsbroich, Leverkusen

1988
Dinge des ordentlichen Lebens, Faksimileausgabe (Kassette) / facsimile edition (cassette), hrsg. von / ed. by Christiane Vielhaber, Köln / Cologne

1989
Genius Loci, Mappe mit 7 Holzschnitten / album with 7 woodcuts, Galerie Hans Barlach, Hamburg

1991
Das Walhalla-Projekt, 19 Lithografien / lithographs, Text von / text by S. D. Sauerbier, Edition 33 Konrad Mönter, Meerbusch

1993
Angelus Novus, 26 Stahldrucke mit mehrfarbigen Holzschnitten überdruckt / 26 steel prints overprinted with multicolored woodcuts, mit einem Textzitat von / with a citation from Walter Benjamin, Kaldewey Press, New York

SCHRIFTEN DES KÜNSTLERS
ARTIST'S WRITINGS

»Der Protagonist«, in: *Niemandsland,* Bd. / vol. 5, hrsg. von / ed. by Eckhart Gillen & Wolfgang Drehsen, Berlin 1987

Blick zurück nach vorn – ein Buch zur PRAEMODERNE, hrsg. von / ed. by Heribert C. Ottersbach, Ingrid Roscheck, Manos Tsangaris, Köln / Cologne 1992

Texte und Materialien / Texts and materials in: *Erinnerte Bilder,* Reihe Cantz, Ostfildern 1995

Textbeitrag / Text contribution in: Mindell Dubansky & Monica J. Strauss, *Crossing Borders, The Kaldewey Press, New York,* Ostfildern 1997

Texte / Texts in: *Metaformen. Dekonstruktivistische Positionen in Kunst und Architektur,* hrsg. von / ed. by Marie Luise Syring, Ausst.-Kat. / exh. cat. Kunsthalle Düsseldorf, Düsseldorf 2000

»Weniger ist nicht länger mehr«, in: *Neue Malerei. Museum Frieder Burda: Erwerbungen 2002–2005,* Ausst.-Kat. / exh. cat. Museum Frieder Burda, Baden-Baden, Ostfildern 2006

»Die Malerei entlässt ihre Patienten. Das Scheitern der Moderne und die unerwartete neue Freiheit«, in: *Kommune. Forum für Politik, Ökonomie, Kultur,* 3, 2007

GESPRÄCHE
INTERVIEWS

»Eckhart Gillen im Gespräch mit Heribert C. Ottersbach«, in: *Heribert C. Ottersbach. Wider die Vollendung,* hrsg. von / ed. by Klaus Honnef, Ausst.-Kat. / exh. cat. Rheinisches Landesmuseum Bonn; Galerie der Hochschule für Grafik und Buchkunst Leipzig, Bramsche 1993

»Blickwechsel – des Künstlers Blick auf die Moderne« (Interview mit / with Eckhart Gillen), in: *Heribert C. Ottersbach. Modernebilder 1995–1999,* hrsg. von / ed. by Bettina Baumgärtel, Ausst.-Kat. / exh. cat. Kunstmuseum Düsseldorf, Köln / Cologne 1999

»Keine Lust auf Dekoration« (Interview mit / with Birgit Sonna), in: *Süddeutsche Zeitung,* 4.10.1999

»Das Archiv – Künstlers Atelier?« (Interview mit / with Gabriele Ewenz), in: *Heribert C. Ottersbach. Künstlers Atelier,* hrsg. von / ed. by Martin Stather, Ausst.-Kat. / exh. cat. Mannheimer Kunstverein, Mannheim, Köln / Cologne 2002

MONOGRAFISCHE KATALOGE (Auswahl)
MONOGRAPHIC CATALOGUES (Selection)

Heribert C. Ottersbach, Jürgen-Ponto-Stiftung (Dresdner Bank AG), Frankfurt am Main 1985 (Texte / texts: Eckhart Gillen, Stephan Schmidt-Wulffen, Sabine Schütz, Karin Thomas)

Heribert C. Ottersbach. Neue Bilder, Galerie Hans Barlach, Hamburg 1989 (Text: Eckhart Gillen)

Heribert C. Ottersbach, Galerie Janine Mautsch, Köln / Cologne 1989 (Text: S. D. Sauerbier)

Heribert C. Ottersbach. Bilder und Arbeiten auf Papier 1987–1989, Städtisches Museum, Mülheim a. d. Ruhr, u. a., Regensburg 1990 (Texte / texts: Ralph Giordano, Herbert Schneidler, Karin Stempel, Thomas Veit)

Heribert C. Ottersbach. Kein schöner Land …, Galerie Bodo Niemann, Berlin 1991 (Texte / texts: Eckhart Gillen, Durs Grünbein, Manos Tsangaris u. a. / et al.)

Heribert C. Ottersbach. Wider die Vollendung, hrsg. von / ed. by Klaus Honnef, Rheinisches Landesmuseum Bonn; Galerie der Hochschule für Grafik und Buchkunst Leipzig, Bramsche 1993 (Texte / texts: Klaus Honnef, Eckhart Gillen, Heribert C. Ottersbach)

Heribert C. Ottersbach – Ingrid Roscheck. Malerei und Skulptur, Gothaer Kunstforum, Köln / Cologne 1997 (Text: Karin Stempel)

Heribert C. Ottersbach. Modernebilder 1995–1999, hrsg. von / ed. by Bettina Baumgärtel, Kunstmuseum Düsseldorf, Köln / Cologne 1999 (Texte / texts: Bettina Baumgärtel, Eckhart Gillen, Durs Grünbein, Heribert C. Ottersbach)

Heribert C. Ottersbach. Künstlers Atelier, hrsg. von / ed. by Martin Stather, Mannheimer Kunstverein, Mannheim, Köln / Cologne 2002 (Texte / texts: Gabriele Ewenz, Heribert C. Ottersbach, Martin Stather)

Ottersbach – Echtzeit 68.89, hrsg. von / ed. by Hubertus Gassner, Museum Folkwang, Essen, Heidelberg 2003 (Texte / texts: Hubertus Gassner, Thomas Wagner)

Heribert C. Ottersbach. Jason, Stalker und die anderen, Haus Coburg, Städtische Galerie Delmenhorst, Delmenhorst 2004

Heribert C. Ottersbach. Undercover – Von Büchern und Bildern, hrsg. von / ed. by Maria Linsmann, Museum Burg Wissem, Troisdorf, Heidelberg 2005 (Texte / texts: Maria Linsmann, Marie Luise Syring)

Heribert C. Ottersbach. Der therapeutische Block, Beck & Eggeling new quarters, Düsseldorf 2006 (Text: Reinhard Spieler)

Heribert C. Ottersbach. In Erwartung der Ereignisse. Werke / Works 1995–2006, hrsg. von / ed. by Götz Adriani, Kunsthalle Tübingen, Ostfildern 2007 (Texte / texts: Durs Grünbein, Martin Hellmold, Elke Kania, Reinhard Spieler)

Heribert C. Ottersbach. Portraits and Exteriors, Ben Brown Fine Arts, London 2007 (Text: Jill Lloyd)

Heribert C. Ottersbach. Hälfte des Lebens, hrsg. von / ed. by Andrea Firmenich & Michael Buhrs, ALTANA Kulturstiftung, Bad Homburg; Museum Villa Stuck, München / Munich, Köln / Cologne 2008 (Texte / texts: Michael Buhrs, Johannes Janssen, Andrea Firmenich)

Heribert C. Ottersbach. Erziehung zur Abstraktion, hrsg. von / ed. by Ralf Beil, Institut Mathildenhöhe Darmstadt, Ostfildern 2008 (Texte / texts: Ralf Beil, Kai-Uwe Hemken, Carola Kemme, Heribert C. Ottersbach)

KATALOGE GRUPPENAUSSTELLUNGEN
GROUP EXHIBITION CATALOGUES
(Auswahl / Selection)

Profil, Galerie Ingo Kümmel; Kulturzentrum Rote Fabrik, Zürich & Köln / Zurich & Cologne 1983 (Text: Susanne Kleine)

Profil, Museum für aktuelle Kunst, Hasselt 1983 (Text: Karin Thomas)

Davul-Deformance, Galerie Ingo Kümmel im Stollwerck, Köln / Cologne 1984 (Texte / texts: Peter Gerlach, Stephan Schmidt-Wulffen)

Kasematten KD2, Paul Pozozza Museum, Düsseldorf 1986 (Text: Stephan von Wiese)

Der Hang zum Pathos, hrsg. von / ed. by Adem Yilmaz, Stollwerck, Köln / Cologne 1986 (Texte / texts: Bazon Brock, Peter Gerlach)

Mythos Berlin Concepte, Neue Gesellschaft für Bildende Kunst (NGBK), Berlin 1986 (Texte / texts: Eberhard Knödler-Bunte, Freya Mülhaupt u. a. / et al.)

Standorte 1987, Institut Mathildenhöhe Darmstadt 1987 (Text: Klaus Wolbert)

Mythos Berlin, Goethe-Institut Paris, Berlin 1987

Augen-Blicke. Das Auge in der Kunst des 20. Jahrhunderts, hrsg. von / ed. by Christiane Vielhaber, Kölnisches Stadtmuseum u. a. / et. al., Köln / Cologne 1988 (Texte / texts: Klaus Honnef, Paul Gräb, Christiane Vielhaber u. a. / et al.)

Religiosa. Kunst der Gegenwart im Braunschweiger Dom, hrsg. von / ed. by Wilhelm Bojescul, Richard Borek Stiftung, Braunschweig 1991 (Texte / texts: Wilhelm Bojescul, Karin Stempel u. a. / et al.)

Livres de Peintre – Artist Books, Kaldewey Press, New York; Galerie Yvon Lambert, Paris, New York 1993 (Texte / texts: Martin Antonetti, Gunnar A. Kaldewey)

Westchor – Ostportal, hrsg. von / ed. by Gabriele Muschter & Klaus Honnef, Marstall u. a. / et. al., Berlin 1995 (Texte / texts: Eckhart Gillen, Durs Grünbein, Gabriele Muschter, Karin Thomas u. a. / et al.)

Holz / Schnitt, Gothaer Kunstforum, Köln / Cologne 1995 (Text: Ulli Seegers)

Landvermesser. Landschaftsdarstellungen in der zeitgenössischen Kunst, Mannheimer Kunstverein, Mannheim, Heidelberg 1996 (Texte / texts: Andreas Bee, Martin Stather u. a. / et al.)

Epilog. Industrie und Landschaft im Fokus zeitgenössischer Kunst, Otmar Alt Stiftung, Hamm 1996 (Text: Klaus Honnef, Frank Weyers u. a. / et al.)

Augenzeugen. Die Sammlung Hanck, hrsg. von / ed. by Bettina Baumgärtel, Kunstmuseum Düsseldorf, Düsseldorf 1997

Deutschlandbilder. Kunst aus einem geteilten Land, hrsg. von / ed. by Eckhart Gillen, Martin-Gropius-Bau, Berlin, Köln / Cologne 1997 (Text: Eckhart Gillen)

The Kaldewey Press, New York, hrsg. von / ed. by Rudolf Schmitt-Föller, Universitäts- und Landesbibliothek Düsseldorf, Düsseldorf 1998

The Rocket Four. Making Artists Books Today, Arte dos Gráfico, Bogotá, u. a. / et al., New York 1999

Metaformen. Dekonstruktivistische Positionen in Architektur und Kunst, hrsg. von / ed. by Marie Luise Syring, Kunsthalle Düsseldorf, Düsseldorf 1999

Dreams 1900–2000. Science, Art and the Unconscious Mind, hrsg. von / ed. by Gamwell Lynn, Equitable Gallery, New York 1999 (Texte / texts: Ernest Hartmann, Donald Kuspit u. a. / et al.)

Eight Days a Week. Cologne in Liverpool, Liverpool 2000 (Text: Ann Compton)

Off the Page. Contemporary Artist's Books from Picasso to Clemente, hrsg. von / ed. by Mark Henshaw, National Gallery of Australia, Canberra 2000

Nicht Ruhe geben, bis die Erde quadratisch ist, hrsg. von / ed. by Martin Stather & Andreas Bee, Mannheimer Kunstverein, Mannheim, Heidelberg 2000

Printed Matter, hrsg. von / ed. by Gerhard Theewen, Museum Burg Wissem, Troisdorf; Morat-Institut, Freiburg i. Br., Köln / Cologne 2000 (Texte / texts: Gerhard Falkner, Jens Peter Koerver, Ulli Seegers u. a. / et al.)

Wertwechsel, hrsg. von / ed. by Regina Schultz-Möller, Museum für Angewandte Kunst, Köln / Cologne 2001

Wirklichkeit in der zeitgenössischen Malerei, hrsg. von / ed. by Barbara Alms, Haus Coburg, Städtische Galerie Delmenhorst, Bremen 2001

Künstlerbücher, Württembergische Landesbibliothek, Stuttgart 2002 (Texte / texts: Hannsjörg Kowark, Wolf D. Lucius)

Herbarium der Blicke, Kunst- und Ausstellungshalle der Bundesrepublik Deutschland, Bonn 2003 (Texte / texts: Durs Grünbein, Volker Harlan, Thomas Irmer, Olaf Nicolai u. a. / et al.)

Der erste Blick. Sammlung Regina und Erich Krian, Museum am Ostwall, Dortmund, Bönen 2003 (Texte / texts: Ingo Bartsch, Tayfun Belgin, Erich Krian, Silvia Schmidt-Bauer)

Weltinnenräume. Die Sammlung Hanck, Deutsche Gesellschaft für christliche Kunst e. V., München / Munich 2005 (Texte / texts: Christoph Danelzik-Brüggemann, Beatrice Lavarini)

The Fascination with the Mechanical, Galerie von Bartha, Basel 2005 (Texte / texts: Astrid Bextermöller, Heinz Stahlhut)

Square, Museum Ritter, Waldenbuch, Heidelberg 2005 (Texte / texts: Marli Hoppe-Ritter, Gerda Ridler, Martin Stather)

Neue Malerei. Museum Frieder Burda: Erwerbungen 2002–2005, Museum Frieder Burda, Baden-Baden, Ostfildern 2006

The Sublime Is Now!, hrsg. von / ed. by Elke Kania, Museum Franz Gertsch, Burgdorf, Bern 2006 (Texte / texts: Reinhard Spieler u. a. / et al.)

Artist Books for a Global World, hrsg. von / ed. by Gunnar Kaldewey, Massachusetts Museum of Contemporary Art, North Adams, u. a. / et al., Ostfildern 2006 (Texte / texts: Wayne G. Hammond, Robert L. Volz)

Das schwarze Quadrat. Hommage an Malewitsch, hrsg. von / ed. by Hubertus Gassner, Hamburger Kunsthalle, Ostfildern 2007 (Texte / texts: Hubertus Gassner, Felix Krämer, Kristina von Oehsen u. a. / et al.)

An die Natur, hrsg. von / ed. by Andrea Firmenich, ALTANA Kulturstiftung, Bad Homburg, Köln / Cologne 2007 (Texte / texts: Andrea Firmenich, Johannes Jansen u. a. / et al.)

Frisch gestrichen – Malerei aus der Sammlung Willy Michel, hrsg. von / ed. by Katja Lenz, Museum Franz Gertsch, Burgdorf, Bern 2007 (Texte / texts: Helen Lagger, Katja Lenz)

REZENSIONEN IN ZEITSCHRIFTEN UND TAGESPRESSE

REVIEWS IN MAGAZINES AND NEWSPAPERS

(Auswahl / Selection)

Sabine Schütz, »Heribert C. Ottersbach«, in: *Kunstforum International,* 84, 1986, S. / pp. 293/294

Sabine Schütz, »P.P.M. – Kasematte KD2«, in: *Kunstforum International,* 86, 1986, S. / pp. 297–299

Karin Thomas, »Heribert C. Ottersbach – Väter und Söhne«, in: *Niemandsland,* 1, 1987, S. / pp. 24/25

Sabine Schütz, »Heribert C. Ottersbach«, in: *Kunstforum International,* 92, 1987/88, S. / pp. 263/264

Christiane Vielhaber, »Heribert C. Ottersbach – ein Porträt«, in: *Kunst-Köln,* 2, 1990, S. / pp. 26–31

Gabriele Muschter, »Sintflut, schmeichelnd«, in: *Der Tagesspiegel,* 2.10.1991

Friedemann Malsch, »Das Autonome Kulturzentrum Stollwerck«, in: *Kunstforum International,* 117, 1992, S. / pp. 222–230

Gabriele Muschter, »Grenzenlose Verwandlung«, in: *Frankfurter Allgemeine Zeitung,* 2.10.1993

Helga Meister, »Scheinbar Eindeutiges«, in: *Westdeutsche Zeitung,* 26.11.1993

Jacqueline Brody, »Heribert C. Ottersbach and Walter Benjamin«, in: *The Printcollectors Newsletter,* 25, 2, 1994

Katrin Bettina Müller, »Monologisch gestrickt und fallengelassen«, in: *Die Tageszeitung,* 4.4.1995

Gabriele Muschter, »Westchor – Ostportal«, in: *Vernissage. Die Zeitschrift zur Ausstellung,* 2, 1996

V. Stiller, »Erhard – Persilweiß übermalt. Porträts von Heribert C. Ottersbach«, in: *Die Welt,* 26.10.1996

Ralph Giordano, »Das Unbegreifliche formen«, in: *Der Tagesspiegel,* 8.9.1997

Hanne Weskott, »Ideologiefrei. Die Malerei von Heribert C. Ottersbach«, in: *Süddeutsche Zeitung,* 18.2.1998

Tanja Fiedler, »Die Moderne ist Historie«, in: *Berliner Morgenpost,* 2.2.1999

Heidrun Wirth, »Im Jahrhundert der Jugend«, in: *Kölnische Rundschau,* 24.8.1999

Cornelia Gockel, »Die Renaissance der Malerei«, in: *Süddeutsche Zeitung,* 9.9.1999

Tinga Horny, »Die Fotografie als Assoziation und Spurensuche«, in: *Handelsblatt,* 17./18.9.1999

Helga Meister, »Nichts Neues im schrägen Fall«, in: *Westdeutsche Zeitung,* 6.11.1999

Christiane Fricke, »Architektur aus dem Lot geraten«, in: *Handelsblatt,* 19./20.11.1999

Rudolf Schmitz, »Spreng mich in die Luft …«, in: *Frankfurter Allgemeine Zeitung,* 9.12.1999

Holger Liebs, »Splitterhaus, später«, in: *Süddeutsche Zeitung,* 13.12.1999

Martin Seidel, »Metaformen«, in: *Kunstforum International,* 149, 1999

Karin Thomas, »Vernetzte Zeiten«, in: *Kunstforum International,* 150, 2000, S. / pp. 298–309

Jürgen Raap, »Heribert C. Ottersbach«, in: *Kunstforum International,* 151, 2000, S. / pp. 357/358

Christoph Köster, »Bremsklötze in der Informationsgesellschaft«, in: *Die Tageszeitung,* 5./6.5.2001

Frank Keil, »Ein Hauch von Neo«, in: *Frankfurter Rundschau,* 21.6.2001

Thorsten Jantschek, »Jenseits von Mimesis«, in: *Die Welt,* 22.6.2001

Günter Beyer, »In einem Hubschrauber bist du also gekommen? …«, in: *Frankfurter Allgemeine Zeitung,* 9.7.2001

Günter Beyer, »Contrary to Popular Belief, Painting Is Still Alive and Kicking«, in: *International Herald Tribune,* 13.7.2001

Rainer Bessling, »Wirklichkeit in der zeitgenössischen Malerei«, in: *Artist Kunstmagazin,* August–September 2001

Hanne Weskott, »Fisch sucht Kaktus«, in: *Süddeutsche Zeitung,* 17.5.2002

Markus Grenz, »35 Motive gegen Bildgewalt der Medien«, in: *Westdeutsche Allgemeine Zeitung,* 1.10.2003

Georg Leisten, »Ansichten eines schrottreifen Jahrhunderts. Die Tübinger Kunsthalle widmet dem Maler Heribert C. Ottersbach eine große Einzelausstellung«, in: *Stuttgarter Zeitung,* 15.1.2007

Thomas Wagner, »Die verlorenen Gesichter der Dichter«, in: *Frankfurter Allgemeine Zeitung,* 15.2.2007

Anne Schreiber, »Where Is Heribert C. Ottersbach (Art Questionnaire)«, in: *Artnet Magazin,* 22.3.2007

Daniel Kletke, »Heribert C. Ottersbach bei Galerie Haas und Fuchs«, in: *Artnet Magazin,* 27.4.2007

Thomas Wagner, »Restlicht der Moderne«, in: *Art. Das Kunstmagazin,* 3, März 2008, 8, S. / pp. 30–39

SONSTIGE PUBLIKATIONEN

OTHER PUBLICATIONS

(Auswahl / Selection)

Karin Thomas, *Zweimal deutsche Kunst von 1945–1985,* Köln / Cologne 1985

Hans M. Schmidt, *Grafik des 20. Jahrhunderts am Rhein,* Rheinisches Landesmuseum Bonn, Köln / Cologne 1997

Mindell Dubansky & Monica J. Strauss, *Crossing Borders. The Kaldewey Press, New York,* Ostfildern 1997

Eckhart Gillen (Hrsg. / ed.), *German Art – from Beckmann to Richter,* Köln / Cologne & Yale 1997

Ralph Giordano, *Wir sind die Stärkeren. Reden, Aufsätze, Schriften,* Hamburg 1998

Karin Thomas, *Bis heute. Stilgeschichte der bildenden Kunst im 20. Jahrhundert,* Köln / Cologne 1998/2000

Wulf D. Lucius & Gunnar A. Kaldewey, *Making Artist Books Today,* Stuttgart 1998

Magnus Gellert, *Scherbenlese des Jahrhunderts oder Erinnerte Bilder? – o. T. (Jugend) von Heribert C. Ottersbach,* Bonn 1998 (unveröffentlichte Magisterarbeit / unpublished master's thesis)

Frank Brüning, *Zur Kulturgeschichte eines Markenprodukts, Persil,* Berlin 1998 (unveröffentlichte Diplomarbeit / unpublished diploma thesis)

Steffen Missmahl (Hrsg. / ed.), *schuss – gegenschuss – Dietmar Schneider zum 60.,* Köln / Cologne 1999

Karin Thomas (Hrsg. / ed.), *DuMont's Künstlerlexikon,* Köln / Cologne 2000

Andreas Mäckler (Hrsg. / ed.), *Was ist Kunst?,* Köln / Cologne 2000

Bettina Baumgärtel, »Heribert C. Ottersbach«, in: *Künstler. Kritisches Lexikon für Gegenwartskunst,* hrsg. von / ed. by Lothar Romain & Detlef Bluemler, München / Munich 2001

Karin Thomas, *Kunst in Deutschland seit 1945,* Köln / Cologne 2002

James Philip, *Small Histories,* London 2003

Durs Grünbein, *Antike Dispositionen. Aufsätze,* Frankfurt am Main 2005

Sal. Oppenheim (Hrsg. / ed.), *10 Jahre Sammlung Sal. Oppenheim,* Luxemburg 2007 (Texte / texts: Jeane von Oppenheim, Dieter Ronte u. a. / et al.)

AUTORENBIOGRAFIEN AUTHORS' BIOGRAPHIES

Ralf Beil

(*1965 in Kobe, Japan), Studium der Kunstgeschichte, Germanistik und Philosophie in Freiburg im Breisgau und Paris, Promotion in Essen. 1990 bis 1998 freier Ausstellungskurator und Kunstkritiker für *Artefactum, Neue Zürcher Zeitung, Kunst-Bulletin* sowie *Kunstforum International.* 1999 bis 2003 Ausstellungskurator und Konservator der Gemälde- und Skulpturensammlung am Kunstmuseum Bern. 2004 bis 2005 Ausstellungskurator und Konservator für das 20. und 21. Jahrhundert am Musée cantonal des Beaux-Arts de Lausanne. Seit Januar 2006 Direktor des Instituts Mathildenhöhe Darmstadt.

Ausstellungen und Publikationen (Auswahl): *Ilya Kabakov. 50 Installationen* (2000), *Black Box. Der Schwarzraum in der Kunst* (2001), *Zeitmaschine oder: Das Museum in Bewegung* (2002), *Künstlerküche. Lebensmittel als Kunstmaterial – von Schiele bis Jason Rhoades* (2002), *Albert Oehlen. Peintures/Malerei 1980–2004* (2004), *Mathilda is calling. Erinnerung als Zukunft* (2006), *Christian Boltanski. Zeit* (2006), *Janet Cardiff & George Bures Miller. The Killing Machine und andere Geschichten* (2007), *Andreas Gursky. Architektur* (2008).

(*1965 in Kobe, Japan), studied art history, German language and literature, and philosophy in Freiburg and Paris; Ph.D. in Essen. 1990 to 1998 independent curator of exhibitions and art critic for *Artefactum, Neue Zürcher Zeitung, Kunst-Bulletin* and *Kunstforum International.* 1993 to 2003 curator of exhibitions and conservator of painting and sculpture at the Kunstmuseum Bern. 2004 to 2005 curator of exhibitions and conservator of twentieth- and twenty-first-century art at the Musée cantonal des Beaux-Arts de Lausanne. Since January 2006 director of the Institut Mathildenhöhe Darmstadt.

Exhibitions and publications (selection): *Ilya Kabakov. 50 Installationen* (2000), *Black Box. Der Schwarzraum in der Kunst* (2001), *Zeitmaschine oder: Das Museum in Bewegung* (2002), *Künstlerküche. Lebensmittel als Kunstmaterial – von Schiele bis Jason Rhoades* (2002), *Albert Oehlen. Paintings/Pinturas 1980–2004* (2004), *Mathilda is calling. Erinnerung als Zukunft* (2006), *Christian Boltanski. Time* (2006), *Janet Cardiff & George Bures Miller. The Killing Machine and Other Stories* (2007), *Andreas Gursky. Architecture* (2008).

MICHEL FOUCAULT

(*1926 in Poitiers, †1984 in Paris), Philosoph, Psychologe und Soziologe. 1948 Diplom in Philosophie, 1949 in Psychologie. 1951 Staatsexamen in Philosophie, 1952 Diplom für Psychopathologie und Assistent für Psychologie an der geisteswissenschaftlichen Fakultät in Lille. 1955 Lektor an der Universität Uppsala. 1958 Direktor des Centre français an der Universität Warschau. 1959 Direktor des Institut français in Hamburg. 1960 bis 1966 Professor für Psychologie und Philosophie an der Universität Clermont-Ferrand. 1965 bis 1968 Gastprofessur an der Universität Tunis. 1970 bis 1984 Professur für Geschichte der Denksysteme am Collège de France.

Publikationen (Auswahl): *Wahnsinn und Gesellschaft* (1961), *Die Geburt der Klinik. Eine Archäologie des ärztlichen Blicks* (1963), *Die Ordnung der Dinge. Eine Archäologie der Humanwissenschaften* (1966), *Archäologie des Wissens* (1967), *Überwachen und Strafen. Die Geburt des Gefängnisses* (1975), *Sexualität und Wahrheit,* Bd. 1: *Der Wille zum Wissen* (1976), Bd. 2: *Der Gebrauch der Lüste* (1984), Bd. 3: *Die Sorge um sich* (1984).

(*1926 in Poitiers, †1984 in Paris), philosopher, psychologist, and sociologist. 1948 degree in philosophy. 1949 degree in psychology. 1951 state examinations in philosophy. 1952 degree in psychopathology and assistant in psychology at the Faculty of Humanities and Social Sciences, Lille. 1955 lecturer at the University of Uppsala. 1958 director of the Centre français at the University of Warsaw. 1959 director of the Institut français in Hamburg. 1960 to 1966 professor of psychology and philosophy at the University Clermont-Ferrand. 1965 to 1968 guest-professor at the University of Tunis. 1970 to 1984 professor of history of ideas at the Collège de France.

Publications (selection): *Madness and Civilization: A History of Insanity in the Age of Reason* (1961), *The Birth of the Clinic: An Archaeology of Medical Perception* (1963), *The Order of Things: An Archaeology of the Human Sciences* (1966), *Archaeology of Knowledge* (1967), *Discipline and Punish: The Birth of the Prison* (1975), *The History of Sexuality, Vol I: The Will to Knowledge* (1976), *Vol II: The Use of Pleasure* (1984), *Vol III: The Care of the Self* (1984).

Kai-Uwe Hemken

(*1962 in Oldenburg), Studium der Kunstgeschichte, Philosophie und Literaturwissenschaft in Marburg und München, 1989 Magister Artium und 1993 Promotion über El Lissitzky, 2004 Habilitation zur Gedächtnis-Kunst der Gegenwart seit 1960, Mitarbeit und Konzeption von Ausstellungen am Sprengel Museum Hannover, Kunstsammlung Nordrhein-Westfalen in Düsseldorf und Neues Museum Weimar, Kustos der Kunstsammlungen der Ruhr-Universität Bochum. Seit 2005 Professor für Kunstwissenschaft an der Kunsthochschule Kassel.

Publikationen (Auswahl): *El Lissitzky. Revolution und Avantgarde* (1990), *Gedächtnisbilder. Vergessen und Erinnern in der Gegenwartskunst* (1997), *Im Bann der Medien. Texte zur virtuellen Ästhetik in Kunst und Kultur* (1997), *Gerhard Richter. 18. Oktober 1977* (1998), *Bilder in Bewegung. Traditionen digitaler Ästhetik* (2000).

(*1962 in Oldenburg), studied art history, philosophy, and literature in Marburg and Munich. 1989 M.A.; 1993 Ph.D., dissertation on El Lissitzky. 2004 post-doctoral lecturer on contemporary memorial art since 1960; exhibition contribution and conception at the Sprengel Museum Hannover, Kunstsammlung Nordrhein-Westfalen in Düsseldorf, and Neues Museum Weimar; curator of the art collection at the Ruhr-Universität Bochum. Since 2005 professor of aesthetics and art history at the Kunsthochschule Kassel.

Publications (selection): *El Lissitzky. Revolution und Avantgarde* (1990), *Gedächtnisbilder. Vergessen und Erinnern in der Gegenwartskunst* (1997), *Im Bann der Medien. Texte zur virtuellen Ästhetik in Kunst und Kultur* (1997), *Gerhard Richter. 18. Oktober 1977* (1998), *Bilder in Bewegung. Traditionen digitaler Ästhetik* (2000).

Carola Kemme

(*1972 in Dernbach, Westerwald), Studium der Kunstgeschichte, Romanistik, Theaterwissenschaften und Film- und Fernsehwissenschaften in Marburg, Aix-en-Provence und Bochum. 2001 Magister Artium mit *Referenzen und Zitate. Zu Jörg Immendorffs Bildern der 1990er Jahre.* 2001 bis 2005 freie Mitarbeiterin der Stiftung Wilhelm Lehmbruck Museum, Duisburg. Seit Juli 2006 wissenschaftliche Volontärin am Institut Mathildenhöhe Darmstadt.

Publikationen (Auswahl): *Spielräume* (2005), *Henk Visch. Wait and see what happens* (2007).

(*1972 in Dernbach, Westerwald), studied art history, romance studies, theater science, and film and television sciences in Marburg, Aix-en-Provence, and Bochum. 2001 M.A., thesis: *Referenzen und Zitate. Zu Jörg Immendorffs Bildern der 1990er Jahre.* 2001 to 2005 independent contributor to the Stiftung Wilhelm Lehmbruck Museum, Duisburg. Since July 2006 volunteer scholar at the Institut Mathildenhöhe Darmstadt.

Publications (selection): *Spielräume* (2005), *Henk Visch. Wait and see what happens* (2007).

FRIEDRICH NIETZSCHE

(*1844 in Röcken bei Lützen, †1900 in Weimar), Philosoph, 1864/65 Studium der Theologie und klassischen Philologie in Bonn und Leipzig. 1869 Doktorgrad ohne Prüfung aufgrund seiner Veröffentlichungen in Leipzig und außerordentlicher Professor für griechische Sprache und Literatur an der Universität Basel. 1879 Aufgabe des Lehramts an der Universität Basel. 1889 psychischer Zusammenbruch in Turin, lebt unter der Vormundschaft seiner Mutter in Jena und Naumburg. Nach dem Tod der Mutter 1897 verbringt Nietzsche seine letzten Jahre in Weimar.

Publikationen (Auswahl): *Die Geburt der Tragödie aus dem Geiste der Musik* (1872), *Unzeitgemäße Betrachtungen* (1873–1876), *Menschliches, Allzumenschliches. Ein Buch für freie Geister* (1878), *Morgenröthe. Gedanken über die moralischen Vorurtheile* (1881), *Die fröhliche Wissenschaft* (1882), *Also sprach Zarathustra. Ein Buch für Alle und Keinen* (1883), *Jenseits von Gut und Böse. Vorspiel einer Philosophie der Zukunft* (1886), *Zur Genealogie der Moral. Eine Streitschrift* (1887), *Der Fall Wagner. Ein Musikanten-Problem* (1888), *Götzen-Dämmerung oder Wie man mit dem Hammer philophirt* (1889), *Der Antichrist. Fluch auf das Christenthum; Ecce homo. Wie man wird, was man ist; Dionysos-Dithyramben* (1889).

(*1844 in Röcken bei Lützen, †1900 in Weimar), philosopher. 1864 to 1865 studied theology and classical philology in Bonn and Leipzig. 1869 received his doctorate without taking examination due to his published work in Leipzig and outstanding work as a professor of Greek language and literature at the University of Basel. 1879 relinquished teaching post at the University of Basel. 1889 nervous breakdown in Turin, lived under the care of his mother in Jena and Naumberg. After his mother's death in 1897, Nietzsche spent his final years in Weimar.

Publications (selection): *The Birth of Tragedy from the Spirit of Music* (1872), *The Untimely Meditations* (1873–1876), *Human, All Too Human. A Book for Free Spirits* (1878), *Morgenröthe. Gedanken über die moralischen Vorurtheile* (1881), *The Gay Science* (1882), *Thus Spoke Zarathustra. A Book for All and None* (1883), *Beyond Good and Evil. Prelude to a Philosophy of the Future* (1886), *On the Genealogy of Morality. A Polemic* (1887), *The Case of Wagner. A Musician's Problem* (1888), *The Twilight of the Idols* (1889), *The Anti-Christ. Ecce Homo* (1889).

FERNANDO ANTÓNIO NOGUEIRA PESSOA

(*1888 in Lissabon, †1935 in Lissabon), Übersetzer, Schriftsteller und Auslandskorrespondent für Handelshäuser. 1903 Königin-Victoria-Preis für englischen Stil der Universität des Kaps der Guten Hoffnung, Kapstadt. 1905 Studium der Literatur und Philosophie an der Universität Lissabon. 1915 Veröffentlichung der Zeitschrift *Orpheu.* 1921/22 Gründung des Verlags *Olisipo.* 1924/25 Herausgabe der Zeitschrift *Athena.* Ab 1927 ist Pessoa Mitarbeiter der Zeitschrift *Presença.*

Publikationen (Auswahl): *Álvaro de Campos. Meeres-Ode* (1915), *Ein anarchistischer Bankier* (1922), *Oden von Ricardo Reis* (1924), *Lissabon. Was der Tourist sehen sollte* (1925), *Mensagem – Botschaft* (1934), *Alberto Caeiro. Poesias – Poesie* (1946), *Das Buch der Unruhe des Hilfsbuchhalters Bernardo Soares* (1982), *Faust. Eine subjektive Tragödie* (1988), *Baron von Teive. Die Erziehung zum Stoiker* (2004), *António Mora – Rückkehr der Götter* (2006).

(*1888 in Lisbon, †1935 in Lisbon), translator, author, and international commercial correspondence writer. 1903 Queen Victoria Prize for English style at the University of the Cape of Good Hope, Cape Town. 1905 studied literature and philosophy at the University of Lisbon. 1915 publication of the journal *Orpheu.* 1921 to 1922 founding of the publishing press *Olisipo.* 1924 to 1925 publication of the journal *Athena.* From 1927 on, Pessoa worked for the magazine *Presença.*

Publications (selection): *The Anarchist Banker* (1922), *Odes by Ricardo Reis* (1924), *Lisbon: What the Tourist Should See* (1925), *Mensagem* (1934), *Poetry of Álvaro de Campos* (1944), *The Collected Poems of Alberto Caeiro* (1946), *The Book of Disquiet* (1982), *Faust. A Subjective Tragedy* (1988), *The Education of the Stoic: The Only Manuscript of the Baron of Teive* (2004), *António Mora—The Return of the Gods* (2006).

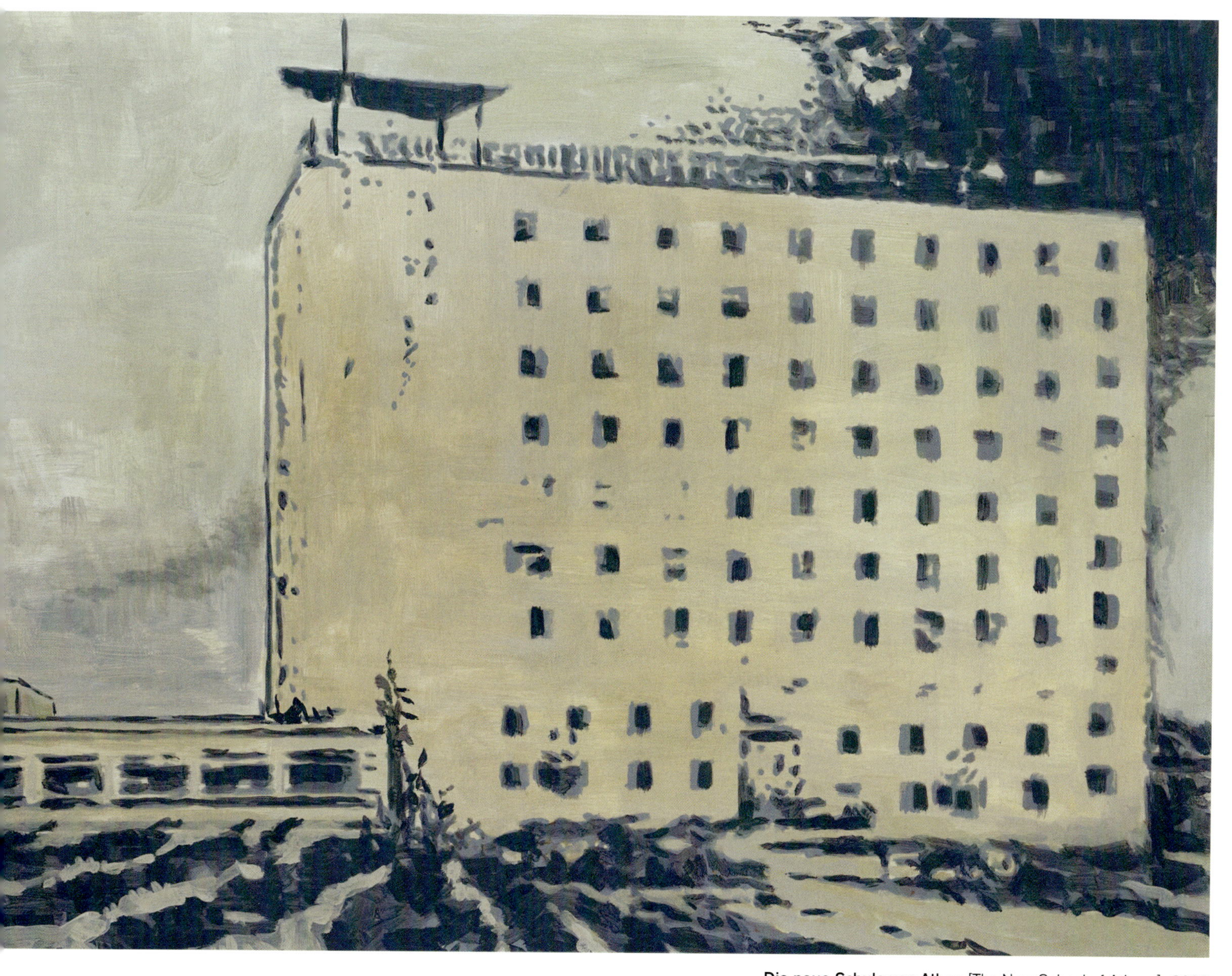

Die neue Schule von Athen [The New School of Athens] 2002

Diese Publikation erscheint anlässlich der Ausstellung / This book is published in conjunction with the exhibition

HERIBERT C. OTTERSBACH
Erziehung zur Abstraktion / Formation to Abstraction
Die Architekturbilder / Paintings on Architecture

Mathildenhöhe Darmstadt
11. Mai bis 7. September 2008
May 11 to September 7, 2008

Direktor / Director
Ralf Beil

Ausstellung / Exhibition

Konzeption / Concept
Heribert C. Ottersbach, Ralf Beil

Organisation
Ralf Beil

Wissenschaftliche und organisatorische Mitarbeit
Curatorial and organizational assistant
Carola Kemme

Sekretariat / Office
Angelika Nitsch, Lina Ophoven-Armey

Presse- und Öffentlichkeitsarbeit
Press and public relations
Axel Braun, Lina Ophoven-Armey

Restauratorische Betreuung / Restoration
Susanne Leydag

Aufbau und Technik / Construction and technology
Jürgen Preusch, Uwe Brückner, Christian Häussler, Hartmut Kani, Karl-Heinz Köth, Alfred Lücker

Administration
Ulli Emig, Michael Heine

Werbemedien / Advertising media
BECKER SPÄTH Konzept und Design

Institut Mathildenhöhe
Olbrichweg 13
64287 Darmstadt
Tel. +49.6151.13-2778
Fax +49.6151.13-3739
www.mathildenhoehe.eu

Katalog / Catalogue

Herausgeber / Editor
Ralf Beil

Konzeption / Conception
Ralf Beil, Heribert C. Ottersbach

Redaktion / Editing
Ralf Beil, Carola Kemme

Lektorat / Editing
Carola Kemme (Deutsch / German)
Annette Windisch (Englisch / English)

Verlagslektorat / Copyediting
Simone Albiez (Deutsch / German)
Anne O'Connor (Englisch / English)

Übersetzungen / Translations
Judith Hayward (Vorwort / Foreword, Beil)
Laura Schleussner (Ottersbach)
Erik Smith (Hemken, Kemme)

Grafische Gestaltung / Design
Kühle und Mozer, Köln / Cologne

Schrift / Typeface
Akzidenz Grotesk, Minion, City

Reproduktionen und Druck
Reproductions and printing
Dr. Cantz'sche Druckerei, Ostfildern

Papier / Paper **Profimatt, 150 g/m²**

Buchbinderei / Binding
Verlagsbuchbinderei Dieringer, Gerlingen

Erschienen im / Published by
Hatje Cantz Verlag
Zeppelinstr. 32
73760 Ostfildern
Deutschland / Germany
Tel. +49.711.4405-200
Fax +49.711.4405-220
www.hatjecantz.com

Hatje Cantz books are available internationally at selected bookstores. For more information about our distribution partners, please visit our homepage at www.hatjecantz.com.

ISBN 978-3-7757-2175-2
Printed in Germany

Textnachweise / Text credits

© Michel Foucault, S. / pp. 26–28: Suhrkamp Verlag, Frankfurt am Main 2003; The Harvester Press, Sussex 1980; S. / pp. 122–124: Suhrkamp Verlag, Frankfurt am Main 2005; Palgrave Macmillan Ltd, New York 2006
© Friedrich Nietzsche, S. / pp. 14, 88: Penguin Books Ltd, London 1968; Cambridge University Press 1986 (englische Ausgabe / English edition)
© Fernando Pessoa, S. / pp. 54, 152: Ammann Verlag & Co., Zürich 2003, 2006; Penguin Books Ltd, London 2001

Fotonachweise / Photo credits

Carl-Victor Dahmen, Köln / Cologne:
Werke von / works by Heribert C. Ottersbach
akg-images: S. / pp. 41, 42
Thorsten Koch: S. / p. 69
Heribert C. Ottersbach: S. / pp. 4, 40, 44

Trotz ausführlicher Recherchen konnten nicht in allen Fällen vollständige Angaben zu den Rechteinhabern ermittelt werden. Wir bitten gegebenenfalls um Kontaktaufnahme mit dem Institut Mathildenhöhe Darmstadt. / Institut Mathildenhöhe Darmstadt has made every effort to find all copyright holders of the works illustrated. Should it have omitted to contact any artists, photographers or their legal successors, the rightful copyright holders are asked to contact the Institut Mathildenhöhe.

Umschlagabbildung / Cover illustration
Erziehung zur Abstraktion (Formation to Abstraction), 2005, siehe S. / see p. 162

Seite / Page 4
Kontaktbogen / Contact sheet, São Domingos (Süd-Portugal / South Portugal), 1992/93, Bildarchiv / Picture archives Heribert C. Ottersbach

Mit freundlicher Unterstützung von
Kindly supported by

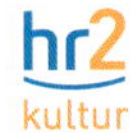

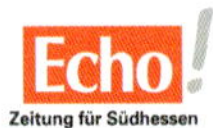

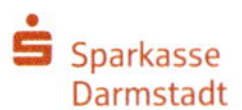

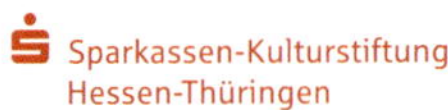

Wissenschaftsstadt
Darmstadt

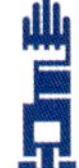